Böhlau

Elisabeth Welzig

Leben und überleben

Frauen erzählen vom 20. Jahrhundert

Mit Fotografien von

Wolfgang Zajc

Böhlau Verlag Wien Köln Weimar

Gedruckt mit Unterstützung durch
das Bundesministerium für Bildung, Wissenschaft und Kultur in Wien,
das Amt der Vorarlberger Landesregierung,
die MA 7 - Kultur, Wissenschafts- und Forschungsförderung,
die Erzdiözese Wien,
den Nationalfonds der Republik Österreich.

Bibliografische Information der Deutschen Bibliothek.
Die Deutsche Bibliothek verzeichnet diese Publikation in der
Deutschen Nationalbibliografie; detaillierte bibliografische
Daten sind im Internet über http://dnb.ddb.de abrufbar.

ISBN 3-205-77336-5
ISBN 978-3-205-77336-8

http://www.boehlau.at
http://www.boehlau.de

Gedruckt auf umweltfreundlichem, chlor- und säurefrei gebleichtem Papier.

Printed in Europe – balti.comm.sia, Riga

Meinen Eltern

Erika (1909–2004) und

Hans (1906–1988) Welzig

gewidmet

Inhaltsverzeichnis

Vorwort

Nicht immer gibt es zwischen der Länge eines Lebens und der Summe des bewusst Erlebten einen Zusammenhang. In meinem unmittelbaren Umfeld habe ich jedoch nicht nur die Weisheit alter Menschen erfahren, sondern auch unendlich viele interessante und spannende Geschichten gehört, die erst aus der Distanz des Alters heraus formulierbar sind und der Historie Leben verleihen. Insofern haben mich meine Mutter und ihre Freundinnen, aber auch Ernst Manheim sowie Kurt Steiner, mit denen ich mich als Biografin intensiv auseinander gesetzt habe, unbewusst zu dieser Porträtserie von Frauen geführt. Gerade durch die Arbeit an den Biografien der beiden Gelehrten Manheim und Steiner drängte sich für mich die Frage auf: Wie haben Frauen Geschichte erlebt? Inwieweit unterscheiden sich ihre Erfahrungen und ihre Sicht der Geschichte von denen der Männer? Was ist ihnen im Rückblick auf ihr Leben wichtig? Wieweit wurden sie von ihren Eltern gefördert, ihre Persönlichkeit zu entfalten? Wie sind sie mit den zeitgeschichtlichen Brüchen des vergangenen Jahrhunderts umgegangen? Wieweit haben sie sich von den politischen Ereignissen vereinnahmen lassen? Konnten, wollten oder mussten sie sich davon distanzieren? Welche Rolle spielte die Familie und welche der Beruf in ihrem Leben?

Die Lebensbilder von 26 Frauen, die aus ganz unterschiedlichen kulturellen und sozialen Milieus stammen, ergeben ein zeithistorisches Panorama von Österreich im 20. Jahrhundert, das in keinem Geschichtsbuch nachzulesen ist. Die Frauen reflektierten zwar – jeweils aus ihrer Perspektive – die politische Entwicklung, vor allem während der nationalsozialistischen Herrschaft, aber es ging ihnen schließlich nicht um irgendwelche Programme, Fronten, Schlachten und Siege, sondern um das unmittelbare Leben und Überleben. Da half dann auch die einstige nationalsozialistisch gesinnte Ärztin dem verletzten Partisanen im Wald und riskierte damit ihr eigenes Leben. Und die Klosterschwester fuhr nächtens in Männerkleidung den Traktor, weil ihr der Prior die profane, aber dringend notwendige Arbeit am Feld untersagt hatte. Solche ungewöhnlichen und manchmal auch gefährlichen Aktivitäten wurden von den Frauen nebenbei, ohne jegliche Eitelkeit, erzählt.

Nicht alle Frauen sind Heldinnen, es versteht sich aber von selbst, dass ich mir Interviewpartnerinnen gesucht habe, die mich wegen ihres ereignisreichen, meist unkonventionellen Lebens neugierig gemacht haben und außerdem über ein besonderes Reflexionsvermögen verfügten. Da zwischen den Gesprächen, die ich 2002 und 2003 geführt habe, und der Niederschrift, die 2006 fertig gestellt wurde, eine relativ lange Zeitspanne liegt – unmittelbar vor und nach dem Tod meiner Mutter im Jahr 2004 war mir die Arbeit an dem Projekt nicht möglich –, sind einige meiner Gesprächspartnerinnen in der Zwischenzeit verstorben. Ihnen möchte ich mit meinen Porträts über sie ein besonderes Andenken setzen.

Allen 26 Frauen, die sich die Zeit genommen haben, mit mir über ihr Leben und ihre Sicht der Geschehnisse zu sprechen, möchte ich von Herzen danken. Ich weiß, dass dieser Rückblick und mein oft schonungsloses Nachfragen für viele Frauen schmerzlich war, umso mehr schätze ich ihre Größe, sich meinem „Verhör" ausgesetzt zu haben. Es wurde bei den Gesprächen manchmal geweint, oft aber auch herzlich gelacht.

Die Offenheit, mit der meine Gesprächspartnerinnen mich an ihrem Leben teilnehmen ließen, berührte mich, wobei mein kleiner Hund Ronny, der mich zu sämtlichen Interviews begleitete, (unbeabsichtigt) eine spezielle Funktion übernahm: Er betätigte sich als „Ice-breaker" und stellte mit seiner direkten und fröhlichen Art meist rasch einen herzlichen und offenen Kontakt zwischen meiner Interviewpartnerin, ihm und mir her. Gelegentliche kurze Pausen, die so manche Erinnerung einforderte, konnten dann auch leicht mit dem Streicheln des Hundes überbrückt werden.

Die Texte wurden, soweit möglich, von meinen Gesprächspartnerinnen autorisiert, wobei ich mich bei der Endfassung streng an ihre Korrekturen hielt – auch wenn die Formulierungen manchmal nicht meinen persönlichen Vorstellungen entsprachen: Authentizität hatte für mich immer Vorrang vor der Ästhetik der Sprache. Ich habe mich bemüht, möglichst viele Zitate meiner Interviewpartnerinnen wörtlich wiederzugeben: Diese heben sich durch Kursivschrift vom übrigen Text ab.

Zu danken habe ich Wolfgang Zajc, der sich aus fotografischem Interesse an dem Projekt beteiligte, ohne dafür ein Honorar zu fordern.

Bedanken möchte ich mich aber auch bei Dr. Ernst Kilian, der meine Arbeit tatkräftig unterstützt hat, bei Marie-Sophie Klein für die mühevolle Abschrift der Audiokassetten sowie bei Dr. Erika Rüdegger und Josef Georg Majcen für das präzise Korrekturlesen.

Mein Dank gilt aber auch den beiden Subventionsgebern, ohne die das Projekt nicht zustande gekommen wäre: dem Jubiläumsfonds der Oesterreichischen Nationalbank und der Steiermärkischen Landesregierung.

Bad Aussee, im Mai 2006 *Elisabeth Welzig*

Es ist noch immer so: Für viele Männer ist die Frau zum Dienen da

Das Interview mit Lia Androsch findet in einem rustikalen Ambiente statt: in ihrer gemütlichen Bauernstube im Stil des Salzkammerguts mit großem Kachelofen und einer Kredenz, in deren Türen die Fotos der Enkelkinder stecken. Durch das Fenster gleitet der Blick zur 1750 Meter hohen Trisselwand, die das Altausseer Tal nach Osten hin abschließt. Zum Unterschied von vielen urbanen Freizeit-Altausseern, die hier eine Sommerresidenz haben, ist sie in der Gesellschaft der ländlichen Gemeinde gut integriert. Kein Wunder, geht ihre erste Bekanntschaft mit der Region doch auf die Dreißigerjahre zurück. Wenn sie von Wien anreist, fährt sie der Privatchauffeur ihres Sohnes, des „Salzbarons" (der im Übrigen niemals müde wird, darauf hinzuweisen, dass er überzeugter Republikaner und der Titel „Salzbaron", der aus einer TV-Serie stammt, darüber hinaus historisch völlig falsch ist). Aber man würde Lia Androsch nicht gerecht werden, wollte man sie nur als Mutter eines berühmten Sohnes sehen. Sie kann auf ein sehr eigenständiges und sehr bemerkenswertes Leben zurückblicken, in dessen Verlauf sie in vielen Bereichen tätig war: als Schauspielerin, als Kindergärtnerin, als *Milchfrau,* wie sie sagt – in Wirklichkeit Filialleiterin einer Großmolkerei –, und schließlich auch noch erfolgreich in der Steuerberatung. Letztlich hat sie wahrscheinlich in mehrfacher Hinsicht den Grundstein für das gelegt, was heute das „Androsch-Imperium" ist.

Geboren wurde sie als Julie Sailer 1912 in Erdberg, im dritten Wiener Gemeindebezirk, in der Wohnung der Großeltern väterlicherseits. *Wir waren eine einfache, proletarische Familie.* Der Vater arbeitete als Schlosser bei der Straßenbahn. Die Mutter hatte tschechische Vorfahren, *der Urgroßvater war Oberförster beim Fürsten Liechtenstein.* Zwischen Vater und Mutter bestand ein gutes Verhältnis. *Es war ein sehr geborgenes und mich sehr förderndes Elternhaus,* sagt Lia Androsch, wobei ihr der Vater als *ganz milde,* die Mutter aber als *sehr streng* in Erinnerung ist.

Irgendwann wurden dann in Floridsdorf Straßenbahnerhäuser errichtet, und die Eltern bekamen dort eine Wohnung: *Zimmer, Küche, Kabinett* – in der damaligen Zeit für eine dreiköpfige Arbeiterfamilie beinahe ungewöhnlich groß. Prompt nahm man noch eine weitere Person auf, den Großvater mütterlicherseits. *Die Lebensverhältnisse in den ersten Lebensjahren waren bescheiden, sehr bescheiden. Die Mutter war zu Hause, sie hat gekocht, von ihr hab ich kochen gelernt.* Kochen wurde später ihr Hobby. *Ich liebe überhaupt Kochen sehr und habe viel gekocht in meinem Leben.* Auch die Sparsamkeit hat sie von der Mutter gelernt und sich bis zum heutigen Tag bewahrt. Den jüngeren Frauen wirft sie vor, sie seien *sorgloser geworden. Die schmeißen ja mehr weg, als sie verwenden. Ich hab jetzt eine Heimhilfe zu Hause in Wien. Die Haut vom Hendl wird weggeschmissen. Na, bei mir nicht.* Huhn hat es in ihrer Kindheit wahrscheinlich kaum jemals gegeben. Wie in allen Arbeiterfamilien beherrschten fleischlose Gerichte den Speisenplan. *Erdäpfelgulasch, eingebrannte Erdäpfel, die esse ich heute noch gerne.* Auch Kleidungsstücke waren ein kostbares Gut, und Lia Androsch denkt noch immer mit Schaudern daran, wie sie einmal bei einer Fronleichnamsprozession mitgehen wollte und sich vorher einen Obstfleck auf das weiße Kleid machte. Der Fleck ließ sich nicht entfernen, ein anderes Kleid hatte sie nicht, und auf den *Umgang*[1] wollte sie nicht verzichten. Sie musste mit dem Fleck gehen, *und der verfolgt mich bis heute noch, der Obstfleck.*

Trotz der bescheidenen Verhältnisse erhielt Lia Androsch eine gediegene Ausbildung. Sie besuchte das Gymnasium im „Offizierstöchterinstitut" in der Hernalser Hauptstraße. *Da waren lauter Adelige.* Nebenbei nahm sie privat Schauspielunterricht, der sich auch finanziell als lohnend erweisen sollte. *Ich hab mir mit der Schauspielerei meine ganze Anfangsgarderobe verdient.* Und nicht nur das. Über die Schauspielerei fand sie auch zu ihrem Mann und zu ihrem späteren bevorzugten Urlaubsziel. Das war 1928, sie war gerade 16 Jahre alt, und man feierte den hundertsten Todestag von Franz Schubert. Eine Freundin ihrer Schauspiellehrerin war Kindergartenleiterin und *ein bisschen schriftstellerisch veranlagt,* und die schrieb ein Theaterstück über den Liederfürsten. Lia Sailer spielte eine griechische Göttin, die Rolle eines Lebzelters mimte ein gewisser Hans Androsch, der damals bei den Kinderfreunden tätig war. So lernten sie einander *näher und näher* kennen.

Bald arbeitete Lia Sailer bereits am Hausbau der zukünftigen Schwiegereltern mit. Die hatten ein Grundstück in der Gerasdorferstraße im 21. Bezirk erworben, damals noch eine weitgehend ländliche Umgebung. *Die Gerasdorferstraße ist still und leise da gelegen, da war einmal ein Haus und dann wieder eines.* Die Eltern ihres späteren Mannes planten vier Wohneinheiten für sich und drei ihrer vier Kinder. Um sich den Hausbau trotz der schwierigen wirtschaftlichen Situation nach dem „Schwarzen Freitag“[2] leisten zu können, errichtete man den einstöckigen Bau im Do-it-yourself-Verfahren. *Dadurch, dass der Schwiegervater vom Fach war, der war nämlich Stukkaturmeister, konnten wir uns das erlauben. Der Baumeister, bei dem er angestellt war, hat ihm die Pläne gemacht und die Bauverantwortung übernommen. Wir haben drei Jahre gebaut, immer den Sommer über.* Lia Androsch erinnert sich noch an die Abmessungen: *Der ausgehobene Keller war acht Meter tief, zehn Meter lang, fünf Meter breit.* Die ganze Familie legte Hand an, auch Lia und ihr zukünftiger Mann.

Hans Androsch war fast zehn Jahre älter. Aufgrund einer Rückgratverkrümmung war er nur etwas mehr als eineinhalb Meter groß. Die körperliche Beeinträchtigung wirkte sich auch auf sein Herz aus: *Er hat ja nur einen kleinen Brustkorb gehabt.* Er hatte die Handelsakademie absolviert und arbeitete als Prokurist in einer Textilhandelsgesellschaft. Lia Androsch gab die Darstellungskunst als Berufsziel auf, als ihr ein Schauspieler, dem sie sagte, dass sie ebenfalls Schauspielerin werden wollte, kurzerhand erwiderte: *Das war meine Frau auch. Sie musste nach der Hochzeit sofort ihren Beruf zurücklegen.* Lia Sailer war ernüchtert. *Da hab ich alle Achtung vor ihm verloren.* Sie besuchte daraufhin das Kindergärtnerinnenseminar und fand eine Anstellung bei den Kinderfreunden.

Lia Sailer musste ihre Berufstätigkeit zwar nicht für ihren Mann aufgeben, verlor sie jedoch ebenso wie er als Folge der Wirtschaftskrise. Der Bruder ihres Vaters, ein sozialistischer Nationalratsabgeordneter, verschaffte beiden eine neue Stellung: ihm beim („roten") Konsum und ihr bei der („schwarzen") Wiener Molkerei (WIMO). Im Dezember 1933 fand die Hochzeit statt, gefolgt von einem gemeinsamen Urlaub im Ausseerland, wohin sie dann auch immer wieder kommen sollten. Geheiratet wurde *standesamtlich im Wiener Rathaus.* Denn Lia Androsch, die als Kind noch gerne an den Fronleichnamsprozessionen teilgenommen hatte, war inzwischen aus der katholischen Kirche ausgetreten. Sie blieb freilich nicht lange konfessionslos, denn in der Zeit des Ständestaats war Religionsferne nicht opportun, schon gar nicht, wenn man in einem christlich-sozial dominierten Unternehmen arbeitete. *So sind wir wieder eingetreten, aber bei den Altkatholischen. So hab ich ein Religionsbekenntnis gehabt, wenn mich wer gefragt hat, war aber nicht der katholischen Kirche zugetan.* Lia Androsch machte bei der WIMO den Filialleiterkurs und leitete dann die Filialen in der Windmühlgasse und in der Liechtensteinstraße. *War ein harter Job, ich musste um halb zwei aufstehen, eine Stunde zu Fuß gehen, um die Filiale aufsperren zu können. Ich war dann bis zur Geburt meines ersten Kindes in der Wiener Molkerei.*

Das frisch vermählte Paar wohnte vorerst nicht im Haus der Schwiegereltern, sondern bezog eine neue Wohnung in einem jener sozialen Wohnbauten, für die das „Rote Wien" der Zwanzigerjahre berühmt ist: dem Speiserhof. *Ein sehr schöner Gemeinde-*

bau in Floridsdorf beim Wasserpark. Sie hatten die Wohnung kaum eingerichtet, als die Kämpfe des Februar 1934 begannen. *Am Hubertusdamm sind die Kanonen gestanden und haben auf das Haus herüber geschossen. Zum Glück ist kein Mensch zu Schaden gekommen.* Die Wohnung bekam jedoch einen Volltreffer ab. Die Folgen: *Der Teppich kaputt, die Möbel kaputt teilweise, die Vorhänge in Fetzen heruntergehangen.* Auch vom Beschuss des Karl-Marx-Hofs in Heiligenstadt hat Lia Androsch einiges mitbekommen, *weil ich in der Nähe die Filiale gehabt habe, und ich habe sehr unter den Inhaftierungen unserer Leute gelitten.*

Als im März 1938 die Hitler-Truppen über die österreichische Grenze kamen, war Lia Androsch hochschwanger. Das erste Kind, Hannes, wurde am 18. April geboren. Von den Nazis wurden die sozialistischen Androschs *als unverlässliche Volksgenossen bezeichnet* und erhielten daher auch unerwünschten Besuch. *Die sind zu uns ein paar Mal ins Haus gekommen.* Die Androschs hatten nämlich delogierte Juden untergebracht. *Die haben von uns dann weg müssen ins Lager. Bei den Nazis waren wir sehr schlecht angeschrieben.*

Für die berufliche Karriere war das nicht unbedingt günstig, und so riet ein Cousin Hans Androsch und seiner Frau, sich als Steuerberater selbstständig zu machen. Auf diesem Gebiet war durch die Übernahme der deutschen Steuergesetzgebung ein gewisser Bedarf entstanden. Das Ehepaar machte daraufhin einen Buchhaltungskurs, die Schwiegereltern kümmerten sich um das Baby. *Man ist ja in diesen Zeiten immer mehr zusammengerückt.*

Nach drei Jahren war man soweit, dass der Gatte eine Kanzlei eröffnen konnte, *als „Helfer in Steuersachen", wie es damals geheißen hat.* Dieses Berufsbild war 1935 in Deutschland neu – neben dem schon bestehenden „Steuerberater" – geschaffen worden. Der „Helfer in Steuersachen" durfte seine Hilfe nur mit einer Erlaubnis durch das Finanzamt erteilen. Zunächst gingen die Androschs zu den jeweiligen Klienten. Dabei waren sie auch Anlaufstelle für alle möglichen Probleme. *Wenn Sie so von Haus zu Haus gehen, so wie der Häferlflicker, erzählen die Leute Ihnen alles, Sie brauchen gar nicht nachfragen. Ich hab die Türschnalle noch nicht aus der Hand gegeben, wie ich zur Klientin gekommen bin, hat sie mir schon erzählt, dass sie einen Abortus gehabt hat. Was mir alles erzählt worden ist, das können Sie sich nicht vorstellen.* Schließlich zogen sie in das Haus der Schwiegereltern ein und eröffneten dort eine Kanzlei als „Helfer in Buchführungs- und Steuersachen".

Die Arbeitsaufteilung zwischen Hans und Lia Androsch scheint dabei nicht ganz im Sinne der Gleichberechtigung gewesen zu sein. *Ich bin dann seine Rechenmaschine gewesen. Er hat die Buchungsunterlagen aufbereitet und ich hab dann rechnen müssen. Wenn es gestimmt hat, war es fein, wenn es nicht gestimmt hat, war es eine Katastrophe. Dann hab ich es noch einmal rechnen müssen und das ist schon mühevoll. Das ist jeden Tag so gegangen bis 12 Uhr nachts.*

Als sich der Weltkrieg dem Ende zuneigte, erwartete Lia Androsch ihr zweites Kind. Die Alliierten flogen zunehmend stärkere Luftangriffe auf den Wiener Raum. *Und als in Wien die Bomben nur so heruntergeregnet sind*, zog Lia Androsch mit ihrem sechsjährigen Sohn, der eben erst die Volksschule begonnen hatte, nach Piesling an der Thaya[3], einem kleinen Ort wenige Kilometer jenseits der Grenze im damaligen „Protektorat Böhmen und Mähren". Dort hatte ein Onkel ihres Mannes einen *sehr großen und gepflegten Bauernhof.* Es war nicht nur eine Flucht vor den Bomben, sondern auch vor der Mangelwirtschaft in diesen letzten Kriegsmonaten. *Da sind wir armen, verhungerten Wiener hinaufgefahren. Am Abend hat es immer abgestoßene Kartoffeln, entweder mit Zwiebeln und süßer oder saurer Milch dazu gegeben, da haben die Gäste auch nichts anderes gekriegt, da haben sie die große Rein auf den Tisch gestellt in die Mitte, und wir sind alle drum herum gesessen und haben den Kartoffelsterz gegessen, jeden Tag.* Auf diesem Bauernhof kam im Dezember 1944 die Tochter Sonja zur Welt.

Lia Androsch blieb mit den Kindern bis Kriegsende in Piesling, erlebte die nach Westen fliehenden deutschen Truppen, den Einmarsch der Roten Armee und schließlich, als besonders erschütterndes Ereignis, die Vertreibung der Deutsch sprechenden Bewohner Tschechiens. Es begann am Morgen mit einer Szene, die sie als *eigentlich mittelalterlich* erlebt hat. *Um neun Uhr in der Früh ist ein Trommler gekommen und hat gesagt, bis um 12 Uhr müssen alle Deutschen die Häuser verlassen. Alte, erbeingesessene Bauern, auf den Höfen war der Vater schon drauf gewesen und auch der Großvater. Und da ist getrommelt worden, und die Tschechen sind mit Maschinengewehren und Hundspeitsche gekommen.* Dann wurde die deutschsprachige Bevölkerung unter Zurücklassung ihres Besitzes in Richtung österreichische Grenze getrieben. *Ein Binkerl haben sie gehabt, sonst nichts, und alle mussten weg. Im Nachbarhaus haben sie eine alte Frau herausgetragen, die haben sie auf einen Leiterwagen gelegt, den sie mit den Ochsen hinausgeführt haben.* Diese Vertreibung der Südmährer, wie überhaupt der Sudetendeutschen, sei *das Fürchterlichste* gewesen, *das wir erlebt haben,* meint Lia Androsch im Hinblick auf die Diskussionen um die Beneš-Dekrete. Diese Unmenschlichkeit dürfe nicht vergessen werden, auch als Mahnung, was Menschen anderen Menschen antun können. Ein Freund der Familie, Dr. Gustav Steiner, der 1938 emigrieren musste und seine Eltern im KZ verlor, meinte nach seiner Rückkehr immer wieder: *Unrecht plus Unrecht ergibt nie Recht, sondern nur zweimal Unrecht.*

Auch Lia Androsch musste nach Österreich zurück, und dort gestaltete sich das Leben schwierig. Es gab wenig zu essen. *Der Schwiegervater hat sich einmal noch ein Stück vom Brot abschneiden wollen,* erinnert sich Lia Androsch an eine charakteristische Episode, *und ich bin aufgestanden und hab das Brot in die Küche getragen, weil es die Ration für morgen war, da hat man sich nicht einfach noch ein Stückerl mehr nehmen können.* Immerhin hatten sie neben dem Garten des Hauses noch ein *Grabeland und Hasen und Hühner,* waren also zu einem Teil Selbstversorger und haben *von den Früchten der Erde gelebt.* Der Sohn Hannes wurde dennoch, wie viele Kinder, um dem Mangel wenigstens zeitweise zu entgehen, in den Westen geschickt, zuerst zu einem Bauern in den Bregenzerwald in Vorarlberg und dann *nach Belgien zu einer Lehrerfamilie, mit der wir noch immer Kontakt haben.*

In der Zeit des Wirtschaftswunders entwickelte sich die Steuerberatungskanzlei gut. Es war freilich auch die Zeit der russischen Besatzung. *Jetzt sind die Kommunisten gekommen. Wir wurden dann ja von den Kommunisten auch etwas beäugt, weil wir denen auch nicht so geheuer waren. Die haben uns auch nicht in Ruhe werken lassen. Zuerst haben wir die Schwarzen im G'nack gehabt, dann die Nazis, und dann sind die Kommunisten gekommen.* Viele der Klienten lebten im Raum Drosendorf nahe der tschechischen Grenze. *Lia Androsch kann sich noch genau an das* mulmige Gefühl erinnern, wenn sie in Drosendorf ihr Honorar entgegengenommen hatte – Zahlungen erfolgten damals noch auf Bargeldbasis – und heimwärts fuhr. *Da bin ich heruntergefahren, immer ist mir irgendein Russe vorgefahren. Mein Herz hat geklopft bis hinauf und ich hab mir gedacht, der kann mit mir machen, was er will, wenn ich nur das Geld nach Hause bringe. Wir haben ja leben müssen davon.* Zeitweise war sogar im Haus der Familie ein russischer Offizier einquartiert.

Politisch aktiv waren die Androschs nebenbei auch, wenngleich nur auf Bezirksebene. Hans Androsch war in der Floridsdorfer Sektion der SPÖ tätig, seine Frau besann sich wieder ihrer schauspielerischen Neigungen und studierte Sprechchöre oder Theaterstücke ein. Dabei kam es auch zu engen Kontakten mit Fritz Hofmann, dem späteren Wiener Stadtrat und Landtagspräsidenten, sowie der Nationalratsabgeordneten Rosa Weber. In diesem Floridsdorfer Kreis fand auch die politische Sozialisation von Hannes Androsch statt. Er wurde 1953 Obmann der Gruppe Floridsdorf des Verbandes Sozialistischer Mittelschüler. Als Rosa

Weber 1967 bei einer Bergtour am Großglockner tödlich verunglückte, hätte Fritz Hofmann ihr Nationalratsmandat übernehmen sollen. Der wollte jedoch lieber in der Kommunalpolitik bleiben, *und da hat der Hofmann den Hannes gebeten, ob er das Nationalratsmandat übernehmen würde.* Damit wurde Hannes Androsch der jüngste Parlamentsabgeordnete, bevor er 1970 der bis dahin jüngste Minister wurde. Dem Floridsdorfer Bezirksparteivorstand gehörte er noch lange nach seinem 1981 erfolgten Abschied von der aktiven Politik an, nämlich bis 1997.

Hans Androsch starb 1965 an den Folgen der Herzbelastung durch die Rückgratverkrümmung. Er wurde von dem bereits erwähnten Neurologen Gustav Steiner behandelt. Die beiden Familien freundeten sich an, und fünf Jahre nach dem Tod seiner Gattin im Jahr 1971 übersiedelte Steiner in das Haus in der Gerasdorferstraße, wo er eine eigene Wohnung bezog.[4]

Das Büro befand sich damals bereits in der Holzmeistergasse, wo heute noch die „Consultatio" ihren Sitz hat. Lia Androsch hatte die Kanzlei zunächst als so genannten „Witwenfortbetrieb" weitergeführt. Da diese Unternehmensform mit fünf Jahren befristet ist, wurde sie 1970 in die „Consultatio Revisions- und Treuhand GmbH" umgewandelt, mit Franz Jonasch als Geschäftsführer. Lia Androsch war in der „Consultatio" noch bis 1989 tätig.

Es ist hier an der Zeit, doch auch ihre Rolle als Mutter zweier erfolgreicher Kinder zu würdigen. Die Karriere oder eigentlich die drei Karrieren des Hannes Androsch als Politiker, Bankenchef und Industrieller sind allgemein bekannt. Seine Schwester Sonja heiratete einen seiner Schulkollegen, den Wissenschaftler Wilhelm Schneider, und wurde Verwaltungsdirektorin im Anton-Proksch-Institut, einem Genesungsheim für Alkoholkranke in Kalksburg.

In der Lebensgeschichte von Lia Androsch zeichnet sich in gewisser Weise auch die Entwicklung der SPÖ ab, von einer fast reinen Arbeiterpartei zu einer linken Volkspartei, in der Gewerbetreibende und sogar Unternehmer einen Platz haben und die in den Achtziger- und Neunzigerjahren von Finanzexperten und Wirtschaftsfachleuten geführt wurde. Auf dem Weg dahin ist freilich viel von dem ursprünglichen Elan verloren gegangen. An die Stelle der zum Kampf erhobenen Arbeiterfäuste traten vielleicht zu oft die selbstzufrieden in den Schoß gelegten Hände. *Sie setzen sich zu wenig ein,* kritisiert Lia Androsch manche Genossen. Als ob es nicht noch genug zu tun gäbe, zum Beispiel in Sachen Gleichberechtigung. *Denn es ist noch immer so: Für viele Männer ist die Frau zum Dienen da.* Lia Androsch gehört, auch wenn sie vom Chauffeur zu ihrem Sommerhaus gebracht wird, nicht zu den Übersättigten. Sie hat sich das Augenmaß bewahrt und die Erinnerung an die Notzeiten und die Tugend der Sparsamkeit.

Anmerkungen

1 Volkstümlicher Ausdruck für die Fronleichnamsprozession.

2 Gemeint ist damit der 25. 10. 1929, als von der New Yorker Börse die Weltwirtschaftskrise ausgelöst wurde.

3 Heute: Písečne.

4 Der Arzt ist jener „Wahlonkel“, von dem in Verbindung mit der so genannten „Causa Androsch“ in den Achtzigerjahren viel die Rede war. Informationen dazu in: Liselotte Palme: Androsch. Ein Leben zwischen Geld und Macht, Wien 1999, und Hannes Androsch: Audiatur et altera pars (Man höre auch die andere Seite). In: Robert Kriechbaumer: Die Ära Kreisky, Wien 2004.

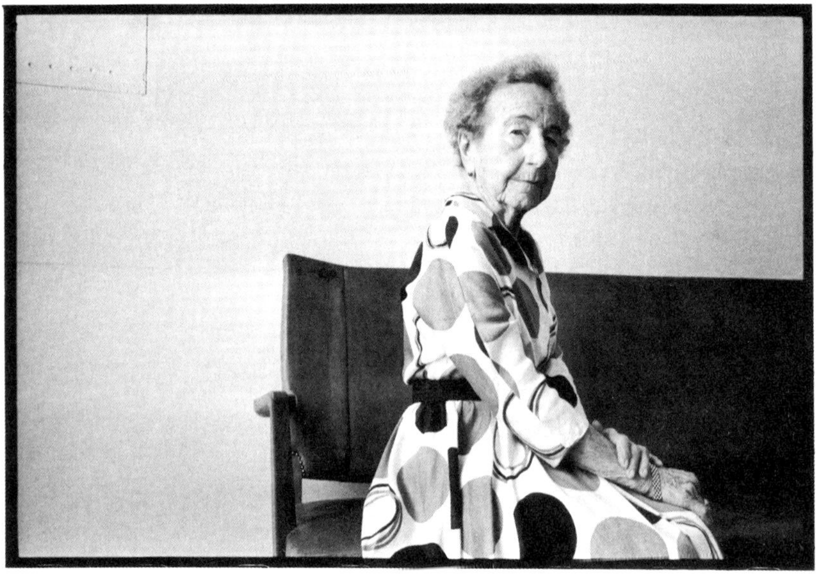

Die Angst im Allgemeinen sitzt in mir

Antonia Bruha, geboren 1915 in Wien, arbeitet nach wie vor ehrenamtlich einige Stunden pro Woche im Dokumentationsarchiv des österreichischen Widerstandes. Außerdem hält sie immer wieder an Schulen und an der Universität Vorträge über die NS-Zeit. Es ist die Angst, die sie antreibt, immer wieder dazu beizutragen, dass sich die Geschichte nie mehr wiederholt. Auch die schwere Diabetes-Erkrankung, die Bruha von ihrem Aufenthalt in dem Frauen-KZ Ravensbrück davongetragen hat, lässt die sozialistische Freiheitskämpferin in ihrem Eifer nicht kürzer treten.

Ihre Mutter war die Tochter einer Tschechin und eines Schweden und lernte erst im Laufe ihrer Ehe Deutsch. *Ich weiß bis heute nicht, wie sich meine Eltern verstanden haben, aber sie haben 50 Jahre miteinander gelebt.* Bruha verständigte sich als Kind – damals hieß sie Antonia Spath – primär Tschechisch: *Deutsch durfte ich zu Hause nur nach der Schrift sprechen, weil alle die, die tschechischer Herkunft waren, haben ein furchtbares Deutsch gesprochen.* Auf Betreiben ihres Vaters, eines Braumeisters, der selbst nur Deutsch sprach, besuchte sie gemeinsam mit ihrer um drei Jahre älteren Schwester die tschechische „Komensky-Schule" in Wien.

Der Schulverein Komensky, benannt nach dem bedeutenden tschechischen Pädagogen des 17. Jahrhunderts, Jan Komensky (außerhalb seiner Heimat besser bekannt als Johann Amos Comenius), war 1872 gegründet worden und hatte 1883 die erste tschechische Volksschule in Wien eröffnet. Der Verein unterhielt in Wien zahlreiche Schulen – von Volksschulen über Bürgerschulen bis zu einem Realgymnasium und einer Handelsakademie für die tschechische Minderheit. Obwohl nach dem Ersten Weltkrieg viele Wiener Tschechen[1] in die neu gegründete Tschechoslowakei gingen, bekannten sich bei der Volkszählung 1923 immer noch 80.000 und bei einer Erhebung im Jahre 1939 (bei der allerdings die jüdischen Bürger nicht mehr mitgezählt wurden) 52.000 Wiener zum Tschechischen als Muttersprache. 1941 wurden die Komensky-Schulen geschlossen. Heute ist der Verein wieder aktiv und betreibt einen Kindergarten, eine Volks- und eine Hauptschule im dritten Wiener Gemeindebezirk, in dem auch Bruha die meiste Zeit ihres Lebens verbrachte.

Nach Absolvierung der Schule hätte Antonia gerne Slawistik studiert, aber ihre bürgerlich erzogene Mutter war dagegen: „Eine Frau studiert nicht, eine Frau wird heiraten und muss nähen können", lautete ihr Credo. *Ich habe das Nähen gehasst.* Der gutmütige und liebevolle Vater aus Wien-Erdberg und die strenge Mutter waren sich schon bei den Erziehungsmethoden nicht einig und kämpften schließlich auch wegen der Ausbildung ihrer Tochter miteinander: *Meine Mutter war mehr als streng. Ich habe oft gehört, wie mein Vater zu meiner Mutter gesagt hat: „Mitzerl, die Kinder erzieht man mit Liebe und Geduld, nicht mit Strenge. Gib keine Ohrfeigen mehr!"* Bei der Frage der Ausbildung ihrer Tochter siegte die Mutter: Antonia ging nicht an die Universität, sondern wurde zur Friseurin und Schönheitspflegerin ausgebildet. Allerdings nur pro forma. Sie schloss sich einer Jugendgruppe der Quäker[2] an. Dort nahm sie ein humanistisch eingestellter Friseurmeister unter seine Fittiche. Er vermittelte ihr Englischstunden und sie lehrte dafür seinen Freunden, die in Prag eine Gruppe von Quäkern aufbauen wollten, Tschechisch. *Das war wirklich eine schöne Lehrzeit für mich. Ich habe zwar kaum frisieren gelernt, aber ich war drei Mal mit den Quäkern in Prag, wo ich aufgrund meiner Sprachkenntnisse vermitteln konnte.*

Im tschechischen Turnverein verliebte sich Antonia Spath 1934 in den Vorturner, ihren späteren Mann. Der Werkmeister bei Siemens war als Schutzbündler 1934 in ein Gefecht mit der Heimwehr im Wiener „Rabenhof"[3], einer der großen Gemeindebauten des „Roten Wien" der Zwanzigerjahre im dritten Bezirk, involviert und verlor daraufhin seinen Arbeitsplatz. *Also für mich war 1934 ein Angstzustand, ich hatte ständig Angst, dass meinem Vater oder meinem Freund etwas passieren könnte. Natürlich habe ich anerkannt, dass beide Sozialdemokraten waren, aber ich selbst war damals noch viel zu wenig Sozialistin.*

Bruha macht in erster Linie ihren Mann für ihre politische Sozialisation verantwortlich. In der tschechischen „Wiener Arbeiterzeitung“ (Videnske delnicke listy) begann sie allerdings schon mit 18 Jahren zu schreiben, und zwar unter „Tanja Spatova“. In ihren Gedichten und Kurzgeschichten beschäftigte sie sich schon damals mit sozialen Themen, 1935 wurde die Zeitung verboten. Im selben Jahr heiratete sie. Ab diesem Zeitpunkt zeichnete sie mit dem Namen Tana Bruhova und schrieb unter anderem auch in der Zeitung „Jungarbeiter“ (Mlady delnik), die in der Tschechoslowakei erschien. In der Nacht fuhr sie mit ihrem Mann auf dem Fahrrad in einen Wald in der Nähe von Pressburg, wo tschechische Genossen die in Österreich inzwischen verbotenen Zeitungen hinterlegten.

Um Geld zu verdienen, arbeitete sie weiter als Friseuse, wichtiger war ihr jedoch ihr soziales Engagement mit ihrem Mann und den Quäkern. Die Quäker kauften einen großen Sumpf am Stadtrand von Wien, und das Ehepaar Bruha half jede freie Stunde mit, diesen Sumpf trockenzulegen. Sobald das gelungen war, wurde der Grund in Parzellen aufgeteilt, die an Familien bzw. ältere Menschen vergeben wurden, die sich einen Schrebergarten anlegen wollten.

Kurz nach dem „Anschluss“ Österreichs an Hitler-Deutschland am 13. März 1938 beobachtete Bruha, wie ein jüdischer Arzt von einer Gruppe junger Burschen bespuckt und getreten wurde. Sie ging nach Hause und sagte zu ihrem Mann: *Wir haben bisher für die Sozialisten gearbeitet. Wenn wir jetzt nicht in den Widerstand gehen, dann gehören wir bespuckt.*

Toni, wie Bruha von ihren Freundinnen und Freunden genannt wird, und ihr Mann Pepi trafen sich mit Sportsfreunden regelmäßig am „Herzplatz“[4] im 10. Wiener Gemeindebezirk, vorwiegend um Volleyball zu spielen. Nun stand für das Ehepaar Bruha aber die Politik im Vordergrund: „Joschl“, Antonias Mann, hielt ein flammendes Plädoyer für die Freiheit Österreichs.

Damit begann Antonias Engagement in der österreichischen Widerstandsbewegung.

1941 wurde sie mit ihrem drei Monate alten Baby von der Gestapo verhaftet. Nach einer fast einjährigen Einzelhaft in der Roßauer Lände bzw. im Bezirksgericht Wien-Schiffamtsgasse wurde sie in das KZ Ravensbrück gebracht.[5]

Momentaufnahmen in der Zeit der Verhaftung im Lager, einige der unzähligen Verhöre und Schikanen, bis hin zur Folter, die Einsamkeit und die Ängste schildert Bruha in ihrem Buch „Ich war keine Heldin“[6], das auf einem Manuskript, das sie 1945 verfasst hatte, basiert. In dem Buch kommt zum Ausdruck, was sie auch im Interview als 88-Jährige nicht verhehlt: Die größte Qual in der Zeit war für sie die Trennung von ihrer Tochter Sonja. Eine Qual, die auch nach Kriegsende noch eine Fortsetzung finden sollte.

Mit dem Kind versuchte die Gestapo immer wieder, Bruha zu erpressen und Informationen über ihre Freunde zu bekommen. Sie denkt sich Geschichten aus, um niemanden zu verraten – manchmal wird ihr geglaubt, manchmal wird sie dafür geschlagen.

In ihrem Buch schreibt sie: „Ihre Fäuste sind unbarmherzig, und der Schmerz ist unerträglich; ich verliere das Bewusstsein. Aber nicht lange dauert die barmherzige Ohnmacht: sie übergießen mich mit kaltem Wasser und starren mich wütend an, weil ich trotz allem keine neuen Namen nenne und keine politische Arbeit zugebe. Um mich weiter verhören zu können, halten mich zwei aufrecht, der dritte schlägt jetzt mit einem Schlagring zu – immer wieder. Ich blute, das Blut rinnt in meinen vor Schmerz offenen Mund, ich kann nicht mehr sprechen – und dann weiß ich nichts mehr …“[7]

Von den am eigenen Leib erlittenen Qualen spricht Bruha heute kaum noch. *Was ich nicht verwinde, sind die Kinder, die kann ich nicht vergessen. Zuerst die jüdischen Kinder, dann die*

Zigeunerkinder, keines von ihnen hat überlebt. Ich habe eine Liste mit ihren Namen, den Geburtsdaten und den Häftlingsnummern aus dem KZ geschmuggelt. Man hat kein einziges gefunden. Zigeunerkinder hat man ab dem elften Lebensjahr sterilisiert und dafür die Freiheit versprochen. Sie sind alle vergast worden.

Der Trennungsschmerz und die Sehnsucht nach dem eigenen Kind verbunden mit dem grauenvollen KZ-„Alltag" sind zum Trauma für Antonia Bruha geworden.

Sonja, Bruhas Tochter, wurde 1941 kurz nach der Inhaftierung ihrer Mutter gewaltsam von dieser getrennt und in ein Heim in der Wiener Lustkandlgasse gebracht. Die dortige Oberschwester war tschechischer Herkunft und nahm sich des Babys an. Obwohl es ihr nicht erlaubt war, gab sie das Kind an Pflegeeltern weiter: Die Gestapo wollte die Kleine noch einmal zurückholen, um sie nach Deutschland zu bringen, wurde aber mit allen möglichen Tricks daran gehindert. Die Pflegemutter[8] liebte Sonja *abgöttisch*, bemühte sich aber auch darum, dass das Kind seine Mutter in Erinnerung behielt: In der Wohnung hing ein großes Bild von Antonia Bruha. Als sie endlich Ende Mai 1945, schwer gezeichnet von der Zeit im Lager und dem vierwöchigen zum Großteil zu Fuß zurückgelegten Weg durch Polen und die Tschechoslowakei, heim nach Wien kam, wurde die erste Begegnung mit Sonja zur großen Enttäuschung für sie. *Immer habe ich mir vorgestellt, wie schön es sein wird, wenn ich überlebe, wie ich mein Kind umarmen und an mich drücken werde.*

Sonja aber, auf der einen Seite an der Hand ihrer Pflegemutter und auf der anderen Seite an der Hand ihrer Großmutter, wandte sich von der ausgemergelten Frau in den zerfetzten Lumpen, mit den verfilzten Haaren und den geschwollenen Füßen ab. Das Kind versteckte sich hinter seiner Pflegemutter, die es Tante nannte, und schrie: „Nein, nein. Meine Mutti kenn' ich, die ist auf dem Bild an der Wand, die ist schön, jung und blond. Diese hässliche Frau ist nicht meine Mutti."

Behutsam versuchte Bruha ihre Tochter wieder an sich zu gewöhnen: *Ich habe die größten Schwierigkeiten gehabt mit dem Kind.* Sonja wurde von ihren Pflegeeltern sehr verwöhnt und war am Anfang nicht gewillt, die Ordnung und Prinzipien, die ihr ihre Mutter vorgab, zu akzeptieren. Dazu kam, dass Bruha im ersten Jahr nach ihrer Freilassung aus der Haft häufig krank war und ins Spital musste und ihre Tochter daher immer wieder in die Obhut ihrer Pflegeeltern kam.

Mutter und Tochter gewöhnten sich allmählich aber doch aneinander. Nach etwa zwei Jahren sagte Sonja zu ihrer Mutter das erste Mal: „Ich hab dich lieb", ein Moment, in dem Bruha *unsagbare Seligkeit* empfand.

Sobald Sonja in die Schule ging, begann Bruha für „Radio Wien" deutsche Texte ins Russische und ins Tschechische zu übersetzen. Zehn Jahre arbeitete sie für das Radio – wegen ihrer Tochter zu Hause, im guten Glauben, durch die Opferfürsorge versichert zu sein, was aber nicht der Fall war. In der Zeit schrieb sie auch mehrere Beiträge zur Zeitgeschichte, etwa für das Buch „Österreich im April"[9] oder für die tschechische Zeitung „Wiener freie Blätter" (Videnske svobodne listy). Nach dieser Zeit pflegte sie zuerst ihre todkranke Mutter und dann die Pflegemutter ihrer Tochter, die unter der Alzheimer-Krankheit litt.

Schließlich bat sie der frühere Leiter des Archivs des österreichischen Widerstandes, Herbert Steiner, um Übersetzungen. Seit rund 40 Jahren arbeitet sie nun für das Archiv. Seit den Sechzigerjahren besucht sie auch Schulen, um Vorträge über Zeitgeschichte zu halten. Antriebsfeder dafür ist ihre Sorge, dass sich in der Jugend neonazistische Tendenzen breit machen und sich die Geschichte wiederholen könnte.

Ich habe so Angst um die jungen Menschen, um die anständigen jungen Menschen heute. Die Angst im Allgemeinen sitzt in mir.

Anmerkungen

1 Die Verwendung der männlichen und weiblichen Bezeichnung derartiger Begriffe wird aus sprachästhetischen Gründen vermieden. Die Autorin ist sich der Problematik bewusst.

2 Die Quäker („Zitterer", wegen ihrer ekstatischen Versammlungen), eigentlich „Society of Friends", sind eine im 17. Jahrhundert entstandene religiöse Bewegung. Wegen ihrer Ablehnung der englischen Amtskirche wanderten die meisten nach Amerika aus, wo der Quäker William Penn den späteren Bundesstaat Pennsylvania auf Grundlage der Prinzipien Gleichheit, Gewaltfreiheit, Toleranz gründete. Sie zeichneten sich durch Sozial- und Friedensarbeit aus und erhielten 1947 den Friedensnobelpreis. Von den heute rund 250.000 Quäkern lebt ein Drittel in den USA; in Österreich sind sie wegen ihrer geringen Mitgliederzahl als Kirche nicht anerkannt.

3 Wohnhausanlage der Gemeinde Wien mit 1109 Wohnungen, erbaut 1925–29 nach den Plänen von Heinrich Schmid und Hermann Aichinger.

4 Anfang der Zwanzigerjahre wurde am Laaerberg ein großes Stadionprojekt in Angriff genommen, der Tschechische Herz-Platz, die langjährige Heimstätte des SK Slovan. Eine nahe liegende Überlegung, konnte doch Slovan in Favoriten nicht als „Eindringling" betrachtet werden, denn „zahlreiche Spieler und der größte Teil der Anhänger rekrutieren sich aus dem zehnten Bezirk".
Der Verein „Tschechisches Herz" wurde 1918 ins Leben gerufen. Ziel dieser Institution war es, sich in erster Linie um karitative und soziale Aufgaben zu kümmern. In allen Teilen Wiens wurden Bezirksorganisationen geschaffen. Es ging vor allem um finanzielle und moralische Unterstützung der nach dem Zusammenbruch der Monarchie in Wien verbliebenen Tschechen. Kurze Zeit nach der Gründung erwarb der Verein im Jahr 1922 einen an der Peripherie gelegenen großen Platz (heutiges Horr-Stadion), der als Sportstätte adaptiert wurde. Der Platz wurde auf einem freien Gelände am Laaerberg am südlichen Stadtrand Wiens errichtet. Großen Aufschwung erhielt der Tschechische Herz-Platz im Jahr 1925, als der damals erstklassige Fußballklub Slovan dort ein Stadion errichtete.

5 Im Frauenkonzentrationslager Ravensbrück wurden von 1939 bis 1945 rund 153.000 Menschen inhaftiert, 92.000 von ihnen fanden im Lager den Tod. Im April 1942 waren etwa 5.500 Frauen im Lager Ravensbrück; im Dezember desselben Jahres wurde die Häftlingsnummer 15.518 vergeben. Vgl. Tilion, Germaine: Frauenkonzentrationslager Ravensbrück. Verlag zu Klampen, Lüneburg, 1998. S. 398.

6 Bruha, Antonia: Ich war keine Heldin. Europaverlag Wien – München 1995.

7 Bruha, a. a. O., S. 26.

8 Maria Neichel, Wien 3, Gestettengasse 23. Frau Neichel war zu dem Zeitpunkt 40 Jahre alt, kinderlos und mit einem Straßenbahnfahrer verheiratet.

9 Herausgegeben von Franz Danimann und Hugo Pepper.

An der Stellung der Frauen kann man erkennen, wie eine Gesellschaft ist

Als Maria Cäsar das erste Mal für längere Zeit nach Graz kam, „logierte" sie bei der Gestapo am Paulustor und im Landesgericht als politische Gefangene. Als sie sich einige Jahre später, verwitwet, mit zwei Kleinkindern, in der Stadt niederließ, hauste sie in einer Baracke im schlecht beleumdeten Lendviertel. Heute wohnt sie im Peterstal, einem ruhigen Wohnbezirk am südöstlichen Stadtrand. Einfamilienhäuser mit Gärten ziehen sich die Hänge aufwärts, dazwischen sind noch Reste der ehemaligen Bewaldung vorhanden. Sie verschwinden nach und nach in dem Maße, wie sich die Stadt hierher ausdehnt. Je neuer die Häuser sind und je weiter oben sie liegen, umso größer und protziger sind sie. Jenes von Maria Cäsar ist ein unauffälliger, ebenerdiger Bau, der sich in die Senke des Petersbachs schmiegt. Dieser Teil des Tales ist eine gutbürgerliche Gegend und somit durchaus standesgemäß für eine „Bürgerin der Stadt Graz". Der Ehrentitel wurde ihr vor einigen Jahren verliehen, und es ist nicht der einzige. Sie ist auch Trägerin der Befreiungsmedaille der Republik Österreich, des Goldenen Ehrenzeichens des Landes Steiermark und seit 2001 des steirischen Menschenrechtspreises. Dieser reiche Segen an Ehrungen ist nicht zuletzt insofern bemerkenswert, als sie eine politische Linie vertritt, die alles andere als mehrheitsfähig ist. Dass sie dennoch über die Grenzen ihres Lagers hinaus weite und unumstrittene Anerkennung gefunden hat, liegt an ihrer integren und integrativen Persönlichkeit.

Geboren wurde Maria Cäsar 1920 in Prevalje (Slowenien), wuchs aber in der obersteirischen Industriestadt Judenburg auf. Der Vater arbeitete im Paradebetrieb des Ortes, dem Gussstahlwerk, und war Mitglied des Sozialistischen Republikanischen Schutzbundes. Die Mutter stammte *aus bäuerlichen Verhältnissen.* Ihre politische Sozialisation erfuhr Maria Kret (wie ihr Mädchenname lautet) im Rahmen der „Roten Falken“, denen sie *mit Leib und Seele* angehörte.[1] Die Hauptaktivitäten dieser Jugendorganisation waren nicht unmittelbar politisch. Man unternahm Wanderungen, organisierte Ferienlager. *Wir haben Zelte aufgeschlagen. Lagerleben, das war für mich etwas ganz Besonderes.* Maria Kret war in diesem Umfeld so glücklich, dass die Eltern sie bestrafen konnten, indem sie ihr die Teilnahme an den Treffen verboten. *Weil ich einfach die Gemeinschaft unglaublich gebraucht habe und mich dort sehr, sehr wohl gefühlt habe.*

Die Wirtschaftskrise der späten Zwanzigerjahre ging auch an den Krets nicht spurlos vorbei. Wie so viele, war der Vater lange Zeit ohne Beschäftigung, und *die damalige Zeit der Arbeitslose, das war etwas, das gar nicht zu vergleichen ist mit der heutigen Zeit der Arbeitslosigkeit, das war schon sehr, sehr hart.* Die an sich geringe staatliche Unterstützung wurde nach einigen Monaten vollends eingestellt: man war „ausgesteuert“.[2] Glück im Unglück hatte die Familie Kret insofern, als sich die Mutter durch ihre ländliche Herkunft auf Kleintierhaltung verstand. Sie hielt einige Hühner, einen Hasen und, als die Schwester erkrankte und der Arzt Ziegenmilch empfahl, auch eine Ziege. Zudem sei die Mutter *eine sehr kreative Frau* gewesen. Als ihr Mann arbeitslos war, ging sie nicht nur zeitweise zu den Bauern arbeiten, sie erwarb auch in Judenburg einen Kiosk an einer relativ frequentierten Straße und verkaufte dort *Obst, Gemüse und Süßigkeiten.* Man hungerte also wenigstens nicht; mehr als das Notwendigste war trotzdem kaum leistbar. *Ein Kipferl, das war für mich eine Belohnung.* Maria Cäsar trug selbst zum Haushaltseinkommen bei. Sie half beim Konsum aus, ging *ein paar Stunden bedienen* und arbeitete schließlich auch beim Kiosk ihrer Mutter mit.

Die Mutter organisierte noch eine weitere Einnahmequelle, die nebenbei ihr politisches Weltbild beeinflussen sollte. Mit ihrem bäuerlichen Hintergrund war sie nicht von Anfang an eine

Anhängerin sozialistischen Ideenguts gewesen. Das änderte sich, als sie *Kostburschen* hatte, die aus dem Arbeitermilieu kamen, *ledige Burschen, für sie hat sie Mittagessen gekocht, und die sind zum Essen gekommen, und da ist natürlich auch viel über verschiedene Dinge geredet worden.* Auf diese Weise habe die Mutter *sozusagen das Leben der Arbeiter erst kennen gelernt* und sei *zum Nachdenken angeregt worden.* Ihr Bruder, der damals ebenfalls im Haushalt wohnte *und der ganz ein bewusster politischer Mensch war,* drängte sie, sich weiterzubilden. *Er hat ihr immer wieder gesagt, du musst ein bisschen lesen, du musst in die Zeitung schauen.* Die Zeitung, die im Haus der Krets gelesen wurde, war der „Arbeiterwille", der von 1897 bis 1934 erschien und das Vorläuferblatt der (inzwischen eingestellten) „Neuen Zeit" war. Später las die Mutter auch anderes und erwarb sich eine beachtliche Allgemeinbildung, sogar gegen den Willen ihres eher bildungsfernen Mannes, der *gar nicht immer ganz so einverstanden war, dass sie auf diesem Gebiet etwas macht. Es war sicherlich auch nicht immer ganz leicht für meine Mutter, das Leben.* Für eine Proletarierfrau jener Zeit war sie jedenfalls sehr belesen und selbstständig und für Maria Cäsar ohne Zweifel ein starkes weibliches Rollenvorbild.

Das Durchsetzungsvermögen der Mutter wird durch eine Anekdote aus der Schulzeit erhellt. Maria Kret mochte ihren Religionslehrer nicht, weil der immer nach dem sonntäglichen Kirchenbesuch fragte und sie damit in einen Gewissenskonflikt brachte: Sagte sie „ja", musste sie lügen; sagte sie „nein", war das unter einer christlich-sozialen Regierung politisch unklug. Der Lehrer seinerseits mochte sie ebenso wenig, weil sie kritische Fragen stellte, *was damals sicherlich auch nicht opportun war.* Er ignorierte ihre Fragen und ließ sie überhaupt *sozusagen links liegen,* prüfte sie auch nicht mehr und gab ihr die Standardnote „genügend". Die Mutter beschwerte sich daraufhin mit Erfolg. Aus dem „Genügend" wurde daraufhin ein „Gut".

Im Anschluss an die Pflichtschule besuchte Maria Cäsar eine einjährige Haushaltungsschule. Mehr gab es in Judenburg nicht. Für jede andere Schulform hätte sie mindestens nach Knittelfeld fahren müssen. Noch während sie zur Schule ging, brachen die Unruhen des Jahres 1934 aus. Für die meisten Frauen ihrer Generation ist dieses Jahr eine Episode, an die sie mehr oder weniger starke persönliche Erinnerungen haben; für Maria Cäsar bezeichnet es einen Wendepunkt in ihrer politischen Biografie. Von den Auseinandersetzungen selbst weiß sie zwar nur noch, dass *am 12. Februar '34 sich auch in Judenburg der Schutzbund gesammelt hat, und meine Mutter hat den Schutzbündlern dort Essen gebracht.* Entscheidend für ihren Lebensweg war aber, dass im Anschluss daran die „Roten Falken" verboten wurden. Die damals Vierzehnjährige empfand diese Maßnahme *als etwas, das ganz ungerecht ist, weil wir eigentlich unserer Auffassung nach überhaupt nichts gemacht haben, was man verbieten sollte. Ich hab ein sehr ausgeprägtes Gerechtigkeitsgefühl zum Unterschied zu meiner Schwester, die bei Weitem nicht so war.* Und Unrecht hat bei Maria Cäsar schon immer Kampfbereitschaft ausgelöst. *Wenn mir Unrecht geschehen ist, dann hab ich mich verteidigt.* Nicht nur die Auflösung der sozialdemokratischen Jugendorganisation, sondern den Ständestaat insgesamt hat sie *als ungerechtes System empfunden, als Einschränkung persönlicher Freiheiten.* Die Sozialdemokraten, die machtlos zusehen mussten, wie ihre Organisationen verboten wurden, muss sie dementsprechend enttäuscht haben. Außerdem verlor sie mit den „Roten Falken" so etwas wie ein Stück Heimat. Die Gruppe traf sich zwar weiterhin, aber die Zusammenkünfte waren geheim und wahrscheinlich auch etwas orientierungslos, ohne klare Perspektive. Die brachte ihnen schließlich ein *Kurier des kommunistischen Jugendverbandes aus Wien,* der sich den jungen Sozialdemokraten anschloss, mit ihnen wandern ging und *langsam politisches Bewusstsein in diese Gruppe hineingetragen* hat. Er sprach über das Problem der Armut

(Warum ist das in der Welt so?) und brachte politische Literatur, zum Beispiel über die Arbeiterbewegung, die für Maria Cäsar sehr schwere Kost war. *Ich hab oft eine Seite zwei, drei Mal gelesen und hab sie nicht verstanden.* Erst nach und nach begriff sie. Und dann berichtete der Kurier Einzelheiten aus Deutschland, *die einen ungeheuren Eindruck bei mir hinterlassen haben und wo ich glaube, dass sie ausschlaggebend waren für meinen ganzen weiteren Weg später.* Sie erfuhr vom Nationalsozialismus, einem System, *das noch weit schlimmer ist als das, was damals in Österreich herrschte.* Und dass dort Bücher verbrannt würden. *In mir hat sich etwas aufgebäumt.* Sie fragte sich, was das für ein Regime sei, das Bücher verbrennt, statt sie den Menschen zum Lesen zu geben. Damals fasste sie den Entschluss, der ihre politische Laufbahn bestimmen sollte: *In so einem Land möchte ich nicht leben.* Die Aufklärungsarbeit des Kuriers aus Wien war auf fruchtbaren Boden gefallen. Ein Jahr nachdem die „Roten Falken“ offiziell aufgelöst worden waren, hatte sie in einer anderen politischen Formation eine neue Heimat gefunden: im Kommunistischen Jugendverband (KJV).

Damit begann die politische Arbeit. Maria Cäsar verteilte Flugblätter gegen Faschismus und Nationalsozialismus. Das war natürlich eine illegale Tätigkeit, und der Kurier besprach mit der Gruppe auch operative Fragen, etwa: Wie verhalte ich mich bei einer Festnahme? Die begeisterte Jungkommunistin hörte bei solchen für sie rein theoretischen Angelegenheiten nur mit halbem Ohr zu. *Damals hab ich das gar nicht richtig registriert.* Der Kurier blieb noch einige Monate in Judenburg und wandte sich dann neuen Aufgaben zu. Er ging 1936 nach Spanien, die Gruppe entwickelte sich selbstständig weiter. *Es haben sich immer wieder neue junge Leute zu dieser Gruppe gesellt.*

Im März 1938 kam Hitler im Triumphzug nach Wien. *Wir waren zutiefst traurig, wir haben die schlimmsten Befürchtungen gehabt,* erinnert sich Maria Cäsar. Die Befürchtungen sollten sich bald bestätigen. Im Mai 1939 wurde sie am Kiosk ihrer Mutter von der Gestapo verhaftet und mit ihr 42 Burschen und Mädchen aus Judenburg, Fohnsdorf und Knittelfeld. Die Anklage lautete auf *Vorbereitung zum Hochverrat,* ein Tatbestand, der dadurch erfüllt war, *dass wir gesagt haben, wir sind nicht die Ostmark, wir sind Österreich. Also dieses Bekenntnis zu Österreich war alleine schon etwas, das strafbar war, und auf andere Gesellschaftsverhältnisse und auf die Kriegsgefahr zu verweisen galt ebenso als staatsgefährdend.* Maria Cäsar wurde zunächst *in den Gemeindekotter in Judenburg eingesperrt* und dann *15 Monate in Graz bei der Gestapo und im Landesgericht.* Die Verhöre der Gestapo *waren nicht so ohne. Ich bin einige Male im Keller gewesen, ich bin lange nicht an die frische Luft gekommen, 23 Tage oder 21 Tage, ich weiß nicht mehr so genau.* Als sie nach dieser Zeit das erste Mal in den Hof durfte, sei sie zusammengebrochen, *obwohl ich so jung war, weil ich das einfach nicht mehr vertragen habe.* Worum es ihren Peinigern ging, waren die Namen von Gleichgesinnten. *Die Gestapo hat gewusst, es gibt in Judenburg eine Gruppe von acht bis zehn jungen Leuten, die so denken wie wir auch. Sie haben nur nicht gewusst, wer die waren.* Jetzt erinnerte sich Maria Cäsar an die Verhaltensregel, die in der kommunistischen Jugendgruppe für den Fall einer Verhaftung besprochen worden war: *Möglichst nicht reden, keine Namen nennen. Das ist mir damals so aus meinem Hinterkopf in Erinnerung gekommen.* Sie täuschte Unwissenheit vor. In der Anklageschrift sei dann gestanden, so naiv, wie sie sich gebe, sei sie sicher nicht, erzählt Maria Cäsar. *Aber für mich war ausschlaggebend: Ich habe keine Namen gesagt, und es ist auch in Judenburg damals niemand verhaftet worden. Verhaftungen hat es gegeben, aber viel später.*

Die fünfzehnmonatige Gefängnisstrafe empfand sie nicht nur wegen der Ungerechtigkeit als hart, sondern auch wegen des Milieus. *Ich bin aus einer behüteten Familie heraus in Haft gekommen mit Kriminellen, Mörderinnen, Prostituierten. Das war für mich eine neue Welt.* Dabei, meint sie rückblickend, hätten sie und ihre

Genossinnen und Genossen Glück gehabt, dass sie nicht nach der Haft ins KZ überstellt wurden. Immerhin drohte ihr der lokale Gestapo-Chef bei ihrer Entlassung aus dem Gefängnis, *wenn sie noch auf das Geringste draufkommen, heißt das für mich KZ.* Es hätte leicht passieren können. Denn natürlich war der Verdacht der Geheimen Staatspolizei nicht unbegründet gewesen. Maria Cäsar war tatsächlich nicht so naiv, wie sie sich dargestellt hatte, und die Judenburger Sympathisanten gab es. Mit einem von ihnen war sie eng befreundet und heiratete ihn bald nach ihrer Entlassung. *Die Gestapo hat uns natürlich auch weiterhin beobachtet.* Sie sorgte dafür, dass dem suspekten jungen Paar kein langes Eheglück beschieden sein sollte. *Mein Mann hat binnen kürzester Zeit die Einberufung bekommen, ist an die Ostfront geschickt worden und ist dort gefallen. Also man hat manchmal auch so Dinge gelöst, die anders wahrscheinlich viel komplizierter gewesen wären.*

Zuerst sagte man Maria Cäsar zwar, ihr Mann sei vermisst, *aber das hat man oft so gemacht,* damit die Menschen nicht aufhörten zu hoffen. Im Widerspruch zu der Vermisstenmeldung stand freilich, dass man ihr zusammen mit der Nachricht auch die persönlichen Habseligkeiten überbrachte, *seine Geldbörse, seinen Kamm, Bilder, die er gehabt hat.* Aber obwohl sie ahnte, dass man sie belog, klammerte sie sich doch noch an dieses letzte Stück Hoffnung, zumal da ihr Mann immer gesagt hatte, er werde nicht für Hitler kämpfen: *Ich werde die Gelegenheit nützen, wenn ich kann, und laufe einfach über.* Vielleicht war es ihm doch gelungen.

In der folgenden Zeit erlebte Maria Cäsar den Naziterror in Judenburg mit: Wie Menschen eingesperrt wurden, weil sie ausländische Sender gehört hatten; wie im Gussstahlwerk, wenn einmal zu viel Ausschuss produziert wurde, die Gestapo erschien und nach „Saboteuren" suchte; wie Verhaftete ohne jede Verhandlung gleich ins KZ deportiert wurden; und wie auch die Angehörigen eines Verhafteten als *feindliche Familie* angesehen wurden, deren Mitglieder keine Arbeit bekamen und von der Fürsorgeunterstützung leben mussten. Sie beteiligte sich an der so genannten „Roten Hilfe". Gemeinsam mit anderen Personen, *die wohl aus dem linken Spektrum gekommen sind, da waren Sozialdemokraten, Kommunisten, Parteilose, und so weiter,* sammelte sie für Familienangehörige von NS-Opfern Spenden. Die Gestapo schleuste in solche Gruppen Spitzel ein, um sie auffliegen zu lassen. Eines Tages kam einer ihrer Mitstreiter und meinte, die Gestapo sei im Betrieb, und er habe Angst, dass sie ihn erwischen würden. Er wusste, dass Maria Cäsar slowenische Verwandte und dadurch Verbindung zu jugoslawischen Partisanen hatte, und er überlegte, dorthin zu gehen. Seine Entscheidung wurde nur dadurch erschwert, dass er für eine Frau und drei Kinder zu sorgen hatte. Bevor er einen Entschluss gefasst hatte, war es zu spät. Am nächsten Tag in der Früh wurde er festgenommen. *Er ist mit drei anderen Judenburgern einen Tag vor Weihnachten 1944 im Grazer Landesgericht geköpft worden, weil man ihnen nachgewiesen hat, dass sie 17 Mark gesammelt haben.*

Durch die Verhaftung fühlte sich Maria Cäsar akut gefährdet, schließlich kannte sie die Methoden, aus Inhaftierten die Namen von Genossen herauszupressen. Sie überlegte ihrerseits die Flucht, hatte aber auch einen Sohn, der gerade erst vier Jahre alt war. Ihre Mutter erleichterte ihr die Entscheidung, indem sie zusagte, sich während der Abwesenheit um das Kind zu kümmern. Cäsar versteckte sich bei Verwandten, von wo aus sie jederzeit zu den Partisanen gehen konnte, und so verabredete sie für alle Fälle ein Zeichen: Die Mutter sollte ihr Postkarten schicken, mit harmlosem Text, aber einem unauffälligen kleinen Ring neben der Briefmarke, falls die Gestapo nach ihr suchte. *Es sind zwei solche Karten gekommen, aber es war nie ein Ringerl oben.* Der verhaftete Genosse hatte dichtgehalten. Unter welchen Bedingungen, erfuhr Maria Cäsar später: *Da gibt es ein Gedächtnisprotokoll von der Frau von dem Mann, wo sie schreibt, sie hat beim ersten Besuch den Mann beinahe nicht erkannt, weil er so ausgeschaut hat, blau, blutunterlaufen, total verschwollen, an Händen und Füßen mit Ketten gefesselt. Und zu ihr hat er gesagt, wenn du meinen Rücken sehen würdest, der schaut noch weit schlimmer aus.*

Knapp vor Kriegsende kehrte Maria Cäsar in ein unter alliiertem Bombenhagel liegendes Judenburg zurück. Ihr Vater, der vorher nicht eingerückt war, wurde jetzt zum Volkssturm eingezogen, dem letzten Aufgebot der Hitlerarmee. Die Bewohner der Arbeitersiedlung in unmittelbarer Nähe des Werksgeländes waren durch die Bombardements besonders bedroht. *Bei Tag sind wir in den Wald hinaus geflüchtet, weil wir Angst gehabt haben.* Die Luftangriffe kamen aber dann in der Nacht, wenn es keine Fluchtmöglichkeit gab. *Einmal bin ich in der letzten Sekunde gelaufen. Da war so ein Erdbunker, und eine Bombe hat eingeschlagen, und es hat uns der Luftdruck zur Wand geschlagen. Also, ich weiß, was Krieg wirklich ist. Wenn man das so miterlebt, das wird man nie so ganz los.*

Im Frühjahr 1945 rückten die vier Besatzungsarmeen in Österreich ein. In Judenburg trafen zwei von ihnen aufeinander. Das Stadtzentrum wurde britisch, die Vorstadt russisch. Die Versorgungslage war schlecht. *Da sind wir einfach vor dem Nichts gestanden.* Wenn die Züge mit den Kriegsheimkehrern ankamen, ging Maria Cäsar wie viele andere Frauen auf den Bahnhof und wartete auf ihren Mann. *Diese Hoffnung, na, vielleicht hat er doch überlebt,* ließ sich, so unsinnig sie war, nicht so leicht abtöten. Doch *dann war er halt nie dabei, und die Gewissheit ist immer stärker da gewesen, er kommt nicht mehr.* 1949 bekam sie einen zweiten Sohn. *Die Beziehung mit dem Vater des Buben ist schief gelaufen, und ich bin dann aus verschiedenen Gründen ganz gern von Judenburg weggezogen, hab aber zwei Kinder gehabt.*

Sie zog nach Graz, wohnte in einer Baracke in der Gegend des Lendplatzes und schlug sich mit Gelegenheitsarbeit durch, weil sie bei einer regelmäßigen Berufstätigkeit ihre Witwenpension verloren hätte. Zusätzlich wurde sie von ihrer Mutter unterstützt. Sie engagierte sich zunehmend in der Parteiarbeit. Besonders die

Frauenarbeit lag ihr am Herzen: der Kampf gegen den Paragraphen 144 (der die Abtreibung unter Strafe stellte), für das Ladenschlussgesetz oder die Einsetzung von Richterinnen, die es damals in der Steiermark nicht gab. Auch *bundesweit hat man die Probleme gehabt mit der Stellung der Frauen in bestimmten Positionen.* Die Entwicklung auf diesem Gebiet verfolgt Maria Cäsar immer noch mit kritischem Interesse. *Im Großen gesehen haben die Frauen sicher mehr Möglichkeiten,* meint sie besonders im Hinblick auf die Bildung, die ihre Mutter sich noch unter Schwierigkeiten und fast im Geheimen erarbeiten musste. Aber sie ortet auch einen gegenläufigen Trend. *Etwas, das man früher für die Frauen hart und schwer erkämpft hat, verlieren sie heute wieder.* Als Beispiel nennt sie die Teilzeitarbeit. *Für die Frauen ist heute die Teilzeitarbeit etwas, das sie auf der einen Seite unbedingt brauchen, weil sie sonst gar nicht Familie und Beruf in Einklang bringen können. Aber die Frage der Teilzeitarbeit wird für die Frauen in ihren späteren Jahren, also wenn sie in die Pension gehen, so ein großer Nachteil sein, weil ihnen diese Zeiten fehlen werden, sie sind überhaupt nicht abgesichert.* Und zusammenfassend meint sie: *An der Stellung der Frauen kann man erkennen, wie eine Gesellschaft ist.*

Die Rolle der ehemaligen sozialistischen Frauenministerin Johanna Dohnal auf diesem Gebiet anerkennt Maria Cäsar trotz der ideologischen Unterschiede – *seit Dohnal war nichts mehr Ähnliches da* –, und sie erinnert sich an eine persönliche Begegnung. *Die Dohnal war in Graz, und ich bin dort gewesen, und wir haben gefeiert miteinander.* Auch sonst gebe es in der Sozialistischen Partei[3] die eine oder andere Persönlichkeit, *die wirklich meines Erachtens das Ideal von einer besseren Welt gehabt hat.*

Wenn sie selbst dennoch nicht versucht hat, das Ideal einer besseren Welt im Rahmen der SPÖ zu verwirklichen, dann lag das vor allem an ihrer kompromisslos antifaschistischen Gesinnung, die sie bei den Sozialisten so nicht gefunden hat. *Die Sozialistische Partei hat gegenüber ehemaligen Nationalsozialisten ein weitaus tole-*

ranteres Verhalten gehabt als gegenüber Kommunisten, wirft sie der SPÖ vor und nennt als Beispiel das Kabinett Kreisky I, in dem es vier Minister gab, *die alle belastet waren.* Gegenüber den Kommunisten sei er viel weniger großzügig gewesen. *Kreisky hat viele hervorragende Dinge gemacht für unser Land, aber mit der „Eisenstädter Erklärung"*[4] *hat er etwas gemacht, das uns alle ausgegrenzt hat. Aber warum, nur weil wir eine andere politische Auffassung gehabt haben, ist das nicht auch menschenverachtend gewesen?*

Auch gegenüber dem, was man als politisches Glaubensbekenntnis der Maria Cäsar bezeichnen könnte, hat die Sozialistische Partei in ihren Augen ein Defizit. *Für mich ist eine linke Vorstellung etwas, das sich für die, die weniger haben, einsetzt und das hab ich nicht immer in der Sozialistischen Partei gesehen, sondern das habe ich eher in der Kommunistischen Partei gesehen.*

Als Kommunistin hatte sie freilich wie alle Gesinnungsgenossen einen schweren Stand, vor allem zur Zeit des Kalten Krieges. Innenpolitisch fühlte sie sich als *Mensch zweiter Klasse.* Es sei immer wieder vorgekommen, dass man ihr sagte, *du bist ein super Kerl, wenn du nicht eine Kommunistin wärest.* Oder dass sie Menschen kennen lernte, *die nicht gewusst haben, wer ich bin. Mit denen bin ich ausgezeichnet ausgekommen, und dann waren sie geschockt.*

Auf der anderen Seite bedeutete das Bekenntnis zum Kommunismus ständigen Erklärungsbedarf und Rechtfertigungszwang, nicht nur gegenüber anderen, sondern auch gegenüber sich selbst, vor allem wenn man, wie Maria Cäsar, der Partei beigetreten war, um für Gerechtigkeit und gegen Unterdrückung zu kämpfen. Das Sündenregister der Sowjetunion und ihrer Satelliten war lang: Berlin 1953, Ungarn 1956, Berlin (Mauerbau) 1961, Tschechoslowakei 1968, Polen 1980, Afghanistan, Stalin'sche Säuberungen, Verfolgungen oder Ausweisung von Dissidenten, Gulag … Hat Maria Cäsar dennoch nie daran gedacht, aus der Partei auszutreten? *Nein, ich habe nicht überlegt auszutreten, ich habe sehr gekämpft mit mir selbst, ich habe es auch abgelehnt, was in diesen Ländern passiert ist. Ich gehöre nicht zu denen, die sagen, das ist nicht passiert, oder die das verniedlichen wollen. Ich gehöre sicher zu denen, die sagen, viele Dinge, die passiert sind, sind zu verurteilen und entsprechen nicht den Vorstellungen, die man von einer Bewegung gehabt hat. Ein Sozialismus muss anders aussehen.* Der Grundfehler des kommunistischen Regimes sei es gewesen, die Frage der Freiheit außer Acht zu lassen. *Man kann die Freiheit nicht so interpretieren, dass man dem Menschen vorschreibt, was er alles tun und machen kann. Das geht nicht, so etwas gibt es nicht, das muss zum Scheitern verurteilt sein. Das war wahrscheinlich auch der Grund, dass es gescheitert ist. Weil die Menschen sich wirklich nicht selber entfalten haben können.*

Dennoch wäre es *vollkommen falsch zu sagen, es war alles falsch.* Maria Cäsar verweist auf das Bildungswesen und die soziale Absicherung im Sowjetstaat, die inzwischen weggefallen sei. *Wenn ich von den Straßenkindern höre, die es dort gibt, wenn ich die sozialen Verhältnisse anschaue, dann muss ich sagen, es war sicher nicht alles schlecht, was früher dort war. Viele Dinge, die heute dort sind, sind ein Rückschritt.*

Heute hält die Zeitzeugin viele Vorträge, vor allem an Schulen. Die Arbeit mit den jugendlichen Zuhörern macht ihr Spaß. *Schauen Sie, ich bin über 80 und ich habe überwiegend mit jungen Leuten zu tun. Es ist für mich etwas Schönes.* Und besonders freut es sie, wenn es ihr gelingt, eine Klasse, die ihr als uninteressiert angekündigt wurde, zu begeistern. *Und wenn wir fertig sind, dann sagen sie mir, das war interessant, was Sie uns erzählt haben. Und ich erlebe das auch immer wieder, dass die Schüler zum Lehrer oder zum Direktor gehen und sagen, bitte können wir noch eine Stunde haben.* An über 400 Schulen ist sie schon gewesen. *Mein Kalender ist immer voll, und ich bin mit dem, was ich mache, zufrieden.* Und: *Ich habe nach wie vor trotz meines hohen Alters Zukunftspläne.* Dazu gehört auch eine Reise ins postkommunistische St. Petersburg, auf die sie *jetzt schon sehr gespannt* ist.

Es sind immer noch dieselben zwei Dinge, die ihr am Herzen liegen, seit im Jahre 1934 der KJV-Kurier aus Wien nach Judenburg kam und ihr politisches Interesse weckte: der Kampf gegen Faschismus und Krieg in allen Formen und der Einsatz für soziale Gerechtigkeit, der gerade in Zeiten des Neoliberalismus so dringend notwendig ist: *Man spart bei den Menschen, die ohnehin nicht viel haben.* Dafür ist sie bereit, sich ohne ideologische Verbohrtheit oder parteipolitische Scheuklappen mit Gleichgesinnten anderer Lager zusammenzuschließen. Denn *es kommt immer auf die Menschen an.* Der Erfolg des kommunistischen Stadtrates Ernest Kaltenegger in Graz sei ein Beispiel dafür, und Ähnliches gebe es auch in anderen Parteien.

Ich kenne eine Reihe Sozialdemokraten heute, mit denen ich ausgezeichnet zusammenarbeiten kann. Aber ich kann es nicht nur mit Sozialdemokraten. Es gibt auch eine ganze Reihe, die aus der christlichen Bewegung kommen. Ich hab sehr viel zu tun mit Menschen, die auf Grund der christlichen Soziallehre mit vielen Dingen, die heute passieren, auch nicht einverstanden sind, und ich fühle mich mit solchen Menschen sehr solidarisch, und ich denke, dass wir Menschen, die ideologisch ganz verschiedener Auffassung sind, doch einen gemeinsamen Weg finden können, dass man vieles in der heutigen Zeit verändern kann. Das glaube ich nach wie vor, weil ich denke, dass gerade im Zeitalter der Globalisierung viele von den Grundwerten des Menschen verloren gehen. Und es lohnt sich, für diese Werte einzutreten.

Anmerkungen

1 Die erste sozialistische Kinderfreunde-Organisation wurde 1908 von Anton Afritsch in Graz gegründet. Die Idee solcher Kinderorganisationen breitete sich zunächst in Österreich, später auch in weiten Teilen Europas, rasch aus. Für die 12- bis 14-jährigen Kinder in diesen Gruppen schuf Anton Tesarek (1896–1977) 1925 die Bezeichnung „Rote Falken".

2 Zur Verdeutlichung der Proportionen: Von etwa 200.000 Arbeitslosen im Jahr 1929 stieg deren Zahl bis 1934 auf mehr als 800.000, von denen fast 500.000 ausgesteuert waren.

3 Die Sozialistische Partei Österreichs wurde 1991 in Sozialdemokratische Partei Österreichs umbenannt.

4 In der „Eisenstädter Erklärung" von 1969 wies die SPÖ die angebotene kommunistische Wahlhilfe zurück. Kreisky kalkulierte zu Recht, dass eine „Volksfront" zusammen mit der KPÖ mehr Stimmen aus der bürgerlichen Wählerschicht kosten würde, als sie vom linken Rand einbringen konnte.

Ich habe immer gesagt: Jeder hat das Recht auf seine Meinung, aber ich auch

Wer die Ära Kreisky bewusst erlebt hat, wird vielleicht noch das Bild der kleinwüchsigen Staatssekretärin im Sozialministerium vor Augen haben, die einen rauen, aber urwienerischen Charme versprühte: Franziska Fast.

Ein kurzer Rückblick. Es war im November 1979, die feministische Bewegung hatte auf Österreich übergegriffen, die Frauenszene drängte auf weibliche Repräsentanz in öffentlichen Positionen, die Regierung Kreisky IV hatte aber nur zwei Frauen[1] aufzubieten. Kreisky erkannte die Zeichen der Zeit und stockte sein Kabinett gleichsam über Nacht um vier weibliche Mitglieder auf: Anneliese Albrecht, Johanna Dohnal, Beatrix Eypeltauer und Franziska Fast. Der Schönheitsfehler war, dass es sich ausschließlich um Staatssekretärinnen handelte. Bei den zwei Ministerwechseln dieser Regierungsumbildung kamen erneut Männer zum Zug.[2] Übrigens hatte selbst Johanna Dohnal, als sie schließlich Ministerin wurde, zwar diesen ehrenvollen Titel, aber kein Ministerium, sondern lediglich ein Büro im Bundeskanzleramt. Dass heute eine konservative Bundesregierung sechs „vollwertige" Ministerinnen hat, lässt erkennen, welche Fortschritte in Sachen Gleichstellung seither gemacht worden sind.[3] Franziska Fast hat daran einen nicht unerheblichen Anteil.

Geboren wurde sie 1925 als drittes Kind einer Proletarierfamilie in einem jener Wiener Bezirke, die als besonders „wienerisch" galten und die heute die höchsten Ausländeranteile aufweisen: in Ottakring. Zu den beiden älteren Geschwistern (ein Bruder, eine Schwester) bestand ein Abstand von fünf bzw. sechs Jahren. Der Vater war Bauarbeiter und Sozialist. Nicht aus irgendwelchen ideologischen Überlegungen (*wenn sie ihn gefragt hätten, was der Marxismus ist, er hätte es gar nicht gewusst*), sondern weil es für ihn als Arbeiter selbstverständlich war. *Er war einfach so überzeugt, dass die Roten die sind, die uns helfen.* Franziska Fast erinnert sich noch, wie ihr Vater gesagt hat: „*Was sollen denn wir Arbeiter wählen? Wir können doch nur rot wählen.*" Gewiss, die kommunistische Option hätte es auch noch gegeben, aber die war ihm wohl zu totalitär, zumal da die Familie katholisch war, und das sogar praktizierend. *Wir sind in die Kirche gegangen, und ja, wir sind katholisch erzogen worden. Ich bin getauft, gefirmt und hab in der Kirche geheiratet, nur die Letzte Ölung ist noch ausständig.* Natürlich hat Franziska Fast auch den Religionsunterricht besucht, was zur Zeit des Ständestaates ohnehin ratsam war, um nicht den Unmut ultramontaner Lehrer auf sich zu lenken. Die Mutter war auch dafür, weil sie meinte, die Entscheidung für oder gegen den Glauben könne man als Erwachsener immer noch treffen. Und natürlich zeigten sich bei Franziska Fast auch die typischen Folgen des Religionsunterrichts im kindlichen Alter: *Wenn ich einen Zucker gestohlen hab, hab ich immer die Augen zugemacht, damit mich der Gottvater nicht sieht.*

Im Jahr 1930 wurde der Vater im Gefolge der Wirtschaftskrise arbeitslos und hatte als Sozialist keine Chancen, wieder eine Arbeitsstelle zu finden, insbesondere nach der Ausrufung des Ständestaates und den Ereignissen des Februar 1934. Vom Bürgerkrieg selbst, der sich beinahe vor ihrer Haustür abspielte,[4] bekam die Neunjährige nur akustisch etwas mit. *Meine Eltern haben mich nicht auf die Straße lassen.* Ein Jahr später wurde der mittellosen Familie noch ein weiteres Kind geboren.

Es wurde eng, räumlich wie finanziell. Die sechsköpfige Familie wohnte in einer Zimmer-Küche-Wohnung mit rund 25 Quadratmetern Fläche. *Im Zimmer haben wir gehabt ein Doppelbett, dann ein Stahlrohrbett an der einen Wand, vor den Doppelbetten ist eine Ottomane* (eine Art Sofa, Anm.) *gewesen, da hat mein Bruder geschlafen, meine Schwester und ich hatten ein Bett, und als dann der Kleine gekommen ist, hat er zwischen meinen Eltern geschlafen im Ehebett.* Das Tröstliche war, dass die Familie nicht die einzige gewesen ist, die mit so beengten Verhältnissen zurechtkommen musste. *Wir haben gewusst, dass wir arm sind, aber die anderen waren auch arm, darum hat es uns nicht gestört.* Fast vermutet, dass ihr Gefühl für das Soziale durchaus aus dieser Situation entstanden sein könnte. *So unangenehm es auch oft war, das Zusammenliegen, irgendwo hat es was Gutes gehabt. Die körperliche Wärme hat dazu geführt, dass man sich gut versteht.* Das sei heute verloren gegangen. *Wir leben halt in einer Zeit, wo es allen besser geht, und trotzdem gibt es nicht diese Solidarität, die es damals gegeben hat.*

Zum Lebensunterhalt musste Franziska Fast schon früh beitragen. Die Mutter, *sie war klein und zart,* wäre nicht in der Lage gewesen, eine Stelle als Putzfrau anzunehmen, also musste man sich anders behelfen. *Wir sind, was man heute sagt, hausieren gegangen.* Zu Weihnachten fertigte die Familie Rosen aus Krepppapier an, die sie am Markt verkauften, im Sommer gingen sie durch Gastgärten und boten weißen Rettich (*Radi*) an. Oder auch Bonbonnieren, die sie vorher in einem Geschäft gekauft hatten. *Wenn wir Kinder gegangen sind, haben uns die Menschen oft was abgekauft, weil wir halt Kinder waren.*

Die dominierende Kindheitserinnerung der Franziska Fast ist, *dass ich immer nur Hunger gehabt habe.* Auch ihre Kleinwüchsigkeit geht darauf zurück. *Ärzte haben mir bestätigt, dass ich klein bin, ist eine Frage des Ernährungsschocks.* Der Vater bezog 20 Schilling Notstandshilfe, davon gingen 10 Schilling für den Mietzins auf. Die Familie musste jeden Groschen mehrmals umdrehen, bevor sie ihn ausgab. Brot wurde in Zwei-Kilo-Laiben gekauft – und vor dem Anschneiden zwei Tage aufbewahrt, denn *wenn das Brot älter ist, verschneidest du es ja nicht so wie ein frisches Brot.* Franziska Fast erinnert sich noch genau an die Preise einzelner Lebensmittel. Für 10 Groschen bekam man: 10 dag Leberwurst oder 10 dag dürre Wurst oder 10 dag Göderl *(das Göderl ist das fette Fleisch vom Schwein, das von der Wange runtergeht).* Und jedes einzelne davon war eine Mahlzeit – für zwei Personen. *Mit zehn Deka von dem Göderl haben wir zu zweit genug gehabt, und jeder hat noch ein Stückerl Brot dazubekommen.* Fleisch gab es allenfalls am Sonntag, *sonst nur eine Knochensuppe, was auch gesund war.* Und wenn es Fleisch gab, dann war es *Rossfleisch,* das charakteristische Arme-Leute-Essen der Zwischenkriegszeit. Sonst bestand der Speisenplan aus Gemüse. Erdäpfel waren relativ teuer. Billig hingegen waren Kraut, Karfiol, *„Köch"* (Kohl), Erbsen, Bohnen, Linsen. *Heute wissen wir, dass das eh gesund ist.* Eine Art Zubrot holten sich die Kinder aus der Fischhandlung in Form der fetten Brösel, die von der Panier übrig geblieben waren, oder am Markt, wo sie das weggeworfene angefaulte Obst aufhoben und die faulen Stellen wegschnitten. *Das heißt, alles, was nur essbar war, haben wir nach Hause getragen, die Mama war sehr nett und rein, die hat das gewaschen.* In der Schule gab es Gratisfrühstück für die Kinder, die kein Frühstück mithatten, weil die Lehrerin die reicheren Kinder dazu motivierte, etwas für die ärmeren mitzubringen. Franziska Fast, die mitunter eine Kleinigkeit, ein Stück Brot, einen Apfel oder ein paar Zwetschken von zu Hause mitbekam, aß sie noch auf dem Schulweg auf, um in den Genuss des zweiten Frühstücks zu kommen.

Von der Lehrerin und ihrer Bemühung um sozialen Ausgleich schwärmt Franziska Fast. *Ich finde, die war ganz großartig.* Sie erinnert sich daran, einmal Schneeschuhe geschenkt bekommen zu haben, die als Überschuhe gedacht waren. Man hätte also andere Schuhe darunter tragen müssen, Franziska Fast besaß aber keine. Das Zeitungspapier, mit dem ihre Mutter die Überschuhe ausgestopft hatte, erwies sich als unzulänglicher Behelf. *Natürlich bin ich dahergelatscht. Wie kann man denn gehen mit Schuhen, die einen weichen Stöckel haben, der jedes Mal runtergeht?* Eine Mitschülerin nannte sie deswegen *gestiefelter Kater* und erntete dafür eine Ohrfeige von der offensichtlich damals schon resoluten Franziska Fast. Die Lehrerin schlichtete den Streit geradezu salomonisch. Sie sagte zu dem anderen Mädchen: *„Du sei froh, dass du so schöne Schuhe hast"* und zu Franziska Fast: *„Und du gib ihr keine Ohrfeige mehr."* Franziska Fast hatte eine andere Reaktion erwartet. *Ich hab geglaubt, weil ich ein armes Kind bin, wird sie mich so, wie man in Ottakring sagt, niederbügeln. Aber gar nicht.* Zur Schule hatte Franziska Fast überhaupt ein positives Verhältnis. Sie lernte leicht und hätte ein Stipendium bekommen können, aber als die Lehrerin ihrer Mutter das Angebot machte, meinte die nur, *das nützt mir nichts, sie muss mit 14 Jahren Geld nach Hause bringen, sonst können wir nicht leben.* Trotz der Not zweigte die Mutter vom mageren Budget noch 10 Groschen Monatsbeitrag für den Mandolinenverein der Arbeiter ab. *Mein Bruder hat Gitarre gelernt, meine Schwester Zither und ich Mandoline. Das hab ich ihr nie vergessen.*

Als Franziska Fast ihre politische Karriere begann, hatte sie zwar nur eine grundlegende formale Bildung, aber dafür eine Menge anderer Dinge mitbekommen, die viel wichtiger waren. Das beengte Zusammensein mit den Geschwistern hatte sie soziales Empfinden gelehrt und sicher das Durchsetzungsvermögen, das wohl zu ihrer charakterlichen Grundausstattung gehört, noch verstärkt. Durch die Armut hatte sie Solidarität erfahren: *Wer Hunger hat, der weiß auch, wie weh das dem anderen tut, wenn er hungern muss.* Durch das *Schlüsselerlebnis* mit dem „Gestiefelten Kater" hatte sie Gerechtigkeit kennen gelernt und die Erkenntnis gewonnen, dass man sich auch als Armer wehren kann, ohne gleich bestraft zu werden. Und sie hatte ihren Einfallsreichtum trainiert, denn Not macht erfinderisch. *Was mich heute so wundert, ist, wenn Kinder sagen: „Mir ist fad, was soll ich tun?" Wir waren bitterarm, aber das haben wir nie gesagt, es ist uns immer was eingefallen. Wir haben halt ein Fetzenlaberl gehabt, Ball haben wir keinen gehabt, und wir haben uns gut verstanden.* Franziska Fast war zeitlebens bemüht, diese Werte aus den mageren Jahren in die fetten Jahre der Wohlstandsgesellschaft hinüberzuretten.

Mit dem Schulabgang 1939 war die Zeit des physischen Hungers vorbei. Der geistige Hunger, der Hunger nach Weiterbildung und herausfordernden Aufgaben, blieb. Nach dem Einmarsch der Nationalsozialisten gab es auch für Franziska Fasts Vater wieder Arbeit, wenngleich nicht in der „Ostmark". Er und ihr Bruder fuhren nach Wilhelmshaven in Niedersachsen, wo sie Reihenhäuser bauten. Sie blieben dort, bis sie in den Krieg eingezogen wurden. Trotz der Freude darüber, dass man endlich wieder Beschäftigung hatte, ist niemand von der Familie der NSDAP (Nationalsozialistische Deutsche Arbeiterpartei) beigetreten. Ein Grund für die Ablehnung war wohl die Behandlung der Juden. *Wir haben gute Beziehungen gehabt zu verschiedenen Juden, die Geschäfte gehabt haben,* darunter zu einem, bei dem sie Betten auf Raten gekauft hatten und der anstelle von Geld auch Holz, das sie aus dem Wald holten, als Zahlung annahm. Dessen Frau habe sie dann gesehen, wie sie das Trottoir aufwaschen musste. *Das hat einfach meine ganze Familie gestört. Wie andere Menschen behandelt worden sind. Menschen, die vorher sehr gut zu uns waren. Meine Eltern hätten es nicht erklären können, warum sie gegen den Hitler sind. Aber das war einer der Gründe, und das geht tiefer hinein als weiß Gott wie lehrreiche Reden. Das geht so tief ins Innere hinein, dass man gar keine Erklärung mehr braucht.*

Franziska Fast selbst wurde 1939 dienstverpflichtet *und war ein billiges Dienstmädel für eine Parteigenossin von Hitler. Ich bin in ein Gasthaus gekommen, im 12. Bezirk, in der Breitenfurterstraße, und dort musste ich die alte Dame pflegen. Die Tochter war eine Illegale.* Die alte Dame sei an sich *lieb* gewesen. *Dass ich ihren Scheam* (Nachttopf) *in der Früh raustragen musste, hat mich nicht gestört. Was mich gestört hat, war, dass ich von Montagabend bis nächste Woche Montagfrüh dort sein musste. Also rund um die Uhr. Das ist der Nachteil, wenn man Kost und Quartier hat.* Ein wenig betrogen wurde sie anfangs auch. *Für die Kost habe ich meine Fleischmarken gegeben, gekriegt hab ich kein Fleisch. Und nach einem halben Jahr hab ich den Aufstand geprobt, hab gesagt: „Und ich brauch von Ihnen kein Fleisch, aber die Fleischmarken behalt ich mir." Darauf hab ich dann meine Fleischration gekriegt. Aber es ist schon sehr entwürdigend, ein Dienstmädel rund um die Uhr im Haus zu sein.* Außerdem sei ihr Zimmer so feucht gewesen, dass sie an Rheuma erkrankt und zwei, drei Wochen am Stock gegangen sei. *Gerade Heimarbeiter und Hausgehilfen waren die ärmsten Teufel,* sagt sie und ist in diesem Zusammenhang stolz, dass es inzwischen gelungen ist, den Schutz für diese Berufsgruppen auszubauen.

Vom Altmannsdorfer Gasthaus kam sie in ein renommiertes Innenstadtlokal, die „Tabakspfeife" in der Goldschmiedgasse beim Stephansplatz. Deren Inhaberin war zwar auch eine Illegale, *aber vernünftig, es hat ja Vernünftige auch gegeben, die haben sich etwas anderes von Hitler erwartet.* Die bewahrte sie davor, zu den Treffen des BDM (Bund Deutscher Mädel) gehen zu müssen, indem sie sie als unabkömmlich bezeichnete. Somit hat Franziska Fast *die ganze Kriegszeit eine Ruhe gehabt von der Partei. Ich hab nirgends mehr hingehen brauchen. Die Chefin hat ihnen gesagt, ihr müsst den Krieg gewinnen und wir müssen da arbeiten. Das ist viel wichtiger als die Treffen vom BDM.* Die Arbeit in der „Tabakspfeife" war nicht leicht, man kochte nicht nur für das Lokal, sondern auch für Betriebe in der Umgebung. Erdäpfel waren das Hauptnahrungsmittel, *eingebrannte Erdäpfel, ein Grenadiermarsch oder ein Erdäpfelgulasch* waren die einzigen Gerichte, die man ohne Marken bekam. Die Erdäpfel wurden tonnenweise angeliefert, andere Viktualien hingegen musste Franziska Fast mit dem Fahrrad holen. Die Wirtin besaß zwar zwischendurch einen PKW (Steyr 50), der aber wurde nach dem Motto „Räder rollen für den Sieg" eingezogen. Bei der „Tabakspfeife" blieb Franziska Fast bis 1945. *Also die NS-Zeit habe ich gut überstanden.*

Nach dem Krieg war sie wieder daheim und fuhr, wie so viele, „hamstern". Es war wieder der mühsame Kampf um das tägliche Überleben, ähnlich wie in der Vorkriegszeit. Der Vater und der Bruder waren in Kriegsgefangenschaft, die Schwester hatte kleine

Kinder, das Hamstern blieb im Wesentlichen Franziska Fasts Aufgabe. Dabei kam es darauf an, zur richtigen Zeit am richtigen Ort zu sein und günstige Gelegenheiten zu ergreifen. *In Grinzing haben die Russen die Weinfässer aufgeschossen, da bin ich mit der Wasserkanne runtergefahren wegen eines Weins, und den haben wir dann wieder getauscht für etwas anderes. Der andere hat dafür wieder irgendwo ein Schmalz oder Mehl oder Erdäpfel gehabt. Bei uns in Ottakring ist die Tabakregie* (später: Austria Tabak), *und da waren die Russen, acht Tage herinnen, da haben sie auf einmal gesagt, „Franzi, die sind unten in der Tabakregie, die verteilen die Zigaretten". Na, nichts wie hin, und da hab ich wirklich Zigaretten ergattert unter schwierigsten Bedingungen. Dann haben wir wieder die Zigaretten eintauschen können. Dann haben wir ein Pferd gehabt, und das Pferd haben wir selber geschlachtet im Haus und haben es aufgeteilt. Das wäre heute gar nicht mehr möglich, das schau ich mir an, ob sich jemand die Arbeit antut.* Und sie kommt zu einem überraschenden Schluss: *Das war schon eine schöne Zeit.*

1946 kehrte Franziska Fasts späterer Mann aus dem Krieg heim. Die beiden hatten einander schon als Kinder gekannt, ursprünglich war er ein Verehrer ihrer Schwester gewesen. Auch er, gelernter Tapezierer, war vor dem Krieg arbeitslos gewesen. Auch er war Sozialist aus denselben Beweggründen wie der Vater, nämlich weil er keine Alternative sah. Und auch er ging nach 1938 nicht zur NSDAP, obwohl er beinahe einem verlockenden Angebot erlegen wäre: Da gab es ein Plakat, das jedem, der sich zur SS meldete, eine Staatsanstellung versprach. Die hätte ihn durchaus gereizt, aber man nahm nur Männer über 1,90 m, und er war zu klein. Es sollte sein Glück sein. *Zwei Freunde von ihm waren dann bei der SS, na, die haben viel mitgemacht nach '45. So sieht man, man muss manchmal ein bisschen Glück haben.* In den öffentlichen Dienst kam er schließlich doch noch: Nach dem Krieg ging er zur Straßenbahn, *sicherheitshalber gleich, dass er ja nicht mehr arbeitslos wird.* 1948 heirateten sie. Die Ehe blieb kinderlos. 1950 hielt Franziska Fast das einsame Hausfrauendasein nicht mehr aus. *Mir ist einfach die Decke auf den Kopf gefallen.*

Sie begann als Arbeiterin bei Austria Email. Der Betrieb lag in der kommunistischen Besatzungszone, hatte einen kommunistisch beherrschten Betriebsrat, und *die Kommunisten haben gelogen, wo es gegangen ist, sie haben alles verlangt, was nicht möglich war.* Daraufhin begann sie, sich zu engagieren und dem Betriebsrat ihre Meinung zu sagen. Ihr Mann bestärkte sie, bot ihr an, selbst mit dem Betriebsrat zu reden: *„Wenn du reingehst, dann sag es ihm, sonst geh ich rein, dann sag ich es ihm."* Sie wollte vermeiden, dass er dort zu streiten anfing. Außerdem reizte es sie, sich auf eigene Faust durchzusetzen. *Und so haben wir 1956 die kommunistische Mehrheit gebrochen, und ich bin Vorsitzende des Betriebsrates geworden.* Damals hieß das noch „Obmann", und die männlichen Kollegen lachten, als sie fragte: *„Wieso bin ich ein Mann?"*[5] Es war der Beginn ihrer politischen Laufbahn.

Von nun an besuchte sie Fortbildungskurse und ging schließlich mit gewerkschaftlicher Unterstützung auf die Sozialakademie. *Das erste Mal, wo ich ehrgeizig war.* Denn dort musste sie auch gegen Maturanten bestehen, und es gelang ihr, sogar mit Auszeichnung. Ihre Firma hätte ihr daraufhin eine gute Stelle angeboten, aber die *innere Anständigkeit* ließ sie ablehnen. *Das hätte keiner verstanden, wenn ich das angenommen hätte, denn von den Arbeitergeldern lasse ich mich bilden und für die Dienstgeber setze ich dann mein Wissen ein? Nein, das darf man nicht machen.* 1965 begann sie in der Gewerkschaft: Sie bekam als erste Frau eine Ortsgruppe zur Betreuung, die Nummer 10 (Ottakring und Hernals) mit rund 6000 Metallarbeitern. Mit diesem wahrscheinlich fast zu 100 Prozent männlichen Umfeld kam sie gut zurecht. *Meine Männer und ich, wir haben oft bis um 10 Uhr, 11 Uhr in der Nacht diskutiert in der Ortsgruppe.* Dafür, dass sie mit männlichen Kollegen immer gut ausgekommen ist, gibt sie eine humorvolle Begründung: *Eine Schönheitskonkurrenz hab ich nie gewonnen, und das war mein Vorteil.* Das habe sie davor bewahrt, von Männern als potenzielles Sexualobjekt betrachtet zu werden, und dadurch waren sie *echte Kumpel, echte Freunde.*

Auf Veranlassung von Anton Benya[6] wurde sie Frauensekretärin des ÖGB und als solche für ganz Österreich auf den Gebieten Sozialpolitik und Arbeitsrecht zuständig. Es war ihr von Anfang an wichtig, dass Strukturen aufgebaut werden, in denen Frauen zwingend vorgesehen sind. *Es nutzt nichts, wenn ich sag, tut's wo eine Frau hin, das ist zu wenig.* So etwas müsse in Statuten oder Geschäftsordnungen verankert sein. *Dann muss die dort rein.* Das habe sie durchgesetzt, sogar mit männlicher Unterstützung.

Franziska Fast selbst gelangte in hohe Positionen, auch ohne dass in Statuten ein Frauenanteil festgelegt war. Sie war Pionierin, nicht Quotenfrau. 1973 wurde sie in den Gemeinderat gewählt und war dort im Gesundheitsausschuss tätig. Kreisky hatte sie schon viel früher kennen gelernt, als Metallgewerkschafterin im Gewerkschaftshaus Gumpendorf. Er besuchte dort jedes Jahr die Funktionärskonferenz. Beim Parteitag Anfang 1967 favorisierten die Gewerkschafter um Benya zunächst den ehemaligen Innenminister Franz Czettel als Parteivorsitzenden. An Kreisky störte sie nicht zuletzt seine Siegesgewissheit. *Einen Tag vorher hat er ja schon ein Interview gegeben, als wenn er schon der Vorsitzende gewesen wäre.* Später, im Mai 1967, luden sie Benya und Kreisky nach Gumpendorf zu einem Versöhnungsgespräch, denn *das ist ja verständlich, wenn mich jemand nicht gewählt hat, dass ich ein bisschen indigniert bin.* Sie spielten den beiden ein Wienerlied, „Schau dir deine Freunde gut an“, vor, *und das war gut so.*

Kreisky hat sie dann 1979 in die Regierung geholt, um, wie sie meint, das *Arbeiterelement* in seinem von Akademikern dominierten Kabinett zu repräsentieren. Von der UNO war 1975 das Jahrzehnt der Frau ausgerufen worden, *und wir mussten in diesen zehn Jahren denen immer berichten, was für Frauen geschehen ist.* Franziska Fasts Aufgabe bestand darin, Kollektivverträge und

Betriebsvereinbarungen auf etwaige Benachteiligungen von Frauen zu überprüfen. Sie war für die Privatwirtschaft zuständig, Johanna Dohnal für den öffentlichen Dienst, und *wir haben uns gut verstanden.*

Es ging viel voran damals. Dabei war es Franziska Fast immer wichtig, die Männer für ihre Sache zu gewinnen, zum Beispiel beim Mutterschutz. Um das Verbot der Akkordarbeit nach dem fünften Schwangerschaftsmonat durchzusetzen, holte sie einen bekannten Mediziner als Referenten. *Die Männer haben es dann verstanden, weil es der Arzt auch gesagt hat. Ich bin keine Ärztin, was soll ich da viel erzählen? Das Argument hat jeder verstanden, dass die Hände nicht länger werden, aber der Bauch größer.*

Um eine einfache, klare Sprache ist es Fast immer gegangen. Sie führt das auf ihre Herkunft aus der Arbeiterklasse zurück. Diese Sprache sei verloren gegangen. *Das ist so mein Eindruck, wir erklären alles so kompliziert.* Und so wie man die Leute sprachlich nicht überfordern sollte, sollte man sie auch thematisch nicht überfordern. *Wenn ich heute von dem rede, morgen von dem, übermorgen von der Müllverbrennung, das ist zu verwirrend.* Wenn einem ein Thema wichtig ist, müsse man dranbleiben, *sodass das da tief reingeht, und wenn man das jede Woche sagt.* Die Kirche predige schließlich auch seit 2000 Jahren dasselbe. *Man soll wenig sagen, aber das permanent, dann geht es in die Köpfe hinein.* Und: *Man soll bei der Wahrheit bleiben. Die Menschen vertragen die Wahrheit.*

Persönlich hat sie die Position als Staatssekretärin nicht verändert. Durch ihre unkonventionelle Art ist sie immer wieder mit verschiedenen ministeriellen Gepflogenheiten kollidiert. Dienstwagen wollte sie keinen, aber man brachte ein gutes sozialistisches Argument, nämlich: das koste einen Arbeitsplatz. *Na, da können Sie nur mehr „ja" sagen.* Wenn schon, wollte sie einen Fiat. Aber leider gab es da einen Vertrag mit Mercedes … *Also gut.* Dann hatte sie einen Sessel, *da hätte ich fast auf die Tischplatte nicht rauf-*

gesehen, weil der so tief war. Daraufhin ging sie im Ministerium auf Sesselsuche. Und wurde fündig – beim Stuhl des Amtswartes. *Die haben geglaubt, die Welt stürzt ein, wie ich das sag.* Sie hatte ein riesiges Büro für sich allein. Ihre beiden weiblichen Angestellten saßen in einer kleinen Kammer. *Na, was glauben Sie, was ich gemacht habe, auch sehr zum Missfallen der Präsidiumsleitung? Ich bin ins kleine gegangen, meine zwei Kolleginnen bekamen das große Zimmer.* Dass die ministeriellen Gepflogenheiten auch unter einer sozialistischen Regierung alles andere als egalitär waren, erkannte sie im Aufzug, als jemand einsteigen wollte, bei ihrem Anblick zusammenzuckte, *„Jö, Entschuldigung Frau Staatssekretärin"* stammelte und schon wieder draußen war. Man durfte nämlich nicht in einen Lift einsteigen, in dem ein Regierungsmitglied fuhr. *Das waren aber auch unsere Genossen,* vermerkt sie kritisch. Sie verletzte die Etikette immer wieder, lustvoll und mit viel Selbstbewusstsein. *Da kann mir keiner erzählen, dass man die Etikette beachten muss, was soll denn schon sein, der Herr Präsidialist kann mich nicht raushauen als Staatssekretär, das kann der Minister oder der Bundeskanzler.* Und sie hasst Titel. *Ich bin die Frau Fast, und das steht auf meinem Grabstein, aus, Ende.*

Nach ihrem Ausscheiden aus der Regierung wurde Franziska Fast 1983 Volksanwältin. 1989 ging sie in Pension. Ihren Erfolg auf dem politischen Parkett schreibt sie der Tatsache zu, dass sie *an und für sich ein freundlicher Mensch* sei, für den es keine Feinde gebe. *Ich habe immer gesagt: Jeder hat das Recht auf seine Meinung, aber ich auch. Damit hat man halt den anderen ein bisschen Wind aus den Segeln genommen. Ich muss nicht dem anderen seine Meinung akzeptieren, aber ich muss sie mir anhören.*

Das Privatleben verlief weniger glücklich als die berufliche Karriere. Ihr Mann erkrankte 1970 und starb 1983. Aber über das Privatleben spricht Franziska Fast nicht viel. Sie ist eine durch und durch politische Persönlichkeit. Ihr Hunger nach Herausforderungen ist ungestillt. Sie engagiert sich in der Volkshilfe, der sie seit

1946 angehört. Hilft dort, eine Freizeitbörse aufzubauen, in der jeder sein Wissen und seine Erfahrung anbieten und dafür Wissen und Erfahrung anderer in Anspruch nehmen kann. Unentgeltlich – *nur die Drehscheibe muss professionell sein.* Und sie kümmert sich, nachdem sie selbst eine Krebserkrankung überstanden hat, ebenfalls im Rahmen der Volkshilfe um Gesundheitsfragen. *Heute kann man vieles in die Hand nehmen, man muss nur konsequent sein.* Vor allem geht es ihr – eine Folge aus der Zeit des Hungers – um richtige Ernährung. Sie unterstützt die Volkshilfe auch finanziell. *Ich hab eine Verpflichtung, ich hab Glück gehabt in meinem Leben, dass ich in diese Einkommenskategorie gekommen bin. Und daher hat man auch die Verpflichtung, dass man mit dem Geld auch anderes tut, als es nur für sich allein zu verbrauchen.*

Das Resümee einer langen politischen Laufbahn? Viel Stolz auf das Erreichte, aber auch ein paar Wermutstropfen.

Die Gleichberechtigung der Frauen ist für sie noch immer nicht voll durchgesetzt, schon deshalb, weil viele Frauen sich einen längeren Arbeitstag wegen der Kinder nicht leisten können. Was sie auch manchmal bewegt, ist, *dass wir es gut gemeint und schlecht getroffen haben,* etwa bei der Ausgleichszulage für Pensionistinnen, die dann auch von Senatsratsgattinnen in Anspruch genommen wurde; oder die finanzielle Hilfe für ledige Mütter. *Niemals hätte ich geglaubt, dass 20 Jahre später wer nicht heiratet, nur damit er den Segen für ein Karenzgeld kriegt.* Und es stört sie, dass *wir uns eigentlich nie mit dem Grundsätzlichen befasst* haben. Als sie 1975 ein Referat über Klassenkampf halten wollte, gab es einen Aufschrei: „*Jessas, Franzi, bist du verrückt? Wir haben ja keinen Klassenkampf mehr.*“ Sie replizierte prompt. „*Schau dir doch nur einmal die Steuern an! Wir* (die Arbeitnehmer) *sind die pünktlichsten Steuerzahler. Die Wirtschaft nicht, die hat Milliarden Steuerschulden, willst du mir sagen, da gibt es keinen Klassenkampf?*“

Auch ein bisschen Enttäuschung ist dabei. *Ich war der Meinung, wenn die Menschen wissen, was die Sozialdemokratie ihnen gebracht hat, dann werden sie uns das auch danken, aber der Dank ist ein Irrtum,* variiert sie den berühmten Kreisky-Ausspruch, wonach Dankbarkeit keine politische Kategorie sei.

Dennoch – ein geglücktes Leben? Ja. *Jede Periode, die ich durchgemacht habe, war schön.* Weil sie immer Freunde gehabt habe. Und weil sie nie etwas gesagt oder getan habe, was sie nicht so gemeint hätte. *Freunde haben das Recht auf Ehrlichkeit, und die Auseinandersetzung gehört halt dazu. Kreisky hat einmal gesagt, im Konflikt liegt der Fortschritt. Da hat er Recht. Differierende Meinungen soll es geben, man muss sich nur nachher noch in die Augen schauen können. Das ist schon mein Grundsatz. Und: Ich liebe wirklich die Menschen.*

Franziska Fast ist am 19. Oktober 2003 gestorben.

Anmerkungen

1 Ministerin Hertha Firnberg, Staatssekretärin Elfriede Karl.

2 Herbert Salcher und Karl Sekanina.

3 Zum Vergleich: Kreisky IV (ab 5. 11. 1979): 21 Mitglieder, davon eine Ministerin, fünf Staatssekretärinnen; Schüssel II (August 2005): 19 Mitglieder, davon sechs Ministerinnen.

4 Die Ottakringer Sandleitengasse war ein zentraler Schauplatz der Auseinandersetzungen.

5 Erst in den Siebzigerjahren, unter der sozialistischen Regierung, wurde die beiden Geschlechtern gerechte Bezeichnung Vorsitzende/r eingeführt.

6 Anton Benya (1912–2001) war von 1971 bis 1986 Präsident des Österreichischen Gewerkschaftsbundes.

Franziska Fast und Bruno Kreisky während einer Pause einer Gewerkschafter-Tagung in Krumpendorf.

Ich wollte so etwas wie ein haltbares Weltbild haben

Zum Interview empfängt Gertrud Fussenegger mit einer sorgfältig vorbereiteten Jause in ihrem Haus in Leonding bei Linz. Dieses Haus hat sie Anfang der Sechzigerjahre zusammen mit ihrem zweiten Mann, dem (1985 verstorbenen) Bildhauer Alois Dorn, gebaut. Daneben besitzt sie noch ein weiteres, von ihrem Vater geerbtes Haus im Tiroler Hall. Dort lebte sie, als sie Alois Dorn kennen lernte, dort hat er sie am Anfang ihrer Beziehung besucht, hat aber nach der Heirat in der Inntaler Gemeinde *nicht recht Fuß fassen können. Die Tiroler waren gegen alle, die von auswärts gekommen sind, sehr abweisend, und schließlich hab ich gesagt: Dann ziehen wir hierher.*

Das Motiv der „Bipolarität" zwischen einem liberalen städtischen und einem mehr oder weniger latent xenophoben alpinen Milieu zieht sich durch Gertrud Fusseneggers Leben. Es ist durch die Herkunft der Eltern vorgegeben. Die Vorfahren des Vaters, eines in Wien geborenen k. u. k. Offiziers, stammten aus Vorarlberg. Die Mutter kam aus einer deutschsprachigen Familie, die in Pilsen ansässig war, wo Gertrud Fussenegger 1912 in der Jungmannstraße das Licht der Welt erblickte.[1] Kindheit und Jugend waren durch ständige Ortswechsel geprägt. Bald nach ihrer Geburt zog die Familie für zwei Jahre nach Galizien. Nachdem der Krieg ausgebrochen und der Vater eingerückt war, kehrte die Mutter nach Pilsen zurück und verbrachte dort den größten Teil der Kriegszeit, die wie für viele eine Zeit der Entbehrungen war. *Immer wieder haben wir den Pilsner Aufenthalt unterbrochen, um aufs Land zu gehen und uns dort einmal satt zu essen, was auch nicht immer geglückt ist.*

Nach Kriegsende wollte der Vater nicht in Böhmen bleiben, das ihm als österreichischem Offizier auch keine Chance geboten hätte. Man zog nach Vorarlberg, wo die Lebensbedingungen freilich nicht viel besser waren. *Mein Vater war zwar Landeskommandant von Vorarlberg, aber Gehalt bekam er keinen von der Republik Österreich, deren finanzielle Lage ja ganz am Boden war.* Schließlich fand er eine Anstellung als Verwalter in Telfs *bei einer Firma, zu der auch eine große Landwirtschaft gehört hat.*

Der Zusammenbruch der österreichisch-ungarischen Monarchie, die selbst das Widersprüchliche in einer gemeinsamen Heimat vereinigt und Sicherheit geboten hatte, war ein weiteres prägendes Erlebnis. Gertrud Fussenegger erlebte die Katastrophe 1918 als Sechsjährige mit. Noch heute hat sie das Bild des Chaos und der Verzweiflung gegenwärtig, mit den Zügen, die randvoll mit Soldaten auf der Flucht von der italienischen Front kamen. *Viele saßen auf den Dächern der Waggons, von ihnen hieß es, sie würden in den Tunneln zu Hunderten heruntergeschert, andere hingen zwischen den Rädern mit Riemen angeschnallt.*[2] Damals wurden viele innerlich heimatlos. Auf Gertrud Fussenegger hat sich diese Stimmung wohl übertragen.

Die Volksschule besuchte sie in Telfs. Heute hat der Ort eine relativ große türkische Minderheit, die 2005 wegen der Errichtung eines moslemischen Gebetsturmes Schlagzeilen machte. Damals, in den Zwanzigerjahren des vergangenen Jahrhunderts, waren Pilsen und Telfs zwei verschiedene Welten. Verschiedene Landschaften: dort sanftes Hügelland, da schroffe Felswände. Verschiedene Gesellschaften: eine offene, in der Tschechen, Deutsche und Juden koexistierten, noch friedlich, wenn auch nicht friktionsfrei: *Hier in Tirol war das Problembewusstsein doch schon gewachsen*; eine *strikt katholische, geschlossene Gesellschaft*, in der – um ein Beispiel zu nennen – die Ritualmordlegende um das „Anderl von Rinn" blühte, die selbst von der offiziellen Kirche erst 1994 (!) für falsch erklärt wurde. Zwei Arten von Menschen: die diskussionsfreudigen Bildungsbürger der Industriestadt und die wortkargen Alpenbewohner. *Dort schwieg man, hier redete man,*[3] charakterisiert Gertrud Fussenegger die unterschiedliche

Atmosphäre, die in den beiden elterlichen Familien herrschte. Das fröhlichere, gesprächige Wesen war freilich eher bei den Tanten zu finden als bei der Mutter, die die Tochter als *dominant*, aber auch als schwermütig in Erinnerung hat. Ihr Leben war überschattet von der Angst vor einem frühen Tod. Älter als 48 Jahre, hatte ihr Arzt gemeint, würde sie auf Grund eines schweren Herzklappenfehlers nicht werden.

Trotz oder wegen seiner Enge, seiner sozialen und konfessionellen Einförmigkeit bot Telfs ein geborgenes Umfeld, in dem sich ein Kind *ohne viel Störung von außen* entwickeln konnte. Es war ein *sehr stilles, zurückgezogenes Leben* inmitten hoher Gebirge. *Die Landschaft ist für mich dort ungeheuer wichtig geworden,* sagt Gertrud Fussenegger. Besonders beeindruckt hat sie die Hohe Munde, ein Berg, *der eigentlich aussieht wie eine riesenhafte Pietà. Ich habe manchmal gesagt, die Hohe Munde hat mich intensiver erzogen als meine Eltern.* In dieser Stille und Abgeschiedenheit begann sie früh *mit Leidenschaft zu lesen, und eine leidenschaftliche Liebe hab ich auch zur Landschaft empfunden. Das war sozusagen meine Unterhaltung.* Noch eine weitere Neigung mag in diesem konservativ-christlichen Umfeld entstanden sein: jene zum Katholizismus. Das Elternhaus war *eher liberal,* der Vater sogar antiklerikal. *Aber ich hatte Lehrer, Katecheten, die haben mich geprägt.* Und während viele die Entfernung von der Religion ihrer Kindheit später als emanzipatorischen Akt erleben, war es bei Gertrud Fussenegger genau umgekehrt: *Mir hat eigentlich der Glaube die erste Möglichkeit gegeben, mich ein bisschen freizuschwimmen von diesem Familienmilieu.* Daneben bot der Glaube wohl auch so etwas wie Heimat.

Sie fing bereits damals an zu schreiben, war *erfasst von diesem Innendruck, von dieser Sehnsucht, etwas zu Papier zu bringen, Gedichte oder kleine Geschichten, oder auch nur Natureindrücke.* Ihre Freizeit verbrachte sie *mehr vor dem Schreibheft als beim Spielen und Herumtollen.* Der Vater unterstützte ihre Neigung. Als die

Frage aktuell wurde, welche Schule Gertrud Fussenegger nach der Volksschule besuchen sollte, meinte er: *Die schicken wir ins Gymnasium, denn die wird Schriftstellerin.* Das war ein Angelpunkt in ihrer Biografie. *Da war ich elf. Diesen Augenblick vergesse ich mein ganzes Leben nicht.*

1923 trat Gertrud Fussenegger in ein Innsbrucker Gymnasium ein, 1926 wurde ihre Mutter 48 Jahre. War es die Hellsichtigkeit ihres Arztes oder ihr eigener Glaube an seine Prognose, der diese zur sich selbst erfüllenden Prophezeiung machte, oder war es einfach Zufall? Ihr Leiden verschlechterte sich zusehends, und sie starb *sehr elend* an einer Entzündung der Herzinnenhaut. Der Vater, der bereits seine erste Frau in jungen Jahren verloren hatte (der Ehe entstammten zwei Halbgeschwister Gertrud Fusseneggers), wurde zum zweiten Mal Witwer. Für die Tochter, die gerne am Innsbrucker Gymnasium geblieben wäre, bedeutete das die Rückkehr nach Pilsen, wo sie zwei Tanten *an Kindes statt an ihr Herz genommen haben.*

In Pilsen überschnitten sich die Kulturen und die Sprachen. Obwohl daheim Deutsch gesprochen wurde, war die Alltagssprache *auch durchflochten mit tschechischen Redensarten. In Zärtlichkeiten und kleinen Witzchen war das Tschechische durchaus präsent.* Für Gertrud Fussenegger war der Wechsel vom konservativen Tirol in das liberale Pilsen zunächst ein Schock[4], später aber auch eine geistige Anregung. Dort war es möglich, dass Schüler einen Lehrer fragten, ob es Gott gebe, und dass der darauf antwortete: „Wie soll ich das wissen?" – Eine Antwort, für die er in Tirol *wahrscheinlich angezeigt und entlassen worden* wäre.[5]

Was die Stadt an weltanschaulicher Sicherheit nicht bieten konnte, bot sie an intellektueller Herausforderung, und dafür war die zukünftige Autorin gerade im richtigen Alter, nämlich zwischen vierzehn und achtzehn Jahren. Es ist ein Lebensabschnitt, in dem das Interesse an philosophischen und politischen Fragestellungen erwacht. Innerhalb kurzer Zeit begeisterte sich Gertrud Fussenegger für die verschiedensten geistigen Strömungen, las das

Kommunistische Manifest und wurde *Kommunistin mit glühendem Herzen,* las Nietzsche und war sofort viel mehr beeindruckt als eben noch von Marx, las Oswald Spengler und entflammte für dessen Kulturpessimismus. Sie wurde, wie sie es nennt, *ideologiesüchtig.* Es war wohl wieder das Bedürfnis nach einer größeren, geistigen Heimat: *Ich wollte etwas wie ein haltbares Weltbild haben.*[6]

Zum Studium kehrte Gertrud Fussenegger nach Tirol zurück, tauchte abermals in diese alpine Enge, begegnete erneut dem Misstrauen gegen das „Fremde". *Wo kommt denn die her, was, aus Böhmen? Die brauchen wir hier nicht.* Ihr Vater lebte damals in Hall, einem Ort, den ein *romantischer Stillstand* kennzeichnete: *beherrscht von Klöstern, von Schulen, von Aristokraten und Pensionisten.* Gertrud Fussenegger inskribierte Geschichte, Philosophie und Kunstgeschichte an der Universität Innsbruck und ging zwischendurch für ein Semester nach München. Zur Wahl wären Prag oder München gestanden, und sie entschied sich gegen das „dämonische Prag".[7] *Gott sei Dank, muss ich sagen. Vor Prag habe ich mich gefürchtet. Da habe ich doch gewusst, irgendwo wird man da in einen Strudel hineingezogen.*

Zurück in Innsbruck, erhielt sie von ihrem Professor, einem Mediävisten, für die Dissertation den Auftrag: „Suchen Sie mir den Ansatzpunkt einer weltlichen Soziologie im Mittelalter." Das sei wie *die Suche nach der Stecknadel im Heuhaufen* gewesen, und die Universitätsbibliothek in Innsbruck war auch nicht ergiebig genug. Fündig wurde sie wieder in München, wo sie auf den zweiten Teil des altfranzösischen Rosenromans stieß, verfasst von Jean Clopinel. *Ich habe da tatsächlich ganz erstaunliche Dinge gefunden im 13. Jahrhundert in Frankreich.* In Clopinel begegnete sie einem frühen Vorläufer der Aufklärung und der Französischen Revolution: *Er hat nicht nur zum Königsmord aufgefordert, er hat auch den contrat social* (Anm.: Gesellschaftsvertrag) *vorweggenommen.*[8] Sie dissertierte über „Gemeinschaft und Gemeinschaftsbildung im Rosenroman von Jean Clopinel von Meun" und promovierte 1934.

Während ihres Studiums hatte Gertrud Fussenegger kritisch die wirtschaftliche und politische Entwicklung der frühen Dreißigerjahre verfolgt, sowohl in Österreich als auch in Deutschland. *In Österreich stieg die Arbeitslosigkeit, gerade 1932, ganz ungeheuer an. Und die Leute waren dann, wenn sie arbeitslos und erst recht ausgesteuert waren, am Verhungerungsetat. Jeden Tag kamen zwölf bis fünfzehn Bettler.* In München bot sich dasselbe Bild. Sie sah *die Arbeitslosen an der Isar, auf dem Sendlinger-Tor-Platz, er war schwarz von Menschen, die dort gesessen sind und nichts mit sich anfangen konnten.* Sie verurteilte die christlich-sozialen Führer Dollfuß, Fey und Starhemberg, welche *die Demokratie sozusagen unter den Tisch gekehrt haben auf eine ganz merkwürdige, kleinhäuslerische Art und Weise.* Und sie erlebte den Erfolg der Nationalsozialisten bei der Gemeinderatswahl in Innsbruck noch vor der Einführung des Ständestaates. *Das war die letzte demokratische Wahl in der Ersten Republik, im April '33, und da waren plötzlich vierzig Prozent Nationalsozialisten. Das war ein massenpsychotischer Schub von Deutschland her.*

Dass sie dem *massenpsychotischen Schub* ebenfalls erlegen ist, was ihr später immer wieder zum Vorwurf gemacht wurde, kommentiert sie heute mit den Worten *Freude habe ich keine dran.* Dabei hatte sie Hitler zunächst kalt gelassen. Wenn Kommilitonen sie in München zu nationalsozialistischen Versammlungen schleppen wollten, hatte sie sich geweigert. *Mich hat der Hitler überhaupt nicht interessiert. Ich bin lieber auf den Fasching gegangen. Aber wie dann das Jahr '33 heraufkam, haben die Nazis ihre Machtergreifung als nationale Wiedergeburt inszeniert. Sie haben wirklich mit genialer Propaganda die Leute aus dem Sattel gehoben und sie mindestens für eine Zeit für sich gewonnen.*

Was die Kunsthistorikerin, für die die französische Baukunst *natürlich den deutschen Architekturen und Plastiken weit überlegen* ist, am Nationalsozialismus anzog, war nicht dessen platte Deutschtümelei, die sie eher belustigte. Einmal ging sie mit

Freunden im Münchner Hofbräuhaus von Tisch zu Tisch und fragte die Gäste, *fast erstickt vor Lachen: „Wir suchen Edelgermanen, wir suchen Edelgermanen, sind Sie das, oder Sie, oder Sie?“* Auch der aggressive Antisemitismus war nicht ihre Sache. Sie war seit ihrer Schulzeit mit Juden und Jüdinnen befreundet, darunter einer überzeugten Zionistin, die später nach Palästina ausgewandert ist, und einer engagierten Kommunistin. *Die Naziideologie mit der Rasse hat mir nie eingeleuchtet. Diesen scharfen Antisemitismus* habe sie *als einen großen Unsinn empfunden,* auch wenn ihr eine gewisse Reduktion des jüdischen Einflusses, vor allem in der Kulturszene, durchaus wünschenswert erschienen wäre. *Aber man hat doch nie im Leben gedacht, dass da eine Ausrottung folgen würde. Das war jenseits des Denkbaren.*

Eine stärkere Rolle bei der Hinwendung zur NS-Ideologie spielte für Gertrud Fussenegger die Angst vor einer kommunistischen Machtübernahme (ihre marxistische Phase lag damals schon lange zurück). *Die Kommunisten hatten 1932 vier Millionen Wähler, und sie waren sehr gut organisiert.* Das für sie Entscheidende aber war etwas anderes. *Das war gar nicht der Nationalsozialismus, sondern die Reichsidee,* wie sie die junge Studentin im Werk eines Alois Dempf „Sacrum Imperium“ als eine – seit Karl dem Großen – wesentlich christliche Idee beschrieben gefunden hat. *So dachten wir tumbe Toren, könnte auch das Deutsche Reich als Schutz- und Ordnungsmacht auftreten. Mit dem Begriff „Reich“ verbanden wir etwas Ideales, hieß es doch schon im „Vaterunser“: „Dein Reich komme ...“ Auch diese Formel hat mich berührt.* Wovon Gertrud Fussenegger träumte, war im Grunde das Heilige Römische Reich, dessen letzter Nachfolger, die Habsburgermonarchie, 1918 in Schutt und Asche gesunken war. Dass sie diese Vorstellung ausgerechnet im „Dritten Reich“ verwirklicht glaubte, war ein verhängnisvoller Irrtum.

Sie merkte denn auch sehr bald, dass sie sich mit vielem, was Parteilinie war, nicht identifizieren konnte. 1936 schrieb sie die

„Mohrenlegende", in der es um rassistische Exzesse gegenüber einem von Kreuzfahrern verschleppten Mohrenjungen im mittelalterlichen Tirol geht. Die Novelle wurde – zu ihrer Überraschung – veröffentlicht, trug ihr aber sehr bald eine Anklage wegen „Mitleidswerbung für Andersrassige" ein.[9]

Für die Entscheidung, der Partei bereits 1933 beizutreten, gab es noch ein privates Motiv: *Ich war damals bereits ein ganzes Jahr mit einem Deutschen verlobt und fühlte mich schon als künftige Reichsbürgerin. So hat auch Persönliches zu diesem unglücklichen Entschluss beigetragen.*[10] Der Verlobte war der Bildhauer Elmar Dietz, den sie 1937 heiratete und von dem sie vier Kinder bekam. Sie lebte mit ihm in München in bescheidenen Verhältnissen. *Viel Geld hatten wir nicht. Wir hatten eine winzige Zweizimmerwohnung in Schwabing, und es ging uns nicht gut, aber man hat halt gehofft, es wird so über die Runden gehen.* Inzwischen brach der Krieg aus. *Da war dann der Traum vom friedlichen Deutschland beendet, und die Fronten haben sich immer weiter und weiter ausgebreitet, und da hat man sich ja sagen müssen, das können wir ja nicht alles halten, das ist unmöglich.* Elmar Dietz war gleich zu Kriegsbeginn eingezogen worden, erlitt in Russland eine Verwundung, *und dann haben sie ihn nicht mehr geholt.* Erst am Ende des Krieges rückte er noch einmal ein, kam aber nicht mehr zum Einsatz.

Als die Bomben auf München fielen, brachte Gertrud Fussenegger zuerst ihre Kinder nach Hall, von dem es hieß, dass es nicht bombardiert würde, und übersiedelte später selbst. Der Umzug vollzog sich kleinweise. Sicher fühlen konnte man sich freilich auch dort nicht. Das Gerücht von der „Alpenfestung" ging um, in die sich die Reichsführung als letzte Verteidigungsbastion zurückziehen könnte. Dass es nicht dazu kam, sei, so Fussenegger, ein *Glücksfall* gewesen. Dennoch: *Ich habe oft geschwitzt vor Angst. Und oft, wenn ich so durch den Wald gegangen bin, habe ich ausgeschaut nach Höhlen, in die man sich in der letzten Phase des Krieges eventuell noch mit den Kindern hätte flüchten können.*

Die ersten Besatzungstruppen, die eintrafen, waren die Amerikaner. Dann kamen über den Arlberg die Franzosen, die schließlich bis 1955 in Tirol und Vorarlberg bleiben sollten. Mit ihnen hat Gertrud Fussenegger unterschiedliche Erfahrungen gemacht. Zunächst wurde ihr Haus als *deutsches Eigentum* beschlagnahmt. Es war eine unklare Situation: Sie konnte zwar weiterhin dort wohnen, *aber eigentlich war ich ja ausgewiesen.* Außerdem waren ihre Konten gesperrt. Finanzielle Hilfe kam von einem Onkel, dessen Geschwister sie bei sich aufgenommen hatte. Im Haus wohnten auch nacheinander zwei französische Familien. Mit der ersten war der Kontakt passabel, die nächsten hingegen seien *ganz unangenehme Leute* gewesen. Der Mann verbot ihr, auf der Schreibmaschine zu schreiben, weil ihn der Lärm störte. *Und dann hat er gesagt, wenn ich oben ein Büro mache, dann schießt er mir durch die Decke.*

Gertrud Fussenegger lebte mit ihren Kindern allein in Hall, ihr Mann war in München geblieben. Die Ehe war schon zerrüttet gewesen, als Elmar Dietz von der Wehrmacht nach Hause kam. *In gewisser Weise haben wir uns ganz gut verstanden, wenn wir z. B. über seinen Beruf geredet haben, da war er immer aufgeschlossen, für meinen Beruf hat er nicht viel übrig gehabt. Er war schon stolz auf mich, wenn ich Erfolge hatte, aber ich habe gewusst, er ist kein Vater.* Das letzte Kind, das Gertrud Fussenegger bei Kriegsende gerade erwartete, hätte er überhaupt am liebsten abtreiben lassen. Auch sonst gab es regelmäßig Streit, und Gertrud Fussenegger war von ihrer Familie lautstarke Auseinandersetzungen nicht gewohnt. *Manchen Leuten macht es ja Spaß, sich so herumzubalgen. Das ist nicht mein Stil.* Schließlich wurde zwischen den innerlich entfremdeten Eheleuten die wieder errichtete deutsch-österreichische Grenze dichtgemacht. Eine Zeit lang war nicht einmal Briefverkehr möglich. Als die jüngste Tochter zur Welt kam, wusste Gertrud Fussenegger nicht, wie sie den Vater davon verständigen sollte. *Denn für die Zivilbevölkerung ging natürlich*

kein Zug mehr nach Bayern. Und dann habe ich einem Lokomotivführer ein paar Zigaretten gebracht und ihn gebeten, einen Brief in München aufzugeben. Später traf sich das Ehepaar an der Grenze, unter Bedingungen, die heute kaum noch nachvollziehbar sind. *Da durfte man zwei Stunden von einem Grenzposten zum anderen auf der Straße hin und her marschieren.* Im Sommer 1947 kam ihr Mann noch einmal *plötzlich über die grüne Grenze,* aber Gertrud Fussenegger wollte nicht mehr zurück. Im darauffolgenden Jahr wurde die Ehe geschieden.

1950 heiratete sie Alois Dorn, einen Freund und Kollegen ihres ersten Mannes. Sie hatten einander sechs Jahre nicht gesehen, waren auch immer noch per Sie, als er zu Besuch kam und gestand: „Ich hab eigentlich immer Sie gewollt." Dann, meint Gertrud Fussenegger, *hat er mir so schöne Briefe geschrieben und so schöne Zeichnungen geschickt, und ich hab mich ihm dann zugeneigt.* Es sei eine *schöne Partnerschaft* gewesen, der ein Sohn entstammt. *Wir haben uns sehr, sehr gern gehabt und haben einander hoch geachtet.*

Ihr zweiter Mann half ihr auch dabei, sich nicht von der Familie *auffressen* zu lassen. Das ermöglichte ihr schließlich, trotz eines (zeitweilig) Siebenpersonenhaushalts, gleichsam nebenher, jenes umfangreiche literarische Œuvre zu schaffen, für das sie inzwischen vielfach ausgezeichnet ist. *Schreiben ist für mich eine Art Wahrheitssuche, so als könnte ich im Erzählen zugleich auf Schichten stoßen, die unter der Oberfläche liegen und oft unerwartete Zusammenhänge aufdecken.* Unter den mehr als dreißig Preisen und Ehrentiteln, die sie für ihr schriftstellerisches Werk erhielt, ist übrigens nur einer aus der Nazizeit, und der kam nicht von einer offiziellen Stelle, sondern von einer Zeitschrift. Die jüngsten sind das Goldene Ehrenzeichen für Verdienste um die Republik Österreich (2002) – *das ist angeblich die höchste Auszeichnung, die man als Kulturschaffende bekommen kann* – sowie die goldenen Ehrenzeichen der Steiermark, des Landes Tirol und des Landes Oberösterreich (alle 2004).

Dass es Frauen heute wirklich besser haben, glaubt Gertrud Fussenegger nicht. Die so genannte befreite Sexualität sei einfach *so spannungslos geworden. Das, was sich wirklich geändert und gebessert hat, ist die Akzeptanz des ledigen Kindes.* Auch der Bewegung der späten Sechzigerjahre, von der die Frauenbewegung ein Teil war, gesteht sie partielle Erfolge zu: *Es hat natürlich das eine oder andere gebracht.* Im Übrigen sei das *ein intellektuelles Spiel* gewesen, das auch einer ihrer Söhne mitgemacht habe. *(Ich habe mir nur gedacht: „Völlig unrealistisch.")* Mittlerweile sei die Sicht auf jene Ereignisse bei allen distanziert. *Heute schauen wir zurück, auch die Jungen schauen zurück und sagen: „Na ja."*

Dem intellektuellen Spiel kann Gertrud Fussenegger durchaus etwas abgewinnen. *Wissen Sie, ich interessiere mich für so vieles.* Würde sie wieder mit dem Studium beginnen, wäre sie unschlüssig, ob sie sich für Geisteswissenschaften entscheiden sollte oder für Naturwissenschaften, die sie *ihrer Methodik wegen* bewundert. *Ich wüsste gar nicht, wo ich anfangen sollte zu studieren.*

Der intellektuell-rationalen Seite Gertrud Fusseneggers steht immer noch die religiöse gegenüber, und die wird sehr gut illustriert durch eine *kleine jüdische Anekdote.* Erzählt hat sie Manès Sperber, mit dem sie lange befreundet war, bei einer Party, ein Glas in der Hand. Sie handelt von einem frommen Rabbi, den nichts von seinem Glauben an Gott abbringen konnte. *Und dann kommt Gott und lässt das Haus über ihm zusammenstürzen und fragt den Rabbi: „Und, glaubst Du noch an Gott? Und da sagt der Rabbi: „Ja, ich glaube noch an Gott." Und dann legt Gott ihm einen schweren Balken auf die Brust und fragt ihn: „Glaubst Du immer noch an mich?" „Ja, ich glaube an Dich." Und dann setzt sich Gott selber auf den Balken und fragt ihn: „Glaubst Du jetzt noch?"* An dieser Stelle brach die Geschichte ab, Manès Sperber wurde vom Partygeschehen mitgerissen, aber Gertrud Fussenegger war von der Geschichte *fasziniert. Darin steckt nämlich ein ungeheures theologisches Problem. Die Konfrontation des Menschen mit der Gottheit.* Dass sie das Ende der Anekdote bis heute nicht kennt, passt zur Thematik: Die Annäherung an das Absolute hat kein Ende.

Anmerkungen

1 Die Namen, die diese Straße im Laufe der nächsten sieben Jahrzehnte bekommen sollte, spiegeln eindrucksvoll die wechselvolle tschechische Geschichte des 20. Jahrhunderts wider: Aus Jungmannová wurde unter den Deutschen Viktoria, dann kurz Americká, unter den Kommunisten Stalinová, nach der Entstalinisierung Mosková und nach der Wende wieder Americká. (Vgl. Gertrud Fussenegger: Ein Gespräch über ihr Leben und Werk mit Rainer Hackel, Wien – Köln – Weimar 2005, S. 38.)

2 Ebda., S. 37 f.

3 Ebda., S. 16.

4 Vgl. ebda., S. 19.

5 Ebda., S.19.

6 Ebda., S. 22.

7 Ebda., S. 22.

8 Ebda., S.22

9 Ebda., S. 36.

10 Ebda., S. 32.

Ich habe mich einfach durchgesetzt und fertig

Das Kurhaus Marienkron im burgenländischen Mönchhof ist eine noble Adresse: ein Vier-Sterne-Hotel mit umfassendem Wellness-Angebot für Körper und Seele, mit einem Festsaal und drei Seminarräumen, umgeben von fünfzehn Hektar bewaldetem Parkgelände. Das geschmackvolle Logo – ein großes, leicht verfremdetes „M" mit einer Krone darüber – sorgt für einen unverwechselbaren Werbeauftritt. Man würde auf den ersten Blick nicht vermuten, dass dieses dezente, aber durchaus im zeitgenössischen Wellness-Trend liegende Etablissement einem Kloster angegliedert ist, allenfalls deutet die angebaute Kirche im Sakralbaustil der Nachkriegszeit darauf hin. Und man würde die Leiterin nicht für eine Ordensfrau halten, trüge sie nicht die Tracht der Zisterzienserinnen. Schwester – oder besser Mutter – Rosaria Golsch, ist eine erdverbundene Frau, der der Schalk im Nacken sitzt und aus den Augen blitzt. Zugleich ist sie eine geschickte Managerin, weswegen sie von manchen auch respektvoll „Mater Kommerzialrat" genannt wird (Titelverleihung 1991). Unter ihrer Ägide wurde das Kurzentrum aus dem Nichts in die baumlose Steppenlandschaft des Seewinkels gesetzt und im Laufe von dreieinhalb Jahrzehnten auf den heutigen Stand gebracht. Und sie hat, mehr als 15 Jahre nach Erreichung des gesetzlichen Pensionsalters, immer noch dessen Leitung inne.

Als Hedwig Golsch sich mit Ende zwanzig entschloss, ins Kloster zu gehen, war das ein für die Umgebung der lebenslustigen jungen Frau überraschender Schritt. Ihre Familie war zwar katholisch, aber nicht mehr als andere. Eigentlich war nur die Mutter praktizierende Christin, der Vater war eher *freigeistig. Er ist der Mutter zuliebe in die Kirche gefahren.* Auch der Großvater väterlicherseits stand der Kirche distanziert gegenüber und *hat immer gesagt: „Ich will mit meinem Herrn und Meister persönlich sprechen, ich brauche keinen Pfarrer." Das ging bei uns immer kreuz und quer,* erläutert Sr. Rosaria. *Der eine ist aus der Kirche ausgetreten und der andere war überfromm. Das war typisch für uns.* Auch von den beiden Brüdern trat der ältere, der durch die Hitlerjugend geprägt war, aus der Kirche aus und bezeichnete sich fortan als „gottgläubig". Es war ein damals gängiger Begriff. Das nationale Lager verstand sich nicht unbedingt als ungläubig, wohl aber überwiegend als antiklerikal. Das Wort hatte auch einen antisemitischen Beigeschmack: Viele Nationalsozialisten lehnten das Bekenntnis zu dem „jüdischen" Gott der christlichen Religion ab. Als der Bruder nach dem Krieg im katholischen Bayern eine Anstellung als Zoodirektor suchte, erwies sich seine „Gottgläubigkeit" als hinderlich, und er trat ohne innere Bindung in die evangelische Kirche ein.

Die Familie stammte aus dem heute polnischen Oberschlesien. Schwester Rosaria wurde 1926 als Hedwig Golsch im Landkreis Oppeln (heute: Opole) geboren, in einem kleinen Ort, den sie unter dem Namen „Bergdorf" in Erinnerung hat. Bei ihrer Geburt hieß er jedoch Danietz, und er heißt auch heute wieder so (in polnischer Schreibung: Daniec). Schlesien gehörte in der Zwischenkriegszeit zum Deutschen Reich, aber viele Ortsnamen waren slawischen Ursprungs und wurden unter Hitler 1936 „eingedeutscht". Aus „Danietz" wurde auf diese Weise „Bergdorf". In einem kurzen autobiographischen Text bezeichnet Sr. Rosalia den Ort als „Nest", in der doppelten Bedeutung des Wortes: „kleines Dorf" (Danietz hatte wenig mehr als tausend Einwohner) und „Ort des geschützten Heranwachsens". Die Eltern hatten dort eine Landwirtschaft, eine Mühle und eine Bäckerei. Hedwig Golsch verbrachte eine Kindheit, die *schön urwüchsig und geborgen* war, mit vielen Haustieren. Hunde liebt sie bis heute. *Ich bin ein Hundefreund von Kindheit an,* bekennt sie. Sie freut sich, dass ich meinen kleinen Hund zum Interview mitgebracht habe und tollt mit ihm – zum Staunen einiger Mitschwestern – ausgelassen am Boden herum. Unter den kurzen autobiografischen Texten, die sie verfasst hat, findet sich unter anderem eine Hundegeschichte, und natürlich gibt es auch derzeit einen Hund im Kloster: *einen Berner Sennenhund, einen Mischling,* der vor sechs Jahren in der Tierecke einer Zeitung angeboten wurde. *Aber ich würde mir keinen Hund an die Seite nehmen, der mich behindert, meine Freiheit zu genießen,* zieht die selbst bestimmte Ordensfrau eine klare Grenze zwischen Tierliebe und Unabhängigkeit.

Den Vater beschreibt sie als *sehr gütig,* die Mutter als *sehr, sehr tüchtig. Und auch entsprechend energisch und zu stark in die Arbeit involviert. Sie hat viel gestrickt, viel gespart, sie hat gearbeitet, sie hat alles dirigiert: Sie war ein Phänomen.* Sie blieb bis ins hohe Alter arbeitsam und starb mit 93 Jahren im Kloster Marienkron, wohin sie ihre Tochter im Auftrag der Mitschwestern geholt hatte. *Sie hat hier 14 Jahre lang gewohnt und mindestens zehn Jahre im Garten gearbeitet und geholfen: Sie war rüstig, agil, umsichtig und energisch.* Die Tochter ist ihr nachgeraten.

Unbeschwert war deren Kindheit allerdings nicht. Nach Kriegsausbruch wurden die Männer eingezogen, und sie musste in der Wirtschaft aushelfen. Weil sie daheim gebraucht wurde, blieb Hedwig Golsch auch der Zugang zu höherer Bildung verwehrt. Sie war mathematisch-naturwissenschaftlich begabt – *ich war sehr gut in Mathematik und Physik. In den Fächern habe ich Aufgaben gelöst, die die anderen nie gelöst haben.* Sie wäre gerne Ärztin geworden. Die Möglichkeiten reichten jedoch gerade für die Lehrerbildungsanstalt. Von einer geistlichen Laufbahn war damals noch keine Rede. *Ich hätte nie gedacht, dass ich ins Kloster gehe. Ich war ziemlich freigeistig, und wenn ich in einem Autobus neben einer Ordensschwester zum Sitzen gekommen bin, dann bin ich aufgestanden, damit jemand anderer einen Platz hat.*

Der Entschluss, Nonne zu werden, kam erst einige Jahre später, in Bayern, wohin die Familie zu Kriegsende auf abenteuerliche Weise geflüchtet war. Sr. Rosaria beendete dort ihre Ausbildung zur Volksschullehrerin und machte noch einen Ergänzungslehrgang für Hauswirtschaftslehrerinnen. Dabei kam sie in das Zisterzienserinnenkloster Seligenthal im niederbayerischen Landshut – und war vor allem vom Chorgesang der Schwestern fasziniert. Als sie mit der Ausbildung fertig war und eine Anstellung als Volkschullehrerin in Kiefersfelden bekam, ging ihr die klösterliche Atmosphäre ab. *Da habe ich plötzlich gemerkt, dass mir das fehlt, und dann bin ich nach gut einem Jahr nach Seligenthal zurückgekehrt und bin eingetreten.*

Die Eltern waren über die Entscheidung der Tochter *entsetzt. Meine Mutter war ganz außer sich, und mein Vater konnte es überhaupt nicht verstehen.* Als er sie in einer Pferdedroschke zum Zug brachte, erinnert sie sich, habe er *auf einmal ganz tief aufgeseufzt und geweint, mich gedrückt und gesagt: „Mädel, wieso machst du das, mach das doch alles rückgängig."* Aber ihr Entschluss stand fest, und dafür waren neben der Schönheit des Chorgesanges auch noch andere Faktoren ausschlaggebend. Nach dem Krieg, gezeichnet von den Ereignissen der Flucht, hatte sie begonnen, sich über den Sinn des Lebens Gedanken zu machen. *Ich habe oft über den Sinn nachgedacht, auch als Mädchen, wozu ist das alles, wozu soll das gut sein, wo geht das hin, wo kommt das her.* Eine Rolle könnte schließlich auch der Kirchenaustritt ihres Bruders gespielt haben, vermutet sie rückblickend. *Das hat mich sehr bewegt, und das könnte mitgespielt haben.*

Sr. Rosaria legte 1953 im Kloster Seligenthal die Ewige Profess ab, zwei Jahre später verschlug es die „Schlesierin mit Leib und Seele", wie es in einer Schrift von Marienkron heißt, in den burgenländischen Seewinkel. In der über das Internet abrufbaren Chronik von Marienkron liest sich die Vorgeschichte so: „Nach dem Zweiten Weltkrieg äußerte der damalige Abt Karl Braunstorfer des Zisterzienserstiftes Heiligenkreuz den Wunsch, an der ungarischen Grenze eine ‚Gebetsstätte am Eisernen Vorhang' entstehen zu lassen. Dort sollten Zisterzienserinnen im täglichen

Chorgebet vor allem der Menschen jenseits der Grenze, in den damaligen kommunistischen Diktaturen gedenken." Der Abt wusste, dass es in Seligenthal viele Novizinnen gab, und wandte sich an die dortige Priorin, die schließlich sechs junge Nonnen auswählte. Sr. Rosaria war eine von ihnen. *Ich war schüchtern und zurückhaltend, aber sie hat gesagt: „Schwester Rosaria, Sie fahren mit, Sie sind Schlesierin, Sie haben viel mitgemacht, Sie haben einen Bauernhof, Sie verstehen etwas."*

Die sechs Schwestern kamen am 13. August 1955 in Mönchhof an; zwei Tage später, am 15. – dem Mariä-Himmelfahrts-Tag –, fand die offizielle Gründung des Klosters statt. Gebäude gab es noch keines: Die sechs Nonnen wurden vorübergehend im Pfarrhaus untergebracht. Das Gebet für die Nachbarn im Osten war nur ein Teil der Aufgaben. Die Zisterzienserinnen sind kein beschaulicher Orden. Als Zweig des Benediktinerordens folgen sie der Ordensregel des Benedikt von Nursia, deren Kernsatz „Ora et labora!" (Bete und arbeite!) lautet. Und zu arbeiten gab es genug. Das Stift Heiligenkreuz half anfangs mit einer Unterstützung für den Klosterbau und kaufte 20 Hektar Land. Die Schwestern betrieben im Winter eine Haushaltungssschule und arbeiteten im Sommer im Garten – für Sr. Rosaria mit ihrem bäuerlichen Hintergrund und ihrer Lehrbefähigung für Hauswirtschaft das ideale Arbeitsgebiet. 1959 wurde Marienkron ein selbstständiges Priorat. Damit fielen auch die finanziellen Zuwendungen aus Heiligenkreuz weg, und die Schwestern mussten selbst für ihren Lebensunterhalt sorgen. Nachdem der Gemüseanbau allein nicht mehr gereicht hatte, probierten sie es mit Hühnerzucht. *Das hat uns ein Prior von Heiligenkreuz geraten. Und dann haben wir 10.000 Backhühner gehabt, 1000 Legehühner und jede Woche 5000 Küken zum Verkauf.* Sr. Rosaria brachte es in diesem Wirtschaftszweig zur Expertin und wurde Geflügelzuchtmeisterin. Im Kloster muss es damals ziemlich chaotisch zugegangen sein. *Da wir zu wenige Ställe hatten,* notiert sie in einem autobiografischen Text, bewohnten unsere Backhendln jedweden freien Raum im Haus. Die kleinen waren im Klosterkeller einquartiert, *und ein Teil der größeren besiedelte den ganzen Klosterboden.*

1967 trat die erste Priorin aus Gesundheitsgründen – sie litt an Krebs – zurück. Sr. Rosaria wurde ihre Nachfolgerin. Inzwischen war die Geflügelzucht wegen der Importe aus Osteuropa unrentabel geworden. *Die Schleuderpreise können wir nicht mit unserer Arbeit erwirtschaften, und die Arbeit ist sowieso nicht erfüllend,* stellten die Schwestern fest und suchten nach einer neuen Erwerbsquelle. Es entstand die Idee eines kleinen Gästehauses mit wenigen Zimmern. Dafür musste die Heizung saniert werden, denn die – *eine Elektroheizung im Anfangsstadium* – war vollkommen unzureichend: *Wir haben wahnsinnig gefroren.* Aber Heiligenkreuz gewährte keine Bürgschaft für einen Kredit. Sr. Rosaria musste sich nach anderen Ressourcen umsehen und suchte schließlich den (sozialistischen) Landeshauptmann auf, der ihr sagte: „Ja, macht was, macht aber mehr Zimmer, dann kriegt ihr eine Wohnbauförderung." Daraufhin wurden 40 Zimmer gebaut, zur Hälfte mit der Wohnbauförderung und zur anderen mit Krediten. *Ich weiß nicht, was mich da gebissen hat, dass ich mich da so drübergetraut habe,* staunt Sr. Rosaria noch heute über ihren Mut. „Ihr werdet doch nie Gäste haben in dieser Einöde und in dieser Puszta", meinte man auch im Orden. Die neue Priorin pflanzte daraufhin eigenhändig *tausende Bäume.* Als es darum ging, ein Angebot zu finden, um Gäste anzulocken, verfiel man auf Kneippkuren – *aus der Not heraus und nicht aus Überzeugung* –, denn der Nachbararzt hatte sich als Kneipparzt angetragen. Ende Oktober 1969 wurde das Kneipp-Kurhaus Marienkron eröffnet, zunächst mit 50 Betten, zumeist in Einzelzimmern. Nach und nach wurde es erweitert.

Dass über der Arbeit mit dem Kurhaus das Beten nicht zu kurz kommt, ist für Sr. Rosaria einfach *eine Sache der Einteilung.* Der streng geplante Tagesablauf *beginnt um dreiviertel sechs, da ste-*

hen wir im Chor. Dazwischen ist dann Frühstück, Pause zur Verinnerlichung. Um acht fangen wir mit der Arbeit an, und zu Mittag ist dann wieder ein Einschub von Chorgebet, Messe, Essen und Siesta oder Freiraum. Um zwei ist wieder Arbeit, und am Abend ist die Vesper um fünf oder dreiviertel fünf. Wir arbeiten von acht bis um elf und von zwei bis um fünf, sieben Stunden. Das wird alles organisiert. Darin ist Sr. Rosaria so etwas wie ein Naturtalent: Sie hat bereits als Jugendliche die Flucht ihrer Eltern in einem Pferdegespann nach Bayern organisiert. Eine andere Managementfähigkeit hat sie sich schon in der Kindheit in der Auseinandersetzung mit ihren älteren Brüdern und der männlichen Dorfjugend erworben: das Durchsetzungsvermögen, besonders gegenüber Männern. *Ich hab von meinen Brüdern sehr viel Widerstandskraft bekommen,* erinnert sie sich. *Mein älterer Bruder – der war fünf Jahre älter als ich und ging schon ins Gymnasium – wollte mich immer zwingen, ihm zu dienen, und ich habe es nicht eingesehen. Ich hätte ihm schon geholfen, wenn er krank gewesen wäre. Aber er sagte zum Beispiel: „Hol mir das Essen aus dem Rohr." Und da hab ich gesagt: „Hol es dir selber."* Diese Beharrlichkeit gegenüber männlichen Überlegenheitsansprüchen kam ihr später zustatten. *Ich musste mich oft gegen die Männerwelt beweisen.*

Eine emanzipierte Frau? Einer der autobiografischen Texte heißt tatsächlich „Emanzipiert" und schildert, wie die neunjährige Hedwig eine Mutprobe bestand, was ihr bei den Buben der Nachbarschaft Hochachtung eintrug. Von da an war sie in der Gruppe voll akzeptiert, konnte auch die Streiche mitmachen und wurde in Pläne eingeweiht, von denen die Erwachsenen nichts wissen sollten. *Ich handelte und schwieg wie ein Kumpel.*

„Wie ein Kumpel" handelte sie auch, als sie die zum Kloster gehörende Landwirtschaft mit dem Traktor bearbeitete. Zunächst tat sie es noch in der Ordenstracht. Als der zuständige Prior das Fahren mit dem Traktor als für eine Nonne unpassend erachtete, änderte sie nicht ihr Verhalten, sondern bloß das Outfit. Sie zog

Männerkleidung an und fuhr von da an in der Nacht. Ebenso setzte sie sich durch, als das Kloster einen Bernhardiner angeschafft hatte, der sich als ziemlich dominant erwies. *Da hat der Bischof gesagt, wir müssen ihn wegtun, oder wir dressieren ihn so, dass er uns nichts tut.* Sr. Rosaria entschied sich für die zweite Variante, besuchte mit dem Hund einen Kurs in der Hundeschule und erwarb auch gleich ein Diplom als Hundeführerin.

Mit der Frauenbewegung konnte sie dennoch nie viel anfangen. *Ich habe den Fanatismus nicht verstanden,* meint sie und fügt resolut hinzu: *Ich habe als Frau nie Schwierigkeiten gehabt. Ich habe mich einfach durchgesetzt und fertig. Immer schon. Ich weiß nicht warum.* Immerhin räumt sie ein: *Die Rolle der Frau hat sich schon gewaltig geändert,* und zwar mehr als die Rolle des Mannes. Dass die katholische Kirche intern noch nicht so weit ist, sieht sie mit kritischem Verständnis. Natürlich sollten auch Frauen Priesterinnen werden können, aber die derzeitige Situation habe sich nun einmal kirchengeschichtlich entwickelt und: *Wer soll das rückläufig machen?* Die Amtskirche sei nun einmal ein etwas schwerfälliger Apparat, der Veränderungen nur langsam vollziehen kann. So müssten die hierarchischen Strukturen aufgegeben werden. *Aber die Kirche als Amtskirche ist heute, wie jedes Staatensystem, schwer zu leiten. Das ist eine Maschinerie, die ihre Zeit braucht.* Im Übrigen sehe sie die Kirche *nicht als kompakten Verein. Ich betrachte den Menschen in der Kirche.* Und da gebe es eben verschiedene, auch unter den Bischöfen. *Und wenn ich dann von den verschiedenen Entartungen höre durch die Zeitungen, tut es mir Leid.* Aber: *Ich möchte auch nicht urteilen über die Bischöfe.* Sie selbst hält wenig von hierarchischem Denken. *Wenn jetzt einer zu mir sagt: „Schwester, ach, entschuldige, Sie sind ja die Äbtissin Mutter", dann sage ich: „Das ist mir egal, ob Sie zu mir Schwester oder Mutter sagen. Hauptsache, Sie kommen mit mir zurecht und Sie mögen mich."*

Diese Unbefangenheit hat sie auch auf das Kurhaus übertragen können. *Die Gäste geben sich hier vollkommen locker, und ich habe von Anfang an gewollt, dass sich die Gäste hier richtig befreien von ihrem Zwang der Krawatte, von ihrem Zwang ihres Berufes, des Titels ihrer Funktion.* Das wird auch geschätzt. Es sind zum Teil hochgestellte Persönlichkeiten sowohl aus dem geistlichen als auch dem weltlichen Bereich, die hier für eine Weile – oft inkognito – den gesellschaftlichen Zwängen entfliehen wollen.

Das Hotel ist inzwischen ein Großbetrieb mit 144 Zimmern und Angeboten von A wie Abendveranstaltungen (Konzerte, Vorträge) bis Z (wie Zen-Meditation). Spezialität sind noch immer die Kneipp- und Badeanwendungen. Mutter Rosaria ist Chefin von 18 Schwestern und 70 Angestellten. 1991 wurde Marienkron zur Abtei erhoben, und von da an bis zu ihrem 75. Lebensjahr, 2001, war Sr. Rosaria auch Äbtissin. Nachdem sie diese Funktion zurückgelegt hatte, leitete sie weiterhin die Kuranstalt. Ihren ursprünglichen Berufswunsch, als Ärztin helfen und heilen zu können, hat sie so in einer anderen, vielleicht noch umfassenderen Weise verwirklicht.

Neben der handfest zupackenden, organisierenden und kalkulierenden Managerin gibt es aber auch noch eine andere Seite von Mutter Rosaria. Sie schreibt Gedichte. *Da habe ich eine Menge. Da muss ich jetzt was rausgeben, damit es geschützt wird.* Ein bibliophiler Band ist bereits 1991 mit dem Titel „Unterwegs" erschienen. Sr. Rosaria hat ihn mit eigenen Fotografien illustriert. Es sind Verse mit spirituellem Inhalt und einer religiösen Bildsprache, die damit auf die erste Aufgabe des Benediktinerinnenordens verweisen: das Gebet.

Ora et labora: Diese Ordensregel hat Schwester Rosaria Golsch buchstäblich bis zu ihrem letzten Atemzug mit eigenem Leben erfüllt. Sie starb am 20. September 2003 unerwartet während eines Gottesdienstes.

Ich hab schon immer gesagt: Wäre der Hitler noch, wären wir zwei vergast

Das Interview mit Grete Hamida findet im kleinbürgerlichen Ambiente einer Dornbirner Wohnung statt. Ihr Mann ist während des ganzen Gespräches anwesend. Er weicht nicht von ihrer Seite, macht gelegentlich Bemerkungen in einer schwer verständlichen Sprache, einem Gemisch aus alemannischem Deutsch und Französisch. Denn Josef Hamida ist Marokkaner, und die Geschichte des Ehepaares ist eng mit der Geschichte der Besatzungszeit nach dem Zweiten Weltkrieg verbunden.

Grete Hamida, geboren 1931, gehört einer Generation an, der der Krieg die Kindheit gestohlen hat. *Ich war eigentlich ziemlich schnell erwachsen,* sagt sie. *Ich kann mich gar nicht erinnern, dass ich ein richtiges Kind war.* Eine Holzpuppe war das einzige Spielzeug. Sie ist in dieser Zeit anspruchslos geworden, selbst im Rückblick hat sie nicht das Gefühl, um etwas betrogen worden zu sein. *Dieses unbeschwerte und in den Tag hinein Leben und Tanzen und alles Mögliche, das hab ich nie kennen gelernt, also ist es mir nie abgegangen.*

Der Vater war zunächst Buchhalter bei der Nationalsozialistischen Volkswohlfahrt (NSV), einer Organisation, die unter anderem kinderreiche Familien unterstützte. 1943 rückte er ein und geriet in Italien in Gefangenschaft. Die Mutter war bei einem Bauern in der Nähe dienstverpflichtet. *Sie hat morgens früh aufstehen müssen, dann musste sie mähen und heuen. Daneben waren meine Großeltern, schon ziemlich alt, über 80 beide, und die hat sie mitbetreut.* Außerdem war die Mutter häufig krank. *Jedes Jahr mindestens einmal war sie im Spital, da habe ich kochen müssen als Kind, habe die Arbeit tun müssen.*

Als sich das Kriegsende abzeichnete, wurde Grete Hamida, die damals noch Mayr hieß, wie die meisten ihres Alters, zum Volkssturm einberufen, um Schützengräben auszuheben. Die Frage, ob sie damals irgendeinen Berufswunsch gehabt hätte, verneint sie. *Das war alles ein einziges Durcheinander, da ist der Berufswunsch weit hinten gestanden.* Und Träume für die Zukunft? *Mein Traum war: endlich Frieden.* Es war keine Zeit für große Pläne. In den Wirren der letzten Kriegswochen war man froh, den nächsten Tag zu überstehen. Grete Hamida schloss im Frühjahr 1945 die Hauptschule ab, Zeugnisse hat sie keine. *Die Franzosen haben Feuer gemacht im Schulhof und haben alles verbrannt.*

Die Angst war das beherrschende Gefühl in den letzten Kriegstagen. *Natürlich haben wir als Kinder Angst gehabt. Überall in den Geschäften war Ausverkauf. Sie haben die Läden geräumt, da hat man sich anstellen müssen, und dann sind die Tiefflieger gekommen, da hat man sich schnell verstecken müssen. Dann sind die Flüchtlinge gekommen, Soldaten, die nur die Füße verbunden hatten, ohne Schuhe, Familien, die auf dem Handwagen ihr Hab und Gut mitgenommen haben. Die einen sind von Vorarlberg hergekommen, die anderen sind von Deutschland herunter gekommen. Die Angst war groß. Wir haben nicht gewusst, wer kommt. Kommen die Amerikaner, kommen die Franzosen oder schießen die Deutschen noch alles kaputt. Einmal hat es geheißen, es wird alles bombardiert, damit gar nichts mehr übrigbleibt.*

Es waren schließlich die Franzosen, die Vorarlberg als erste erreichten. Am 29. April 1945 betreten sie bei der Bregenzer Klause österreichischen Boden. Obwohl der Krieg für die Deutschen längst verloren ist, gibt es noch immer deutsche Verbände, die sich den Truppen entgegenstellen. Es kommt zu Kampfhandlungen. Bregenz, das während des Krieges verschont geblieben ist, wird bombardiert und von der französischen Artillerie beschossen. *Wir hatten in der Nacht Fliegeralarm, dann hat man Friedrichshafen und Feldkirch bombardiert, und wir hatten entsetzliche Angst. Ich konnte bloß denken, hoffentlich kommt der Vater ganz heim, hoffentlich werfen die Flieger keine Bomben ab.* Bei Fliegeralarm mussten die Fenster dicht gemacht werden, damit kein

Licht durchschien. Der Blick auf die andere Seite des Rheins war für die Vierzehnjährige wie der Blick in eine fremde, friedliche Welt. *Ich weiß noch, einmal hab ich gefragt, wieso brennen da drüben Lichter, müssen die nicht verdunkeln?* Sie erhielt zur Antwort: „Ja, das ist die Schweiz ...“

Nachdem der Widerstand erloschen war, marschierten die Franzosen ein. *Die Panzer sind den ganzen Tag und die ganze Nacht gefahren.* Was aber die an ethnische Homogenität gewöhnten Vorarlberger, für die schon Südtiroler als „Welsche“ galten, in Erstaunen versetzte, war etwas anderes: Außer den Panzern und Armeelastwagen zogen auch lange Kolonnen von Maultieren mit turbantragenden Männern in die Stadt. *Damals war ein Marokkaner ein Wundertier,* erinnert sich Grete Hamida. Die Soldaten aus dem französischen Protektorat, das erst 1956 die Unabhängigkeit erlangen sollte, waren freilich, wie sie meint, *Wegwerfgegenstand für die Franzosen. Die haben ja keine Schule besuchen dürfen. Die waren nur da zum Arbeiten und als Kanonenfutter.* Sie blieben auch weitgehend unbedankt. Erst im April 2005, aus Anlass der Gedenkfeiern zur Befreiung Vorarlbergs, haben der österreichische Bundeskanzler und der Vorarlberger Landeshauptmann den Beitrag der marokkanischen Truppen offiziell gewürdigt.

Der Anblick der Soldaten erfüllte Grete Hamida wieder mit Angst. *Ich hätte Todesängste ausgestanden, wenn so einer mich angeredet hätte. Dass ich jemals so einen heiraten würde, das hätte ich mir nie im Leben gedacht.* Auch Soldaten aus den Kolonien südlich der Sahara kamen mit der französischen Armee ins Land. *Da hab ich meinen ersten Neger gesehen,* schildert Grete Hamida die erste Begegnung mit dem Angehörigen einer Rasse, die ihr eben noch als Prototyp des „Untermenschen“ dargestellt worden war. *Wir haben in der Schule gelernt, Neger sind die niedrigsten Völker, die es gibt. Hitler hat gesagt: „Schwarze Neger, das ist ein furchtbares Volk.“* Sie begegnete dem schwarzen Soldaten, als sie aus der Molkerei *einen großen Kübel Milch* holte. *Da kommt er ums Eck, erst ein Gewehr und hinten nach ein schwarzer Kopf. Was glauben Sie, wie ich die Milch stehen gelassen hab und: nichts wie fort.*

Im Übrigen bemühte sich die französische Führung um ein gutes Verhältnis zur lokalen Bevölkerung. Sie ließ Schilder mit der Aufschrift „Ici l'Autriche, pays ami" (Hier ist Österreich, ein befreundetes Land) aufstellen und gab den Soldaten entsprechende Instruktionen. Dem Oberkommandierenden Émile-Marie Béthouart war sichtlich an einer friktionsfreien Begegnung der Kulturen gelegen. Als der Sultan von Marokko zu Besuch kam, ließ er unter anderem eine Vorarlberger Blaskapelle aufspielen. In diesem Klima konnten auch Kontakte zwischen den Besatzungssoldaten und der ansässigen weiblichen Bevölkerung nicht lange ausbleiben. Freilich war diese „übertriebene Fraternisierung", wie es ein Zeitzeuge in einer ORF-Fernsehdokumentation[1] nannte, bei vielen Vorarlbergern nicht gern gesehen. Problematisch wurde sie spätestens dann, wenn einer solchen Beziehung Kinder entstammten. Die Franzosen sahen sich bald genötigt, einen Teil eines Bregenzer Klosters als Station für geheime Entbindungen einzurichten. Bis 1946 kamen dort mehrere hundert Kinder, meist von marokkanischen Vätern, zur Welt. Die Mütter, sozial stigmatisiert, ließen ihren Nachwuchs manchmal gleich im Kloster zurück, und die Armee suchte dann nach Adoptiveltern. Andere zogen, nachdem die Männer spurlos verschwunden waren, ihre Kinder allein auf, die bald ebenfalls die Ausgrenzung zu spüren bekamen. Als „Negerle" oder „Igelfresserin" sei sie beschimpft worden, erinnert sich in der genannten Fernsehdokumentation eine der Betroffenen. Sie landeten sozusagen zwischen allen Stühlen, und wenn sie ihre Wurzeln erforschen wollten, stießen sie auf erhebliche Schwierigkeiten. Diese Kinder, deren Zahl auf etwa 200 geschätzt wird, seien „am Rande der Geschichte und der österreichischen, marokkanischen und französischen Gesellschaft geblieben", schreibt Hamid Lechab, der Verfasser eines autobiografischen Buches zu dem Thema („Mein Vater ist Marokkaner").

Einige der Diskriminierungen erlebten auch Grete Hamida und der ältere ihrer beiden Söhne, der noch vor der Ehe geboren war. Im Großen und Ganzen ist die Geschichte der Hamidas aber eine erstaunliche Ausnahme, die stellenweise ans Wundersame grenzt. Als ihre Mutter mit ihr schwanger war, erinnert sie sich, sei sie zu einer Kartenlegerin gegangen, und die habe ihr prophezeit: „Das erste Kind ist eine Tochter." Da hat sie gesagt: „Na, das weiß ich noch nicht, das Kind ist noch nicht auf der Welt, oder?" Sagt sie: „Wohl, das erste Kind ist eine Tochter und die heiratet jung jemanden, der übers große Wasser kommt, oder sie geht über das große Wasser."

Grete Hamida war 14 Jahre alt, als sie mit ihren Freundinnen an dem ehemaligen BDM-Haus vorbeiging, in dem ihr zukünftiger Mann stationiert war. Sie ist dort oft stehen geblieben. *Wir Kinder haben uns angewöhnt zu sagen: „S'il vous plaît une cigarette." Und sobald wir ein paar gehabt haben, haben wir sie heimgetragen. Uns ging es um Schokolade, um Kaugummi und Zigaretten und nicht um einen Mann.* Einer von den marokkanischen Soldaten aber habe auf sie gezeigt und gesagt: „Diese da, die wird meine Frau."

Von da an begannen die Schwierigkeiten. Die Franzosen wollten ihrem zukünftigen Mann seine Heiratspläne ausreden: „Wenn Du eine Frau heiraten willst, geh nach Frankreich, Du brauchst keine von da, das sind unsere Feinde", bekam er immer wieder zu hören. Mit siebzehn bekam Grete Hamida ihr erstes Kind, ein Jahr später wurde sie volljährig. Inzwischen hatte sie eine Wohnung, ihr Lebensgefährte fand eine Arbeit in der Schweiz, aber jetzt waren die Österreicher gegen eine Heirat, weil er keine Papiere hatte. *Dann ist er nach Marokko geflogen, hat die Papiere geholt, die waren arabisch geschrieben, und am Standesamt haben die gesagt: „Kommt nicht in Frage, die Papiere müssen von einem gerichtlich beeidigten Dolmetscher übersetzt werden. Na gut, das haben wir gemacht.* Es reichte nicht. Das nächste Argument war, dass der Mann nicht katholisch sei und eine Mischehe unzulässig ist. Daraufhin habe ein guter Bekannter, ein Pfarrer, gemeint: „Wenn es nur an dem liegt, dann schau ich, dass er Unterricht bekommt." Grete Hamidas Lebensgefährte erhielt in der Schweiz bei katholischen Missionaren, den „Weißen Vätern", Taufunterricht und wurde auf den Namen Josef getauft. Schließlich durften sie, sieben Jahre nachdem sie einander kennen gelernt hatten, endlich heiraten. Dabei vergaß man am Standesamt offensichtlich, ihnen von der Bewilligung Mitteilung zu machen. Nur im Aushang wurde die Hochzeit angekündigt. *Bekannte haben zu mir gesagt: „Du bist falsch, Du sagst nicht, dass Du heiratest."* Sie selbst wusste aber noch gar nichts davon.

Kaum war diese Hürde überwunden, tauchten neue Probleme auf. Grete Hamida verlor durch die Heirat die österreichische Staatsbürgerschaft, ohne die marokkanische zu bekommen. Sie wurde staatenlos, musste erst wieder einen Antrag stellen, erhielt daraufhin zwar die Staatsbürgerschaft gleich zurück, aber die Kinder blieben Marokkaner. Selbst wenn sie nur über die wenige Kilometer entfernte Schweizer Grenze fahren wollten, brauchten sie ein Visum. Erst als auch der Vater Österreicher geworden war, verbesserte sich die Situation. *Schön war die Zeit wirklich nicht,* resümiert Grete Hamida.

Natürlich hatte das Paar mit den üblichen Vorurteilen zu kämpfen. *Es haben uns alle schräg angeschaut, so nach dem Motto: „Was willst Du mit einem Marokkaner, der verkauft Dich für eine Kuh oder für einen Esel oder für ein Schaf."* Auch andere Klischees bekam sie zu hören: *„Da unten hat er noch vier Frauen."* Und erst unlängst sagte eine ehemalige Arbeitskollegin: „Ich habe immer mit Dir geredet, obwohl die anderen gesagt haben, das darf man nicht." *Da fragte ich: „Ja, warum?"* „Ja, weil Du einen Marokkaner hast." Grete Hamida ließ sich von den abweisenden Reaktionen nicht weiter irritieren: *Ich habe halt nicht links noch rechts geschaut.* Und: *Wir haben uns beide ein dickes Fell zugelegt.* Ihre Familie stand immer zu ihr, vor allem die Mutter. Schon in den frühen Zeiten ihrer Beziehung, wenn sich Grete Hamida noch nicht so sicher war, sagte die Mutter eingedenk der Kartenlegerin: *Den bringst Du nicht los, der ist für Dich bestimmt.*

Die wirtschaftliche Situation war am Anfang der Beziehung beengt. Nachdem ihr Freund aus der Armee ausgeschieden war, *haben wir ihn durchgefüttert, bis er eine Arbeit gekriegt hat.* Es war nicht leicht: der Vater in Kriegsgefangenschaft, die Mutter kränklich, die Tochter noch ohne Arbeit. Dennoch ging es. *Wir haben einen Acker gehabt, es hat viel Gemüse gegeben, Fleisch war Nebensache. Dann sind wir Pilze holen gegangen, wir haben Hasen gehabt, es ist ganz gut gegangen. So große Ansprüche wie heute hat es da nicht gegeben.* Ähnlich anspruchslos waren die Freizeitvergnügungen: spazieren gehen, wandern, einmal in der Woche Kino, und *das höchste der Gefühle war ein Fußballspiel.*

Später arbeitete Josef Hamida in der Schweiz als Metzger und seine Frau zuerst in einer Textilfabrik und schließlich in der Kosmetikbranche. *Und dann, als die Leute gemerkt haben, dass es uns besser geht und der Staat uns nicht erhalten muss, da haben sie dann freundlich gegrüßt. Ich habe aber keine Reaktion mehr gezeigt.* Heute ist die marokkanische Abstammung kein Thema. Schon der zweite Sohn, siebzehn Jahre jünger als der Erstgeborene, hat keine Diskriminierung mehr zu spüren bekommen. Die Integrationsproblematik hat sich auf andere Volksgruppen verlagert, die im täglichen Leben sichtbarer sind, vor allem auf die Türken. *Jetzt sind sie ja alle scheißfreundlich. Herr Hamida hin, Herr Hamida her.* Enge Freunde hat das Ehepaar dennoch nicht. *Wir haben gute Bekannte, aber wirkliche Freunde, nein. Da ist die Hemmung irgendwie zu groß.*

Schon sehr früh besuchte das Paar die Heimat des Mannes. Ein Jahr nach ihrer Heirat, 1953, kaufte Josef Hamida ein Motorrad, und sie machten sich auf den beschwerlichen Weg in den Süden. *Es gab keine Autobahn und nichts. Wir haben von hier bis Gibraltar eine ganze Woche gebraucht.* Für Grete Hamida war es wie eine Zeitreise in die Welt der Bibel. Das Dorf ihres Mannes liegt in einem Ausläufer des Atlasgebirges, *wo Fuchs und Hase sich gute Nacht sagen. Die Häuser, die Leute, die Kleider, das alles war so, als wäre ich im Jahre null.* Der für Länder der Dritten Welt charakteristische Kontrast zwischen Stadt und Land überraschte sie. *Die Großstädte, die sind ja wie bei uns. Da gibt es alles, was es bei uns in der Großstadt auch gibt. Aber einen Kilometer außerhalb der Stadt ist tiefstes Land. Da sind die Lehmhütten und die Bauern mit ihren Eseln, Kamelen.*

Bei aller Armut war sie von der Gastfreundschaft beeindruckt. *Da kommen praktisch nie Fremde hin. Und trotzdem sind sie freundlicher zu uns gewesen als die Dornbirner oder die Vorarlberger. Vorarlberg ist überhaupt ein stures Land. Was da nicht herpasst, ist fremd und bleibt immer fremd.* Dort hingegen hätte sie nie jemand fühlen lassen: „*Du bist eine Europäerin, Du bist ein Mensch zweiter Klasse.*" *Die konnten weder lesen noch schreiben, aber sie haben Herz gehabt.*

Von da an fuhren sie alle zwei Jahre auf Urlaub nach Marokko, einmal noch mit dem Motorrad, dann mit dem Auto. Grete Hamida hätte sich vorstellen können, ganz dort zu bleiben. Es war die Rücksicht auf ihre betagten Eltern, für die sie als einziges Kind – ihr Bruder war mit zwölf Jahren gestorben – sorgen musste. *Aber wenn mein Bruder gelebt hätte oder sonst noch Geschwister da wären, wäre ich weg, wäre ich nach Marokko gegangen.*

Es muss eine tiefe Affinität Grete Hamidas zu ihrem Mann und seiner Kultur geben, die für Außenstehende nicht so leicht nachzuvollziehen ist; eine Affinität, die nicht einmal der sprachlichen Kommunikation bedarf. Sie spricht nicht Französisch, vom lokalen marokkanischen Dialekt ihres Mannes gar nicht zu reden. *Ich hab wohl einmal angefangen, Französisch zu lernen, aber das hab ich ziemlich schnell wieder aufgegeben.* Von ihrem Mann wiederum sagt sie selbst: *Er kann heute noch nicht so gut Deutsch. Er war 40 Jahre lang in der Schweiz und redet daher so eine Misch-*

kulanz. Dennoch hat die Ehe über 50 Jahre gehalten, und *es waren schöne 50 Jahre.*

Dass eine interkulturelle Partnerschaft trotz Sprachschwierigkeiten so lange hält, gehört zu den wundersamen Dingen in dieser Ehe. Vielleicht liegt das Geheimnis im Gefühl, zusammenhalten zu müssen. *Ich habe gewusst, wir haben nur uns zwei.* Oder in der gemeinsamen Angst vor einer möglichen Bedrohung. *Ich habe schon immer gesagt, wäre der Hitler noch, wären wir zwei längst vergast.* Oder auch in einem gewissen Verantwortungsbewusstsein. *Ich habe mir oft gedacht, der Mensch hat so viel aufgegeben, nur wegen mir. Er hat seine Kultur, sein Land, seine Familie, überhaupt alles aufgegeben, nur wegen mir. Und da wäre ich mir wie ein Schuft vorgekommen, wenn ich ihn irgendwie betrogen oder mit ihm gestritten hätte.*

Und wenn Grete Hamida sagt: *Bei uns hat es nie viel Streit gegeben,* dann ist das vielleicht der Schlüssel. Denn auf die Frage, was für sie das Schönste im Leben gewesen sei, antwortet sie: *Eigentlich in Frieden leben.* Und auch dass ihr Mann während des gesamten Interviews bei ihr ist, gehört wahrscheinlich für sie, die im Krieg die Angst kennen gelernt hat, zu dem, was sie bis zuletzt an ihm schätzt: Nähe, Wärme, Sicherheit.

Im Mai 2004 ist Grete Hamida, die Jüngste in diesem Buch, an Krebs gestorben.

Anmerkung

1 „Autriche, mon amour“, von Tom Matzek.

Ich war oft verliebt, aber Franz von Assisi war der Mann meines Lebens

Wenige Tage vor ihrem Tod, im November 2003, habe ich Hertha Heger noch einmal getroffen: Die Begegnung sollte gleichsam ein freundschaftlich-privater Nachtrag zu dem Interview sein. Heger erzählte strahlend von der Feier zu ihrem 85. Geburtstag, die ein paar Wochen vorher in einem Grazer Kellertheater stattgefunden hatte. Sie lebte allein mit ihrer Katze im dritten Stock eines Grazer Siedlungshauses, die bohemienartige Wohnung erzählte vom bunten Leben einer schillernden, lebenslustigen Frau. Ein Leben, das sie *nur aus einem Grund noch einmal führen* wollte: *um mit einem Hund zu leben.* Die Schauspielerin hat ihr Leben gelegentlich mit einem Mann, kontinuierlich aber mit Katzen geteilt. *Ich war von Geburt an ein Viechernarr.*

Hertha Heger wurde am 29. September 1918 in Guntramsdorf bei Wien geboren, ihr Vater, der sein Architekturstudium noch nicht beendet hatte, war zu diesem Zeitpunkt im Feld. Die Mutter, eine Krankenpflegerin, stammte aus einer gutbürgerlichen jüdischen Familie in Wien, konvertierte aber während des Ersten Weltkrieges zum Katholizismus. Die sudetendeutsche Großmutter väterlicherseits war Schuldirektorin in Guntramsdorf. Die Eltern heirateten zwei Monate nach Herthas Geburt, die Tochter sollte ihr einziges Kind bleiben.

Heger wurde streng katholisch erzogen. *Ich war als Kind eine wilde Katholikin, die bin ich heute nicht mehr.* Sie wuchs in einem *bürgerlichen, gut behüteten* Umfeld auf, in dem der Besuch einer höheren Schule selbstverständlich war. Heger kam in die Schule von Eugenie Schwarzwald[1], die fast nur jüdische Mädchen besuchten. *Es war herrlich, in der Schule unterrichteten nur hervorragende, sehr loyale Lehrkräfte.* Als ihr Vater als Ordinarius für Hochbau an die Technische Hochschule in Graz berufen wurde, wechselte sie an das Grazer Lichtenfelsgymnasium, wo sie dann auch 1937 maturierte. Die Stimmung zu Hause hat Heger *immer gespannt und nie wirklich locker* empfunden. Ihr Vater, *ein sehr schöner Mann*, hat ihre Mutter laufend mit anderen Frauen betrogen. *Ich bin überzeugt, dass dieses Aufgewachsensein in einer schlechten Ehe ein Grund für meine Eheunfähigkeit ist.* Hegers Mutter versucht die familiären Spannungen zu kompensieren, indem sie ihre Tochter *wie eine Prinzessin* verwöhnte.

Heger war ein bildhübsches, blondes Mädchen: *Ich hätte perfekt in ein arisches Bilderbuch gepasst.* Ihr schauspielerisches Talent war bereits in der Gymnasialzeit nicht zu übersehen, Heger spielte bald die Hauptrollen in einem Studententheater. Ihr Vater avancierte inzwischen zum christlich-sozialen Stadtrat in Graz. Seiner politischen Gesinnung folgend wurde Heger Leiterin der Studentengruppe des Starhemberg-Heimatschutzes.[2] Mit Politik hatte sie aber dennoch nicht viel im Sinn. Es macht ihr vielmehr Spaß, die in der Gruppe üblichen Stiefel und den Steirerhut mit dem Hahnenschwanz zu tragen. Heger war auch begeistert, als sie Obmädchen des „Bundes Deutscher Mädel" (BDM) am Lichtenfelsgymnasium werden sollte. Erst zu diesem Zeitpunkt sagten ihr die Eltern, dass ihre Mutter jüdisch ist. *Das hat mir am Anfang gar nicht so viel bedeutet, erst langsam habe ich gemerkt, was da auf mich zukommt. Vorher habe ich mich für Bälle und junge Männer interessiert, aber nicht für Politik.*

Im September 1937 legte sie in Wien die Bühnenprüfung beim „Ring der österreichischen Bühnenkünstler" ab und hatte gleich darauf am Grazer Stadttheater ein Engagement. Ihre erste Rolle spielte sie in Schillers „Don Carlos": als Gemahlin Philipps II., Elisabeth von Valois. Das Deutsche Volkstheater in Wien wartete bereits mit einem Angebot auf sie. Der gloriose Karrierestart versetzte Heger *in ein Meer von Seligkeit.* Im März 1938 änderte sich alles. Das Ensemble am Grazer Stadttheater wurde nach den Kriterien der nazistischen Rassenideologie durchsiebt und Heger fristlos entlassen. *Auf einmal war alles aus. Ich wusste überhaupt nicht mehr, wozu ich auf der Welt bin. Es war schrecklich.* Eine Woche später wurde auch ihr Vater als Technik-Professor entlassen und wenig später der Familie die Wohnung in der Grazer Schubertstraße weggenommen. *Ich werde es meinem Vater nie vergessen, dass er sich von meiner Mutter nicht scheiden hat lassen und sie dadurch gerettet hat.* Der Vater bekam bald darauf als anerkannt guter Techniker eine Stelle als leitender Architekt in den Wiener Neustädter Flugzeugwerken, einem kriegswichtigen Betrieb.

Heger konnte kurzfristig in Karlsbad und Mährisch Ostrau Theater spielen. Schließlich erlebte sie das *Wunder ihres Lebens*, wie sie es nennt. Auf beharrliches Drängen eines väterlichen Freundes hin schrieb sie mehrere Theater in der Schweiz an – ohne eine Antwort zu erwarten. Wenige Tage später erhält sie jedoch einen eingeschriebenen Brief vom Stadttheater St. Gallen. Der Vorsitzende der Prüfungskommission, vor der sie ein Jahr zuvor die Schauspielprüfung ablegte, Chmelnitzky, war emigriert und nun Oberspielleiter am Stadttheater St. Gallen. Er sorgte umgehend für die nötigen Bewilligungen zur Einreise sowie für die Arbeit und den Aufenthalt in der Schweiz. *Das hat mich gerettet. Es läuft mir heute noch ein Schauer über den Rücken, wenn ich daran denke.*

Ihre Mutter konnte dank der Funktion ihres Ehemannes in Wien bleiben, die übrigen Verwandten von Hertha Heger sind, bis auf die wenigen, die noch rechtzeitig emigrieren konnten, in Konzentrationslagern ermordet worden. Ich habe diese Mitteilungen dann immer in Briefen bekommen: *Jetzt ist die Tante Ida „verreist" und jetzt ist die Großmama „verreist". Unter dieser Chiffre erfuhr ich von meinen Eltern vom Tod meiner Verwandten.*

Heger spielte in St. Gallen sämtliche Rollen, die auch Greta Garbo gespielt hat. Die Verehrer scharten sich um sie – einen von ihnen heiratete sie schließlich. Er war ein Kollege vom Schauspielhaus in Zürich, Heger folgte ihm dorthin. Sie erlitt eine Totgeburt. *Das war sehr schlimm, weil ich mich auf dieses Kind sehr gefreut habe. Es hat sich dann nie mehr ergeben.* Sie ließ sich bald wieder scheiden, um einen anderen, acht Jahre jüngeren Mann zu heiraten. *Ich weiß nicht, wie das kam, der hat mich einfach jeden Tag gefragt, ob ich ihn heiraten will, bis ich „ja" gesagt habe.* Beide Ehen hielten ungefähr fünf Jahre lang und scheinen für Heger nicht von essenzieller Bedeutung gewesen zu sein. *Ich kann nicht verheiratet sein, ich bin beziehungsunfähig, obwohl ich eigentlich ein gutartiger Mensch bin.* Die „beste Ehe", nach ihrer Definition, führte Heger mit einem Musiker – mit ihm war sie vier Jahre zusammen, *dann habe ich mich von ihm getrennt, weil er mich aus Karrieregründen nicht heiraten wollte.* Es folgten noch ein paar Liaisonen: *Ich war oft verliebt, aber das Richtige war es nie. Franz von Assisi ist der Mann meines Lebens. Ich liebe ihn so, wie ich nie einen Mann geliebt habe.*

Nach dem Krieg spielte sie in Stuttgart und Bonn. Schließlich bekam sie wieder ein Engagement in Zürich, und zwar an das „Theater Zentral", einem eleganten Boulevardtheater.

1954 ist Hegers Vater völlig unerwartet gestorben, und zwei Jahre später wurde ihre Mutter todkrank. Hertha sagte alle Verpflichtungen in der Schweiz ab, löste ihre Wohnung auf und ging nach Graz, um ihre Mutter zu pflegen. Was sie damals noch nicht wusste: Die Übersiedlung war endgültig. Wenige Tage bevor ihre Mutter starb, hatte sie als „Iphigenie" Premiere im Grazer Schauspielhaus. Außerdem unterrichtete sie in Graz: zuerst an der Privatschauspielschule Gaudernak und dann an der neu gegründeten Schauspielschule an der Musikakademie. 1973 wurde sie zum außerordentlichen und 1976 zum ordentlichen Professor für dramatischen Unterricht an der Hochschule für Musik und darstellende Kunst in Graz ernannt. Sie hat nicht mehr daran gedacht, Österreich zu verlassen, obwohl sie sich sehr gekränkt hat *über diese Maßnahmen gegen Ausländer und diese ganze Denkweise, die manchmal schon sehr deutlich wird, allerdings relativ selten bei Künstlern.*

Parallel zu ihren künstlerischen Aktivitäten verstärkt sich ihr Engagement für den Tierschutz. *Das Wichtigste in meinem Leben ist der Tierschutz.* Sie arrangiert Bälle und Bazare und verkauft ihren Schmuck, um ein Tierheim in Assisi aufzubauen. Der Plan scheitert. *Das war der größte Misserfolg meines Lebens, ich darf gar nicht daran denken.*

Beruflich ist nur ein Wunsch für sie nicht in Erfüllung gegangen: Sie hätte gerne die Helene Alving in Henrik Ibsens „Gespenster" und Franz Grillparzers „Sappho" gespielt. *Meistens habe ich aber die Rolle bekommen, die ich wollte. Ich hatte mit Abstand den schönsten Beruf.*

Anmerkungen

1 Eugenie Schwarzwald (1872–1940) führte ab 1911 im ersten Bezirk in Wien ein achtklassiges Mädchenrealgymnasium, in dem Mädchen auch erstmals maturieren konnten. Neben der Förderung von Mädchen und jungen Frauen ging es ihr vor allem um Gewaltfreiheit und Kreativität.

2 Ernst Rüdiger Starhemberg (1899–1956) übernahm 1934 die Führung der Vaterländischen Front und die Vizekanzlerschaft unter Schuschnigg.

... war ich entschlossen, zu dem zu stehen, was ich an Schuld gehabt habe

Die Grazer Theodor-Körner-Straße beginnt nördlich des Schlossbergs als innerstädtische Verkehrsfläche, flankiert von mehrstöckigen Gebäuden. Nach etwa einem Kilometer werden die Häuser niedriger, kleine Gärten und freie Plätze lockern die Verbauung auf. Früher hörte hier die Stadt auf, jenseits davon fingen die Vororte an. Genau an dieser immer noch wahrnehmbaren Grenze liegt das Haus, in dem Erika Horn wohnt. Es ist ein villenartiger Bau im Stil der Neuen Sachlichkeit. Zur Straße hin zeigt er die architektonische Strenge und urbane Nüchternheit, wie man sie von den Wiener Kommunalbauten der Zwanzigerjahre kennt; auf der Gartenseite setzen zwei übereinander liegende hölzerne Balkone einen unerwarteten rustikalen Akzent. Erika Horn, die seit gut 70 Jahren in Graz lebt, hat sich *bis heute auch immer als Kärntnerin gefühlt, als Landbewohnerin.* Sie denkt mit Nostalgie an ihre Kindheit in Spittal an der Drau, an *dieses weite Tal, von Bergen eingefasst,* und an ihr *Elternhaus am Bahnhof, wo sehr viel Bewegung war und sehr viel Offenheit.*

Der Gegensatz zwischen städtischen und ländlichen Lebensformen, zwischen Modernität und Rückwärtsgewandtheit, zwischen Fortschrittsglaube und Fortschrittsfeindlichkeit hat auch die erste Hälfte des 20. Jahrhunderts geprägt. Erika Horn hat diese Spannungen und Entwicklungen mit vollzogen, auch die Fehlentwicklungen und folgenreichen Irrtümer. Sie unterscheidet sich insofern wahrscheinlich kaum von der Mehrheit ihrer Generation, die am Ende des Ersten Weltkrieges geboren wurde. Sie unterscheidet sich hingegen sehr wohl in der Art, wie sie später damit umgegangen ist, und in der Bereitschaft und Ausführlichkeit, mit der sie auch über die dunklen Kapitel der eigenen Geschichte redet.

Meine Eltern haben sozusagen ein Stück Monarchie gespiegelt, sagt sie. Die Mutter, aus Graz gebürtig, entstammte einer alten Offiziersfamilie mit böhmischen Vorfahren. Der Vater war k. u. k. Bahnbeamter aus Graz mit slowenischer Verwandtschaft. Die Ehe blieb zwölf Jahre kinderlos. Als Erika Hinterlechner, wie sie vor ihrer Eheschließung hieß, 1918 zur Welt kam, war sie *ein heiß ersehntes Kind, das gar nicht mehr erwartet wurde.* Das Kriegsende brachte eine unruhige Zeit für Kärnten: Der SHS-Staat, der Vorläuferstaat Jugoslawiens, stellte Gebietsansprüche, die auf Deutschkärntner Seite mit jenem „Abwehrkampf" beantwortet wurden, dessen Folgen bis in unsere Tage reichen. Bei der Volksabstimmung 1920 votierte Erikas Vater trotz seiner slowenischen Wurzeln für Österreich und wurde daraufhin als *eine Art Dank* zum Vorstand eines wichtigen Bahnhofs bestellt: Spittal an der Drau. Erika Horn verbrachte dort ihre Kindheit und besuchte die Hauptschule, weil es damals in Spittal noch kein Gymnasium gab. Erst nach der Pensionierung des Vaters übersiedelten die Eltern nach Graz, wo die Tochter nunmehr eine höhere Ausbildung erhalten konnte. Sie entschied sich für die Lehrerinnenbildungsanstalt. *Ich habe immer den Wunsch gehabt, Lehrerin zu werden, und das war ja für die damalige Zeit gar nicht so einfach.* 1932 gab es bei der Aufnahmeprüfung etwa 120 Kandidatinnen, nur 29 wurden aufgenommen. Erika Horn war eine von ihnen. Sowohl in der Stadt als auch in der neuen Schule musste sich freilich *dieses Landkind, das noch in seiner Reifung ein bisschen zurück war,* erst zurechtfinden.

Politisch interessiert war sie zu dieser Zeit nicht. Sie erlebte zwar die Reaktion ihres Vaters auf den Aufstieg des Nationalsozialismus in Deutschland mit und *wie er ein starkes Vertrauen in die Person Hitlers gefasst hat, aber das war für mich damals eigentlich noch ziemlich am Rande.* Hingegen war sie sehr religiös, gehörte aber keiner Gruppe an. *Ich war ein ganz frommes, gläubiges Kind.* Das Verhältnis zur Kirche verschlechterte sich *mit 15 oder 16 unter dem Eindruck einer Beichtsituation,* in der sie der Zudringlichkeit eines Geistlichen ausgesetzt war. Hinzu kam der Einfluss der Lektüre. Sie las Ibsens „Gespenster", wofür sie sogar eine besondere Bewilligung brauchte. *Es war so, dass man Mädchen sehr behütet hat, und mein Deutschprofessor hat zu mir gesagt, er möchte die Einwilligung meiner Eltern, dass ich Ibsen lesen kann. Das klingt vielleicht heute ganz komisch angesichts der Offenheit und Freiheit in der Entwicklung von jungen Frauen. Jedenfalls haben da Zweifel und kritisches Nachdenken über verschiedene Lebensthemen angefangen.* Sie entfernte sich mit der Zeit innerlich so weit von der katholischen Kirche, dass sie schließlich austrat.

Inzwischen kam das Jahr 1934 mit dem Februaraufstand und der Ermordung von Dollfuß. *Damals waren wir natürlich schon gegen Dollfuß, und die sozialistische Seite war mir überhaupt fremd, also mir war diese Seite näher und bekannter,* sagt Erika Horn und meint mit „diese Seite" die damals illegalen Nationalsozialisten: Ihr Vater schloss sich der Partei an, *ohne sich dort irgendwie besonders zu betätigen, einfach in der Hoffnung, da wird eine bessere Zeit kommen.* Als Erika Horn etwa 17 Jahre alt war, nahm eine Freundin sie zu den „Evangelischen Kreuzfahrern" mit, einer an sich unpolitischen Teilorganisation der Evangelischen Jugend. Jene Gruppe, mit der Erika Horn damals Bekanntschaft machte, muss jedoch bereits nationalsozialistisch unterwandert gewesen sein, jedenfalls erlebte sie sie als *eine getarnte Hitlerjugendgruppe.*

1937 maturierte Erika Horn an der Lehrerinnenbildungsanstalt, *und schon vorher kam ganz unerwartet die offizielle Mitteilung, die wirtschaftliche Situation sei so, dass unser Jahrgang zehn Jahre lang nicht um eine Anstellung ansuchen dürfe; das hat geheißen, dass wir uns um etwas anderes umsehen mussten, wenn wir unser Maturazeugnis in der Hand haben.* Erika Horn wollte studieren, Medizin zunächst, und ließ sich als Vorbereitung darauf von einer bekannten Krankenschwester den Krankenhausbetrieb von innen zeigen. Nach der Begegnung mit krebskranken Kindern wusste sie: *Das war damals zumindest absolut nichts für mich.*

Sie entschied sich für Geschichte und Philosophie. Inzwischen ist *die ganze politische Situation natürlich immer brisanter geworden,* und bei den Zusammenkünften ihrer Jugendgruppe in Kellerräumen, *die, glaube ich, dem Alpenverein gehört haben,* wurden *ganz offen auch gewisse nationalsozialistische Schriften* gelesen und einschlägige Lieder gesungen.

Zu den Liedern, die man vielleicht schon damals, auf jeden Fall aber nach dem „Anschluss" sang, gehörten die von Hans Baumann, dem Verfasser von Texten für die Hitler-Jugend und den BDM (Bund Deutscher Mädel). *Ich habe Hans Baumann gut kennen gelernt,* sagt Erika Horn über den Autor eines der berüchtigtsten und populärsten NS-Lieder „Es zittern die morschen Knochen" (mit dem Refrain: „Denn heute, da hört uns Deutschland und morgen die ganze Welt"). Baumann, noch nach dem Krieg ein erfolgreicher und mehrfach ausgezeichneter Kinderbuchautor, hatte übrigens eine Biografie, die jener Erika Horns nicht unähnlich ist: Er kam aus einer Soldatenfamilie, war Angehöriger einer katholischen Jugendorganisation, bevor er zur Hitlerjugend stieß, und hatte eine Ausbildung als Volksschullehrer.

Als Hitler 1938 in Österreich einmarschierte, war Erika Horn schon ausreichend indoktriniert. *Diese ganze Welle der Begeisterung, diese Vorstellung, dass die Idee des Adolf Hitler eine rettende Idee auch für Österreich sein würde,* riss sie mit sich fort. *Da war ja wirklich alles zündend und ansteckend.* Die Vereinigung Österreichs mit dem Deutschen Reich empfand sie als Selbstverständlichkeit. Sie war schon im Sommer davor bei einem *Bundessängerfest* im damals noch deutschen Breslau (heute: Wrocław) gewesen, *wo schon eine halbe Verbrüderung stattgefunden hat.*

Wenn Erika Horn später darüber nachdachte, was damals für ihre nationalsozialistische Faszination ausschlaggebend war, fielen ihr mehrere Faktoren ein. Da war einmal *eine gewisse großdeutsche Richtung* im Elternhaus, das die Niederlage von 1918 schwer verwunden hatte, *gerade auch im Zusammenhang mit diesen Tradi-*

tionen in der mütterlichen Familie. Dann war die Persönlichkeit Hitlers, den sie in Graz erlebte. An dem Mann, den die Nachwelt aus den erhaltenen Tonzeugnissen hauptsächlich als schreiend und tobend kennt, beeindruckte sie überraschenderweise *diese tiefe, ruhige Stimme, dieses Gesammelte, diese hellen Augen, die einen tief angeschaut haben, diese Durchdrungenheit.* Inzwischen kann auch Erika Horn die Stimme Adolf Hitlers *nicht mehr aushalten,* ebenso wenig wie die Wagneropern, denen sie damals verzückt lauschte.

Der Auftritt des Diktators hat *in mir das Gefühl geweckt, das ist ein wirklich begnadeter Mensch und Führer.* Der wesentlichste Faktor war aber wohl *dieses Gruppenerlebnis, die Lieder, die Fahnen, die Uniformen.* Das war neu für sie als Einzelkind, das noch dazu einer besser gestellten sozialen Schicht angehörte, die von der allgemeinen Wirtschaftskrise relativ wenig betroffen war: *Wir waren ein echt österreichischer Beamtenhaushalt, wo es bescheiden zuging, aber immerhin konnten wir ohne Sorgen leben.* Sie hatte sich schon in der Schule als *privilegiertes Kind* empfunden, wollte aber *nicht einen besonderen Platz haben, sondern nahe bei anderen Menschen sein, denen es nicht so gut geht.* Und da war es jetzt auf einmal, *dieses Gleichheitsgefühl.* Die Uniformen verhüllten die sozialen Unterschiede, die Botschaft war: *Du bist nichts, dein Volk ist alles ... Für mich später ein schreckliches Wort, aber damals ein positives Wort, nicht?* Sie fühlte sich plötzlich *eingebettet.* Die rationale Auseinandersetzung mit der Ideologie interessierte sie nicht. Was zählte, war das Gefühl: *Du bist in dieser Gruppe drinnen, und ihr seid alle gleich, und ihr arbeitet für Deutschland und für Österreich in Deutschland und für den Führer. 1938 waren da diese Märsche mit den Liedern und den Parolen, und ich war mitten drinnen.*

Erika Horn wurde eine ebenso gläubige Nationalsozialistin, wie sie zuvor eine gläubige Katholikin gewesen war. *Ich war ja damals von der Kirche schon weg, und alles, was mit Gläubigkeit zu tun gehabt hat, hatte eingemündet in eine Hitlergläubigkeit.* Sie glaubte alles, was die Nazipropaganda verkündete, natürlich auch, *dass die Juden immer an den Schaltstellen sind und dass sie nur das deutsche Volk vernichten wollen.* Diesem Glauben opferte sie auch die persönliche Bekanntschaft mit einem Juden, der ihr Leben von ihrem zehnten Lebensjahr an begleitet hatte. Es war zunächst eine Brieffreundschaft gewesen, und dann hatte er sie immer wieder besucht, bis sie eines Tages den Kontakt abbrach. *Ich habe mich entschuldigt und habe gesagt, ich gehöre jetzt da dazu, das geht nicht mehr.*

Sie stieg zur BDM-Führerin auf und betrieb gleichzeitig ihr Geschichtsstudium. Später fiel ihr der Widerspruch zwischen der *fast hypnotischen Zugehörigkeit* zur Partei und ihrer wissenschaftlichen Ausbildung auf, *wo wir so angehalten wurden, wirklich sehr streng den Quellen nachzugehen und genau zu schauen.* Sie hatte nicht einmal „Mein Kampf" zur Gänze gelesen.

Im Jahr 1940 schloss sie ihr Studium mit dem Doktorat ab und heiratete einen Assistenten am Institut für Neuere Geschichte. Zehn Monate später kam das erste Kind zur Welt. Erika Horns Mann war bei der SA („Sturmabteilung") gewesen, war aber kritisch eingestellt und lehnte vor allem den Krieg ab, den sie *mit stolzer Trauer bejaht* hat. *Ich hab ihn immer als eine leider notwendige Maßnahme gesehen. Im Gegenteil, ich war davon überzeugt, dass das eine lebensnotwendige Entscheidung von Hitler war und dass ja die anderen, die Polen, den Krieg selbstverständlich angefangen haben.* Ihr Mann wurde verhältnismäßig spät eingezogen und kam wegen eines Gallenleidens nicht an die Front, sondern in Italien zur Sanität.

So weit deckt sich Erika Horns Biografie mit der von vielen Menschen ihrer Generation, die, geprägt von deutschnationalem Gedankengut im Elternhaus und einer autoritätsgläubigen Erziehung, als Jugendliche der Faszination Hitlers erlegen sind. Von da an geht sie aber einen anderen Weg. Bereits im November 1944, zu einer Zeit, da viele weiterhin an den „Endsieg" glauben, wendet sie sich vom Nationalsozialismus ab. Erste Risse hatte ihr Weltbild schon einige Monate vorher bekommen, als eine befreundete Ärztin, die noch früher beim BDM gewesen war als sie, wegen einer medizinischen Hilfestellung für eine Widerstandsgruppe verhaftet wurde.[1] Als Erika Horn für sie in Graz intervenieren wollte, sagte man ihr: *Bitte, passen Sie auf, gehen Sie nicht weiter, sonst sind Sie dran. Sie haben ein Kind, und Sie haben eine Familie.* Wie viele andere war sie damals noch geneigt, anzunehmen, dass es sich hier um den Alleingang von Untergebenen handle: *Na ja, das ist halt Krieg, und da sind bestimmte Beamte, Unterführer, und die machen, was sie wollen.*

Die eigentliche Abkehr vom Nationalsozialismus kam dann als eine Art Damaskuserlebnis.[2] Erika Horn unterrichtete in der „Volkspflegerinnenschule", der ehemaligen Lehranstalt für Fürsorgerinnen. Sie hatte eine frühe Unterrichtsstunde und war zu Fuß unterwegs, weil die Straßenbahnen nicht verkehrten. *Und etwa beim Landhaus habe ich mich plötzlich so betroffen gefühlt von den Gesichtern, die mir entgegengekommen sind, von den Menschen, und da habe ich dann so das Gefühl gehabt, dass mich eine Stimme ruft, und ich war überzeugt, das ist eine Gottesstimme.* Es sei gewesen, als ob jemand ruft *und sagt: „Schau doch endlich, was eigentlich geschieht, was jetzt um Dich herum geschieht und wo Du mittust, das ist alles Unrecht, Du sollst umkehren."*

Damit begann Erika Horns Schuldgefühl. Nach Kriegsende, als andere ihre Beteiligung am Nazi-Regime leugneten, herunterspielten oder sich auf Befehlsnotstand ausredeten, war Erika Horn geradezu begierig nach Geständnis und Sühne. *Als für mich dann wirklich die Zeit stillgestanden ist, war ich entschlossen, selbstverständlich zu dem zu stehen, was ich sozusagen an Schuld gehabt habe.* Sie ging zu einer Baracke am Grazer Färberplatz, wo sich die Parteimitglieder registrieren lassen mussten. *Ich kann mich gut daran erinnern, wie ich hingegangen bin und gesagt habe: „Bitte, ich war Nationalsozialistin, ich bin belastet." Ich habe auch alle meine*

Papiere mitgehabt. Den Beamten muss so viel Bekenntnisfreude in Verlegenheit gebracht haben. *Und dann hat er gesagt: „Das glaube ich Ihnen gar nicht.“* Erika Horn insistierte. *Und da habe ich gesagt: „Ja, ich war im BDM und war Führerin.“* Sehr beeindruckt dürfte auch dann noch niemand von der letztlich recht bescheidenen Parteikarriere gewesen sein (deren Ende zudem auch schon einige Jahre zurücklag: mit Promotion und Mutterschaft war sie aus dem BDM ausgeschieden). *Es ist mir merkwürdigerweise nie etwas passiert. Ich hätte das fast haben wollen, weil ich mich so schuldig gefühlt habe.* Weniger gut erging es ihrem Vater, der wegen seiner niedrigen Mitgliedsnummer bei der NSDAP angeklagt wurde. Zwar sei *überhaupt nichts vorgelegen,* aber Erika Horn bringt die bald darauf beginnende Krebserkrankung des Vaters mit diesem Prozess in Verbindung. Auch Kolleginnen vom BDM hätten Schwierigkeiten bekommen und seien festgenommen worden. *Das alles hat mich erst recht dazu bewogen, dass ich zu meiner Schuld stehe.*

Nach dem Krieg arbeitete ihr Mann als Mittelschullehrer. Das Paar bekam noch zwei weitere Söhne. Dass sie und ihre Familie im Krieg *bewahrt worden sind vor schwereren Verlusten, dass wir trotzdem neu anfangen konnten, nach dem, was ich als Schuld erlebt habe,* erschien Erika Horn als Wunder, und sie hatte die Idee, *ein moderneres Legendenbuch* zu gestalten mit dem Titel „Es gibt noch Wunder“. Es erschien 1949. Bald machte freilich auch sie die Erfahrung von Verlusten. Zuerst starb ihr Vater, dann erkrankte ihre Mutter an Körper und Seele. Sie musste sich um drei heranwachsende Söhne kümmern und zehn Jahre lang ihre schwer depressive Mutter pflegen, die immer wieder an Krankheiten und Unfallfolgen litt. *Das war eine äußerst belastende Zeit, aber auch eine Zeit wichtiger Erfahrungen: die Konfrontation mit dem Altwerden. Ich war gar nicht gefasst darauf, dass meine Eltern alt werden, und dass Krankheit und Sterben kommen, das habe ich dann durchlebt.* Sie hatte, gerade zu der Zeit, als ihr dritter Sohn geboren wurde und das Leiden ihrer Mutter begann, die Idee zu einem weiteren Buch, *und es sollte ein Trostbuch werden* für alte Menschen. Darüber hinaus wollte sie aber auch wissenschaftlich *dem Phänomen des Alterns nachgehen. Das war am Ende der Fünfzigerjahre, am Beginn der Sechzigerjahre gar nicht so leicht, da hat es etwas wie Alterswissenschaft in dem Sinne, wie das heute selbstverständlich ist, noch gar nicht gegeben.* Das Buch hieß „Du sollst ein Segen sein" und erschien 1964, drei Jahre vor dem Tod der Mutter.

Nach und nach wurde damit aus dem, was sie an Erfahrung mit dem Leiden und Sterben ihrer Mutter gesammelt hatte, der erste Hauptberuf ihres Lebens. Trotz abgeschlossenen Studiums war sie, auch unter dem Eindruck des Ideals der *„deutschen Mutter" in den Vierzigerjahren,* immer zu Hause gewesen, von der kurzen stundenweisen Tätigkeit an der Volkspflegerinnenschule abgesehen. Jetzt begann sie eine Ausbildung als Ehe- und Lebensberaterin, arbeitete im Bildungshaus Maria Trost mit und engagierte sich in der Arbeit mit und für alte Menschen. Mit 56, wenn andere die Pensionierung anstreben, erhielt sie die erste hauptberufliche Anstellung ihres Lebens an der von ihr mitbegründeten „Fachschule für Altendienste" der Caritas. Viel später kam dazu ein Lehrauftrag an der Universität Graz, nachdem dort ein Lehrgang für interdisziplinäre Gerontologie eingerichtet worden war. Außerdem arbeitete sie im Katholischen Bildungswerk und in der Familienhilfe der Caritas, dem heutigen Ausbildungszentrum der Caritas für soziale Berufe.

Die Wiederannäherung an die Religion war schon mit der Ablehnung des Nationalsozialismus Hand in Hand gegangen, hatte aber erst auf Umwegen zur katholischen Kirche zurückgeführt. Aus der Volkspflegerinnenschule hatte Erika Horn eine Freundin, die Quäkerin war. Sie knüpfte daraufhin enge Kontakte zu Quäkern und wurde mit dem Gedankengut dieser zu den so genannten „historischen Friedenskirchen" gehörenden Bewegung vertraut, die auf Werte wie Gleichheit, Gewaltfreiheit und

Toleranz setzt. *Ich habe da ganz wunderbare Menschen kennen gelernt, mit denen ich auch religiöse Themen besprechen konnte und eben auch die Erfahrungen dieser Zeit. Ich denke an eine holländische Künstlerin oder an eine schwedische Freundin.* Bald nach 1945 trat Erika Horn wieder einer Kirche bei, allerdings weder den Quäkern noch den Katholiken, die ihr zu politisch waren und sich zu wenig gegen den Krieg engagierten. Sie wurde evangelisch und blieb es für drei Jahrzehnte. *Etwa 30 Jahre später habe ich erkannt, dass mir diese Kirche doch nicht zu einer richtigen Heimat werden konnte. Inzwischen hab ich ganz stark Beziehungen zu Katholiken bekommen, mit denen ich zusammengearbeitet habe und die mir ein neues Bild einer reformierten katholischen Kirche gezeigt haben.* Da fand sie schließlich auch ihre spirituelle Heimat. *Und ich habe gerade neulich wieder den Brief des Altbischofs Weber in der Hand gehabt, wo er mir schreibt, dass es ihn gefreut hat, dass auch er dazu beigetragen hat, dass ich wieder in die katholische Kirche zurückgegangen bin, und es war gut so, das kann ich nach weiteren 25 Jahren wirklich von Herzen sagen. Ich gehöre dorthin.*

Im katholischen Umfeld wurde sie außer in der Altenbetreuung auch auf anderen Gebieten aktiv. Sie führte Seminare für ein weibliches Publikum durch, in denen es darum ging, die Emanzipationsbestrebungen der Siebzigerjahre mit einem traditionellen Verständnis der Frauenrolle zu vereinbaren. Für die Frauenbewegung hatte sie immer Sympathie. *Ich habe nur wenig Verständnis für die Extreme gehabt.* Denn Emanzipation, meinte sie, müsse nicht dazu führen, *dass das Hausfrauensein plötzlich überhaupt keinen Wert mehr hat. Also haben wir die sogenannte „emanzipierte Hausfrau" vorgeschlagen.* Anfang der Achtzigerjahre initiierte Erika Horn auch die christlich-jüdische Bibelwoche im Bildungshaus Maria Trost. Schon früher hatte sie den Kontakt zum Judentum gesucht, in Graz, aber auch in der Person des jüdischen Freundes aus ihren Kindertagen, den sie nach längeren Bemühungen in Israel fand. *Da hat er uns dann noch einmal besucht, da war eine ganz tiefe Versöhnung möglich.* Die ökumenische Bibelwoche gestaltete sie zusammen mit Alisa Stadler, einer gebürtigen Österreicherin, die 1938 nach Palästina ausgewandert und 1956 nach Wien zurückgekehrt war, wo sie für Rundfunk und Fernsehen arbeitete und Vorlesungen für Hebräisch an der Wiener evangelisch-theologischen Fakultät hielt. *Es war für mich eine tiefe Genugtuung, dass ich da mitwirken durfte, weil es ja nicht nur um Fragen des Bibelverständnisses und des Verständnisses der jüdischen Wurzel unseres Glaubens gegangen ist, sondern um die Begegnungen und auch immer wieder um ganz aktuelle Fragen zum Judentum.* Damals, im Jahre 1982, habe diesbezüglich noch *ein unglaubliches Unverständnis* geherrscht. Wichtig waren aber auch die *menschlichen Freundschaften,* die bei dieser Tätigkeit entstanden, und der persönliche geistige Nutzen: *Gelernt habe ich natürlich selber auch eine Menge.* Daneben war es ihr ein *Bedürfnis, vor allem die Friedensbemühungen zu unterstützen. Ich habe also auch mit dem Versöhnungsbund eine Beziehung gehabt und mit der Hildegard Goss-Mayr, das war ja das Schöne, dass ich immer zu diesen Pionierfiguren auch persönliche Beziehungen hatte.* Inzwischen zählt Erika Horn selbst zu den Pioniergestalten der Gerontologie und der Hospizbewegung in der Steiermark. Sie wurde dafür mehrfach ausgezeichnet: 1999 mit dem Paul-Petry-Sonderpreis, ferner mit dem Großen Goldenen Ehrenzeichen des Landes Steiermark, dem Titel „Bürgerin der Stadt Graz" und 2003 mit dem Josef-Krainer-Heimatpreis.

Eine merkwürdige Parallele zu ihrer mit jahrzehntelanger Verspätung erfolgten Rückkehr zur katholischen Kirche gab es in ihrer ehelichen Beziehung. Sie wurde – *ein schmerzliches Erlebnis* – nach 34 Jahren aufgelöst. Ganz aufgehört hat der Kontakt jedoch nie, *weil mein Mann dann sehr schnell wieder allein war und ich einfach diese Treue, diesen Treuebegriff, noch immer für wichtig halte.* 20 Jahre später heirateten sie wieder. Inzwischen gibt es Enkel und Urenkel. Sie und ihr Mann seien beide Einzelkinder gewesen, meint Erika Horn, *und jetzt haben wir, ich glaube, 27 Familienmitglieder.*

Erika Horn arbeitet auch noch im hohen Alter in der Hospizbewegung und macht *Ausbildungen für Mitarbeiter in der Hospizarbeit, jedes Jahr zwei.* Auch wenn sie sich der *Privilegierung einer relativen Gesundheit* erfreut, erlebt sie, wie einerseits der *Körper ein Wunderwerk Gottes ist und wie lange er gefügig bleiben kann und andererseits, wie er, gerade in der Zeit vor dem Tod, mehr Aufmerksamkeit, mehr Zeit erzwingt.* Angst vor dem Tod hat sie als gläubige Christin nicht, *aber ich habe Ängste vor dem Leiden und ich habe Ängste vor frühen Einschränkungen oder stärkeren Einschränkungen, die mich hindern, doch noch ein persönlich bestimmtes Leben so weiter zu führen.* In der letzten Zeit hat sie sich *ein bisschen zurückgezogen.* Dem Leitungsteam des Bildungshauses Maria Trost gehört sie nicht mehr an, die Arbeit mit den Senioren macht sie – eingeschränkt – weiterhin. Die jährliche Reise mit der Seniorengruppe nach Grado hat sie 2004 zum letzten Mal unternommen. Ihre Nachfolgerin setzt die von ihr begründete Tradition fort. Die jungen Kolleginnen beziehen sie noch immer in ihre Projekte ein, *das ist für mich eine große Freude und Bestärkung von Zukunftshoffnungen.*

Anmerkungen

1 Siehe den Beitrag über Dr. Ilse Reibmayr in diesem Buch, S. 235 ff.

2 Das Damaskuserlebnis bezeichnet in der Umgangssprache ein Ereignis, das jemanden dazu bringt, sein Handeln total zu verändern. Die Redewendung wird oft in Verbindung mit der Redewendung „von Saulus zu Paulus“ verwendet.

In der Nacht, da kommt mir alles hoch, und dann weine ich

Frieda („Friedl") Horvath ist eine gastfreundliche Frau. Sie kommt mit einem großen Blech voll Kuchen, serviert Kaffee. Die Wohnung in einem Linzer Vorort ist gemütlich-kleinbürgerlich, wenn auch ziemlich eng. Wenn es ein Fest gibt, *dann platzt die Wohnung auseinander,* sagt einer ihrer Söhne. *Das müssen Sie sich vorstellen, da kommen dann 40, 50 Leute.* Und Frieda Horvath liebt Feste. Ihren Geburtstag, *Silvester, Weihnachten, da habe ich immer die Wohnung voll.* Besonders gern hat sie ihre Kinder um sich. Es ist ein offenes Haus. Zwei Söhne sind während des Interviews anwesend, gehen zwischendurch weg, kommen wieder.

Sobald Frieda Horvath, geboren 1926 in Pommern, von ihrer Kindheit zu erzählen beginnt, entsteht das Bild einer deutschen Familie der Zwischenkriegszeit in einem dörflichen Milieu, sozial zwischen Proletariat und Kleinbauerntum angesiedelt. Neun Kinder. Der Vater, Maurer, krankheitshalber in Frührente. Ein Stück Grund, eine kleine Landwirtschaft: Gemüseanbau, Schweinezucht, *ein paar Viecher und so.* Die Kinder trugen zum Haushalt bei, wie in vielen durch die Wirtschaftskrise verarmten Familien. Die älteren gingen arbeiten, die noch schulpflichtigen versuchten nebenbei etwas zu verdienen. Frieda Horvath trug Zeitungen aus. Dennoch besuchten alle regelmäßig die Schule. *Wir sind anständig erzogen worden, und es hat bei uns nie etwas gegeben.* Man war evangelisch (Frieda Horvath ist inzwischen zum Katholizismus übergetreten), sprach zu Hause Hochdeutsch und hatte einen typisch (nord-)deutschen Familiennamen: Schröder. Und wenn Frieda Horvath sagt: *Ich hab manchmal auch Heimweh,* dann ist dieses Gefühl trotz der Schwierigkeiten, die es damals gab, verständlich. Es passt bloß so gar nicht zu den Klischees, die über ihr Volk existieren.[1] Denn Frieda Horvath ist Zigeunerin, präziser gesagt: Sintiza. Obwohl: *Mein Vater, der war ja kein richtiger Zigeuner. Der war ein halber.* Später sollte das freilich keinen Unterschied machen.

An dieser Stelle ist eine kurze Begriffsklärung nötig. Die traditionelle Bezeichnung „Zigeuner" gilt heute als diskriminierend, statt dessen wird der Ausdruck „Roma" empfohlen (Singular Rom, weibliche Form: Romni). Eine Schwierigkeit ergibt sich daraus, dass die Roma in zwei große Gruppen zerfallen, und die wiederum heißen „Sinti" (Singular Sinto, weiblich: Sintiza) und – Roma. Spätestens, wenn es um die Unterschiede zwischen den beiden Gruppen geht, führt die politisch korrekte Ausdrucksweise zu umständlichen, missverständlichen oder tautologischen Formulierungen. Der Terminus „Zigeuner" wird in diesem Text daher einige Male vorkommen, zumal ihn Frieda Horvath und ihre Söhne selbst verwenden.[2]

Als Kind wurde Frieda Horvath mit Diskriminierung und Feindseligkeit nicht unmittelbar konfrontiert. *Ich kann mich nicht beklagen, ich bin nie beschimpft worden.* Einer ihrer Cousins allerdings, der mit ihr in dieselbe Klasse ging, *war ein bisschen dunkel* und litt außerdem an den Folgen einer Kinderlähmung, der sei beschimpft worden und sie sei seinetwegen *oft in Raufereien gekommen, weil ich ihn verteidigt habe in der Schule.* Nach der Schule wollte sie eine Arbeitsstelle annehmen. Dafür hätte sie zum BDM („Bund Deutscher Mädel") müssen, aber der kränkliche Vater brauchte sie als Hilfe beim Bebauen des Grundes und bei der Schweinezucht. Er hat sie, wie sie sagt, *zurückerobert.*

Es liegt eine gewisse Tragikomik in der Tatsache, dass die Zeit des unsteten Umherziehens für die gut auf Grund und Boden verwurzelte Sinti-Familie erst mit dem Auftreten derer begann, die die Zigeuner nicht zuletzt wegen ihrer „asozialen", nicht sesshaften Lebensweise verfolgten.[3] 1943 standen eines Tages Kriminalpolizisten vor der Tür und sagten zum Vater: *Herr Schröder, Sie müssen zusammenpacken. Ziehen Sie sich das Beste an, was Sie haben.* Die ganze elfköpfige Familie wurde inhaftiert, ihr Besitz beschlagnahmt. *Alles ist zurückgeblieben, das ganze Inventar. Der Schmuck wurde uns gleich abgenommen, unser ganzes Vermögen, das ganze Geld, alles ist weg gewesen.* Nach einigen Tagen wurden sie mit der Bahn abtransportiert. Damit begann eine Odyssee durch die Konzentrationslager des Dritten Reiches. *Ich kann mich gar nicht mehr richtig erinnern, wie die alle geheißen haben.*

1944, mit 17 Jahren, war Frieda Horvath in Auschwitz-Birkenau. *Wir sind alle in eine Baracke gekommen, und da ist uns dann die Kleidung weggenommen worden.* Dafür erhielten sie eine Häftlingsnummer, die Frieda Horvath noch immer am Arm eintätowiert trägt. In der Baracke waren *30 oder 40 Familien.* Die Arbeitsfähigen wurden für das Außenkommando ausgewählt, *die anderen sind alle gleich vergast worden.* Die Jugendlichen wurden zur Zwangsarbeit abkommandiert, und *wer nicht mehr können hat, hat Schläge bekommen, der ist zusammengefallen.* Schläge hat es auch bei der Essensverteilung gegeben, erinnert sich Frieda Horvath, wenn die Aufseher *mit ihren Gummiwürsten hineingehaut haben,* weil sich die hungrigen Häftlinge um den Kessel drängten. *Die hätten den ganzen Kessel alleine genommen und wären wo hingerannt damit, vor Hunger.* Frieda Horvath ging oft hungrig von der Essensausgabe weg, weil sie sich aus Angst vor den Schlägen abseits gehalten hatte. Dennoch, *manchmal hab ich schon welche erwischt.* Viele erkrankten aufgrund der Lebensbedingungen, vor allem an Bauchtyphus, darunter auch Frieda Horvaths Vater. Er ist im Krankenhaus verstorben.

In der Baracke, in der die Schröders untergebracht waren, lebten ausschließlich Zigeuner. Die Juden seien größtenteils gleich vergast worden, meint Frieda Horvath, die irgendwann nicht mehr Außendienst machen konnte und vom Lagerführer zum Stubendienst eingeteilt wurde. *Und da habe ich dann zugeschaut, wie die Juden dahergekommen sind. Und die haben sie dann vergast.*

Für die Siebzehnjährige war das Vernichtungslager Birkenau nur Durchgangsstation. Die Jugendlichen wurden nach einiger Zeit ausgesucht und nach Ravensbrück gebracht. Zurück blieben ihre Mutter, die wohl zu alt, und ihr dreizehnjähriger Bruder, der wahrscheinlich zu jung für die Zwangsarbeit war. Sie teilten schließlich das traurige Schicksal all jener, deren Arbeitskraft sich nicht ausbeuten ließ.

Von Ravensbrück kam Frieda Horvath nach Graslitz/Kraslice im Sudetenland, nahe der tschechisch-deutschen Grenze, wo sie für die Rüstungsindustrie arbeiten musste. Als sich die Niederlage der Nazis abzeichnete, flüchtete die SS aus Graslitz und nahm an die hundert Zwangsarbeiterinnen aus der Munitionsfabrik mit. *Da haben sie uns bei den Bauern übernachten lassen, da haben wir einen Tee und drei Pellkartoffeln bekommen.* Dabei hätte es keinen Mangel an Nahrung gegeben, die SS-Leute hatten einen ganzen Wagen voll Vorräten aus der Fabrik mitgenommen. *Das haben aber die gegessen, das haben nicht wir gekriegt.* Die Häftlinge mussten dafür den Wagen ziehen. Frieda Horvath sorgte sich um ihre zwei Geschwister, die mit dabei und in schlechtem Gesundheitszustand waren. *Da hab ich schauen müssen, dass ich die durchkrieg.* Denn die SS („Schutzstaffel") kannte nach wie vor kein Erbarmen. *Die, die nicht gehen haben können, sind gleich erschossen worden.* Die Flucht muss ziemlich planlos verlaufen sein. *Eine Woche sind sie da mit uns herumgerannt im Kreis in Tschechien,* erinnert sich Frieda Horvath. Als von Westen die Amerikaner und von Osten her die Russen immer näher kamen, wurde den Nazis die Situation zu heiß. *Dann haben sie uns einfach stehen lassen in einem Dorf,* tauschten ihre Uniformen gegen Zivilkleidung und mischten sich unter die Bevölkerung. *Von den Frauen der SSler haben wir überhaupt keine mehr gefunden, nicht einmal eine.*

Für die Ex-Gefangenen war die Irrfahrt damit noch nicht zu Ende. Zunächst kamen sie in ein amerikanisches Sammellager, wo sie zu essen bekamen und die Kranken betreut wurden. Dann wollten sie nach Prag, aber *Prag ist in Flammen gestanden.* Daraufhin gingen sie nach Pilsen, wo sie von den Tschechen verhaftet wurden, weil sie Deutsch sprachen. Erst als sie ihre Nummer aus dem KZ zeigten, wurden sie freigelassen. Zuletzt nahmen noch die Russen sie vorübergehend fest. Dabei lernte Frieda Horvath ihren Mann kennen, der ein wenig Russisch sprach und dem es gelang, die Besatzer davon zu überzeugen, dass sie KZ-Insassen gewesen waren. *Da haben uns die russischen Frauen dann was zum Essen gegeben.*

Frieda Horvath wollte so rasch wie möglich nach Deutschland zurück, um zu sehen, ob ihre Geschwister noch lebten. Ihr Mann dagegen wollte vorher seine eigenen Angehörigen im Burgenland suchen. *Und dann sind wir in einen Zug hineingesprungen, und mit dem sind wir bis ins Burgenland gefahren.* Frieda Horvaths Begeisterung hielt sich in Grenzen, als sie aus dem Zug stieg: *Dann sind wir wieder bei den Russen gewesen.* Das Burgenland war Teil der russischen Besatzungszone, und den russischen Soldaten eilte der Ruf als Vergewaltiger voraus. *Da hab ich gesagt: Jetzt hänge ich mich auf.* Frieda Horvaths Lebensgefährte – offiziell verheiratet waren sie zu diesem Zeitpunkt noch nicht – griff zu einer drastischen Vorsichtsmaßnahme. *Mich hat mein Mann in die Kammer eingesperrt, damit mich die Russen nicht erwischen.* Einer von denen ist ihr in besonderer Erinnerung, *einen hinkenden Fuß hat der gehabt, den Wolf haben sie ihn immer genannt, der war so gefährlich. Ein jedes Weib, das er erwischt hat, sogar eine arme Bäuerin, hat er vergewaltigt. Die hat geschrien um Hilfe, und keiner hat helfen können.* Und dann macht sie eine verallgemeinernde Bemerkung, die sie sofort zurücknimmt. Sie sagt: *Das sind ja so schlechte Leute gewesen,* und fügt gleich hinzu: *Viele waren auch gut.*

Frieda Horvath hütet sich davor, selbst jene pauschalen Verurteilungen vorzunehmen, von denen ihr Volk immer wieder betroffen ist. Man könne *nicht alle in einen Topf schmeißen,* nicht die Roma und Sinti, nicht die Russen, und nicht einmal die SS.

Es waren viele gute dabei, die die jungen Mädchen auch beschützt haben bei der Arbeit. Sie erinnert sich an Lageraufseher, die ihre Arbeit nur unter Zwang machten. *Wie viele junge Burschen, Soldaten haben dort das machen müssen, was die anderen angeschafft haben. Und das hat ihnen auch wehgetan, glauben Sie mir. Wie wir da ins Außenkommando gekommen sind, da haben viele geweint, und da sind oft welche gekommen und haben gesagt, es tut uns Leid, wir müssen das machen.*

Anders als viele andere ehemalige Lagerinsassen wird sie auch bei der Begegnung mit Menschen ihrer Generation nicht von der Vorstellung gequält, die könnten damals auf der Seite ihrer Peiniger gestanden sein. *Ich habe hier im Haus schon etliche ältere Personen betreut. Vielleicht waren die auch Nazis gewesen, was weiß ich. Ich hab keinen Hass auf die, im Gegenteil.*

Nachtragend ist Frieda Horvath nicht. Aber sie ist, wie alle, die durch diese Erfahrung gegangen sind, schwer traumatisiert, war auch schon in Therapie, ist trotzdem *bis heute noch nicht damit fertig geworden. Das ist immer noch im Kopf. Wenn ich meine Kinder nicht hätte, ich würde narrisch werden. Das ist verheerend. Ich denke immer wieder zurück. Und wenn ich wieder anfange davon zu reden, dann ist das nicht so einfach.*

Dennoch gehört sie zu denen, die darüber reden. Ihr Mann tat das fast nie. Von seiner Familie haben nur zwei Cousins überlebt, alle anderen wurden in Litzmannstadt ermordet. *Da haben sie einen Waggon gehabt aus Blech, und dort ist die ganze Familie reingekommen, und dann haben sie das Gas runtergelassen, und die sind da alle vergast worden. Das hat er uns einmal erzählt, aber sonst gar nichts.* Vor allem über seine eigenen Erfahrungen hat er zeitlebens geschwiegen. *Der war so ruhig, er hat nur gesagt: Ich war in Mauthausen, ich war dort, aber was er erlebt hat, das hat er nie erzählt.*

Im Burgenland fühlte sich Frieda Horvath nicht nur wegen der Russen unwohl. Sie wurde auch nicht gut aufgenommen, ihre hochdeutsche Aussprache machte sie zur Außenseiterin. *Die haben mich ja nicht mögen, weil ich eine Fremde war für sie.* Dazu kommt, dass Frieda Horvath zu den Sinti gehört, während die burgenländischen Zigeuner Roma sind, und da gibt es beträchtliche Unterschiede, was die Sitten angeht. So dürfen Sinti weder Ärzte werden noch sonst einen Pflegeberuf ergreifen. Sie hätte einen ihrer Söhne, der sich für Medizin interessiert hat, gern studieren lassen, aber das wäre nicht möglich gewesen: *Meine Leute, wenn die dann einmal zu mir auf Besuch kommen, die trinken nicht einmal aus meinen Häferln, solche Bräuche haben die draußen.* Das Verhältnis zwischen den Sinti und Roma ist nicht gut. Jetzt hätten sie endlich die Anerkennung als Minderheit und würden sich nun innerhalb der Volksgruppe aufspalten, bedauert ihr Sohn. Frieda Horvath nennt ein Beispiel: *Wir haben gestern einen Festtag gehabt, und da sind die Roma alleine gesessen und die Sinti sind auch alleine gesessen.* Und der Sohn, der ja von der Abstammung her beides ist, meint, er säße auf zwei Stühlen. Auch die Dialekte sind unterschiedlich. Frieda Horvath, die in Deutschland kaum „Zigeunerisch" gesprochen hatte, musste den Roma-Dialekt im Burgenland von Grund auf lernen. Eine Nachbarin hat ihr dann eine Vokabelliste aufgeschrieben, was die Integration erleichterte.

Glücklich ist sie im Burgenland dennoch nicht gewesen. Der Besuch in Deutschland, den ihr Mann versprochen hatte, verzögerte sich, zumal da sie keine Papiere hatten, was schon die Fortbewegung innerhalb des in vier Besatzungszonen aufgeteilten Österreich schwierig machte. Immerhin schafften sie es 1946 bis Linz. *Da sind wir schwarz über die Grenze,* von der russischen in die amerikanische Zone. In einer Kaserne in der Garnisonsgasse erhielten sie von den Amerikanern Hilfspakete und Bekleidung, *und da habe ich gesagt: Bin ich froh, dass ich vom Burgenland weg bin.* Die Amerikaner schickten ihren Lebensgefährten, der an einer beginnenden Lungenkrankheit litt, ins Allgemeine Krankenhaus zum Röntgen. Merkwürdigerweise waren die Röntgenbefunde später, als sie sie wieder gebraucht hätte, nicht aufzufinden. Sie vermutet, dass hier alte Nazis am Werk gewesen sind, die das Material entweder beseitigt hatten oder sich weigerten, es einer Zigeunerin auszuhändigen.

Nachdem bereits 1947 das erste Kind auf die Welt gekommen war, konnte das Paar 1949 endlich in Urfahr heiraten. Es folgten bald weitere Kinder – insgesamt fünf, vier Söhne und eine Tochter. Krankheit blieb dabei so etwas wie ein Lebensthema von Frieda Horvath. Der Vater war kränklich gewesen, der Mann verbrachte immer wieder viel Zeit in Heilstätten, von den Söhnen sind einige Diabetiker. Auch der jüngste, der neben ihr sitzt, kann deswegen seinen Beruf als Kraftfahrer schon seit 1993 nicht mehr ausüben. *Ich habe ein schweres Leben gehabt auch nach dem KZ.*

Den Russen war Frieda Horvath in Linz glücklich entronnen, an ein anderes Trauma sollte sie wieder erinnert werden, als sie eine Unterkunft suchte. Zuerst wohnten die Horvaths im Obdachlosenheim, dann bezogen sie in Urfahr eine Baracke, deren Anblick Friedl Horvath vergangene Gräuel ins Gedächtnis zurückrief. *Da hab ich gesagt, jetzt muss ich wieder ins KZ einziehen.* Es war nicht die letzte Baracke ihres Lebens. Von Urfahr zogen sie in eine Baracke in Traun, von dort in eine Baracke in Ebelsberg, von dort in eine Baracke in Klein-München. Das Barackenleben sei *verheerend* gewesen, meint sie: *Im Winter hast du nicht auf das Klo gehen können. Da waren die provisorischen Klos, da sind die Ratten hin und her gerannt. In Traun haben wir am Bahnhof das Wasser holen müssen. Auf den Bahnhof bin ich gegangen und habe mir die Kohlen geholt, die runtergefallen sind, da hab ich sie zusammengerafft und mit dem Kübel heimgetragen, ich habe ja heizen müssen. Das Barackenleben, das war ein Elend für mich.*

Die Kinder haben dieses Leben in besserer Erinnerung. *Für mich war das Leben im Lager in der Kindheit das Schönste,* sagt der jüngste Sohn und erinnert sich an die vielen Spielgefährten und das problemlose Zusammenleben von Roma und Nicht-Roma. *Armut bindet,* meint er und betont die Vorzüge einer Gemeinschaft, die nicht auf Besitz ausgerichtet war: *Da war der Nachbar für den Nachbarn da.* Und Frieda Horvath erinnert sich an die Zeit, als sie im Marinewald bei Ebelsberg von 370 Schilling Fürsorgegeld im Monat leben musste und eine Nachbarin ihr anbot: *Wenn Du nichts hast, dann koche ich mehr für die Kinder, dass die Kinder mehr zum Essen haben, und wenn Du wieder mehr hast, dann kochst du halt wieder für mich.*

Geld war immer ein Problem. Die Wiedergutmachung für die Nazizeit ließ auf sich warten. Weil Frieda Horvath zum Stichtag 1938 nicht österreichische Staatsbürgerin gewesen war, erklärte sich Österreich für nicht zuständig, weil sie nunmehr Österreicherin war, wollten die Deutschen mit der Angelegenheit nichts zu tun haben. Zwei Rechtsanwälte – ein österreichischer, ein deutscher – wurden eingeschaltet, das Verfahren zog sich von 1967 bis 1975 hin, und als das Geld schließlich ausbezahlt wurde, ging es zum Großteil für die Anwaltskosten auf.

Das Barackendasein endete erst 1971, als sie die Wohnung bezog, in der das Interview stattfindet. Demnächst soll sie gegenüber eine neue Wohnung beziehen, die endlich zeitgemäßen Komfort bietet. *Da ist ein Bad drinnen, Klo drinnen, alles drinnen. So etwas hab ich mir schon früher immer gewünscht, es aber nie bekommen.*

Darauf freut sie sich. Richtig glücklich ist sie, wenn ihre Kinder da sind. Und wenn es ein Fest gibt. Und ganz besonders, wenn sie tanzen kann. *Tanzen ist mein Leben.* Das habe sie schon immer gern getan, dazu sei sie früher wegen der Kinder nicht gekommen. *Das hole ich jetzt nach, bis ich sterbe.*

Beim Tanzen verschwinden die Depressionen, die Bilder aus der Erinnerung. Die kommen erst wieder, wenn die Musik verstummt, wenn die Gäste weg sind, wenn das Licht ausgeht. *In der Nacht, da kommt mir alles hoch, und dann weine ich.*

Anmerkungen

1 In Wirklichkeit ist die Mehrheit der Roma und Sinti in Europa sesshaft, in Österreich sind es fast alle. Vgl. dazu die Internet-Enzyklopädie Wikipedia unter den Stichworten „Zigeuner“ und „Roma“.

2 Er wird übrigens auch von der deutschen Sinti-Allianz akzeptiert. (Vgl. Wikipedia.)

3 Rassisch wäre nach den krausen Theorien der Nazis gegen diese „reinblütigen“ Indo-Arier eigentlich nichts einzuwenden gewesen.

Opfer tun sich Leid, das ist das Gefährlichste

Wenn Trude Horvath auf ihr Leben zurückblickt, dann fallen oft Sätze wie: *Das war alles meine Entscheidung.* Dabei gab es in diesem Leben vieles, was zumindest eine erzwungene Entscheidung war oder eine Entscheidung für das kleinere Übel, wie etwa die Emigration. Und es gab anderes, was geradezu schicksalhaft anmutet: Wiederholungen von Familienmustern zum Beispiel. Und wenn sie das Gewicht der eigenen Entscheidung betont, dann klingt es so, als wollte sie ganz bewusst der Versuchung widerstehen, sich als Opfer von Menschen oder Umständen zu begreifen.

Sie sei *an und für sich eine starke Frau,* sagt sie, und dieses *an und für sich* relativiert bereits die Aussage. Tatsächlich hat es eine stärkere gegeben: ihre Mutter. *Sie hat die ganze Macht gehabt. Sowohl über mich, die ihr sehr ergeben war, als auch über meinen Vater. Mit ihrer mächtigen Liebenswürdigkeit hat sie alle dirigiert.* Trude Horvath sollte lange brauchen, um sich aus dieser *mächtigen Liebenswürdigkeit* zu befreien. Ihre Mutter sei *eine ganz außergewöhnliche Frau* gewesen, *in deren Schatten ich immer gestanden bin. Alle Leute sind gekommen und haben gläserne Augen bekommen, wenn sie von der Mutter gesprochen haben.* Die Dominanz der Mutter wirkte sich umso stärker aus, als Trude das einzige Kind und der Vater manisch-depressiv war.

Trude Horvath wurde 1923 in Wien in eine *jüdisch-bürgerliche Familie* geboren. Ihre Mutter stammte aus einer kinderreichen polnischen Familie (sechs Geschwister). Der Vater entstammte einer ungarischen Familie (vier Geschwister), war aber bereits in Wien zur Welt gekommen. Die Änderung des Zunamens vom ungarischen „Weisz" zum deutschen „Weiss" und der germanisch-christliche Vorname „Gertrude" für die Tochter sind symptomatisch für Assimilation und zunehmende Religionsferne. Die Großeltern mütterlicherseits waren noch streng orthodox gewesen, die Großeltern väterlicherseits eher nicht, die Eltern kaum. In Erinnerung sind Trude Horvath allenfalls Pessachfeiern mit der Familie ihrer Mutter und das Fasten der Mutter am Versöhnungstag (Jom Kippur), dem höchsten jüdischen Feiertag. *Der wird von vielen Juden gehalten, wenn sie auch die anderen Feiertage nicht so beachten.* Sie selbst schätzte die Feste nicht besonders. *Ich habe mich nie so hingezogen gefühlt zu den Riten.*

Auch von Politik hat Gertrude Horvath als Kind *nie viel gehört.* Die Familie war gut situiert. Der Vater verdiente als Bankbeamter nicht schlecht, neigte zwar in seinen manischen Phasen dazu, das Geld hinauszuwerfen, aber der Bruder der Mutter, ein erfolgreicher Möbelfabrikant, half immer wieder aus. Die Familie lebte im sechsten Wiener Gemeindebezirk, in der Gumpendorferstraße. *Wir hatten eine für die damalige Zeit schöne Wohnung mit Badezimmer und Klo drinnen, also ganz ungewöhnlich.* Trude Horvath, die Ärztin werden wollte, besuchte das (heute noch bestehende) Gymnasium in der Rahlgasse. Es war *ein humanistisches Mädchengymnasium mit Griechisch, Latein und so weiter.* Sie mochte die Schule nicht besonders. *Ich war eigentlich sehr froh, dass ich austreten konnte*, erinnert sie sich.

Das „Austretenkönnen" hatte freilich einen weniger harmlosen Hintergrund, als die Formulierung vermuten lässt. Man schrieb das Jahr 1938. Im März war Hitler einmarschiert, im November emigrierte die damals fünfzehnjährige Gertrude Weiss zusammen mit ihren Eltern über Hamburg nach New York. *Wir sind interessanterweise am Tag der „Kristallnacht" drüben angekommen.* Dass die Ausreise glücken würde, war bis zuletzt unsicher, denn der Vater hatte am amerikanischen Konsulat den Antrag nur für sich selbst unterschrieben. Das bedeutete, dass die Familie zwar mit durfte, aber nur in seiner Begleitung. Er jedoch, psychisch labil, unternahm noch kurz vor der geplanten Abfahrt eine Reise nach Polen. In Hamburg traf man dann doch rechtzeitig zusammen. Trude Horvath will dieses Zwischenspiel nicht dramatisieren: *Das sind immer die Geschichten, die jeder erzählt, der da emigriert ist: wie es beinahe schiefgegangen ist und beinahe nichts geworden ist und so weiter.* Den Geschwistern des Vaters gelang die Emigration ebenfalls, nicht aber seinen Eltern. Für die amerikanischen Immigrationsbehörden waren sie Ungarn, und die Quote für ungarische Einwanderer war erschöpft. Für die Nazis waren sie Juden. Sie starben im KZ.

Der Anfang in Amerika gestaltete sich schwierig. Das psychische Leiden des Vaters verstärkte sich. Schon bald nach der Ankunft *hat er sich selber in eine Nervenklinik gebracht und war den Rest seines Lebens in einem Irrenhaus. Wir waren also eigentlich drüben von Anfang an auf uns gestellt.* Das Verhältnis zur Mutter wurde damit für Trude Horvath nicht einfacher. Die Mutter – *die ja jetzt ohne Mann dagestanden ist, aber absolut nicht hilflos war, die hat ja auch dann gearbeitet. Ich habe auch die Mannrolle übernommen und habe mich für sie verantwortlich gefühlt. Auch das war meine Entscheidung und passte in das Schema unserer Symbiose in der Emigration.*

Das Geld verdienten sich beide zunächst mit Heimarbeit. Trude Horvath lernte Handschuhe nähen, saß dann 15 Jahre lang an einer Maschine in der Fabrik und arbeitete im Akkord. Da sie schnell arbeitete, verdiente sie relativ gut. *Ich habe da mehr verdient als etwa eine Sekretärin, und zwar viel mehr.* Die Arbeit war dennoch frustrierend. Um nicht vollständig in der proletarischen Tristesse zu versinken, nahm sie Stunden bei einem Gesangslehrer, *der auch in Wien ein sehr angesehener jüdischer Professor war, der hat mir unentgeltlich Stunden gegeben, und das war sozusagen mein Ausgleich für die Fabrik. Ich hatte eine wunderschöne Stimme, aber nicht den Fleiß und die Durchschlagskraft, um Sängerin zu werden.*

Die Lebensverhältnisse waren beengt – in jeder Hinsicht. *Ich bin auch jahrelang nicht ausgegangen.* Mutter und Tochter lebten symbiotisch in einem zum Abbruch bestimmten Substandard-Quartier in Brownsville, *einem sehr armen, jüdischen Viertel. Da haben wir gewohnt. Die Kakerlaken waren kaum wegzukriegen. Mistkübel waren vor meinem Fenster. Ich habe schon sehr gelitten drunter, wir haben nie jemanden eingeladen.* Erst nach sechs Jahren zogen sie in eine Wohnung nach Manhattan um, in der 93. Straße am Central Park. *Das war dann wunderbar, und da haben wir uns sehr wohl gefühlt.*

Dennoch gesteht sie: *Mir hat New York nicht gefallen.* Obwohl sie 18 Jahre ihres Lebens – vom 15. bis zum 33. Lebensjahr – in New York verbrachte, hat Trude Horvath nie eine engere Beziehung zu der Stadt und ihren Bewohnern aufgebaut. Die Außenkontakte wurden auch in der neuen Wohnung nicht viel besser, im Wesentlichen beschränkten sie sich auf die Geschwister des Vaters. Sonst gab es noch die Arbeitskolleginnen, aber zu denen bestand nur ein Arbeitsverhältnis. *Und in der Fabrik habe ich halt Kontakte gehabt mit den Frauen und Mädchen, die da gearbeitet haben.* Männliche Bekanntschaften gab es kaum. *Ja und dann sind eben die Jahre vergangen.*

Mit 24 Jahren lernte sie schließlich einen um sechs Jahre älteren Mann kennen und hat mit ihm hat *das Gleiche erlebt wie meine Mutter mit meinem Vater.* Er war auch Wiener, auch jüdischer Abstammung, auch nicht religiös, neigte ebenfalls zur Depression. Er entstammte einer sozialistischen Familie. Wahrscheinlich hatte er an Sprüche wie diesen geglaubt, mit dem die Sozialisten der Zwischenkriegszeit der Jugend Hoffnung auf eine Zukunft jenseits religiöser, ethnischer und „rassischer“ Schranken machen wollten: „Ich bin kein Jud’, ich bin kein Christ, ich bin ein kleiner Sozialist.“ Als ihm klar wurde, dass die „Nürnberger Gesetze“ nicht danach fragten, wie sich jemand fühlt, sondern welcher Konfession die Großeltern angehörten, *hat er es zuerst als eine Frechheit empfunden, dass er auch darunterfällt, er ist ja eigentlich kein Jude.*

In den USA war er bei der Armee gewesen, hatte daher, wie alle Veteranen, gratis studieren dürfen und seinen Master-Titel erworben. Glücklich war er deswegen nicht, er hatte Heimweh nach Wien. Zunächst gingen sie aber nach London, wo er hoffte, sich zusammen mit dem Bruder von Trude Horvaths Mutter (die selbstverständlich auch dabei war) selbstständig zu machen. Der Plan misslang. Es war wieder eine schwierige Zeit. *Wir mussten uns ununterbrochen melden, und man durfte natürlich überhaupt nicht arbeiten. Mein Mann hat dann einige Dinge versucht, die nichts geworden sind.* Die beiden hatten eine Tochter, die in London zur Schule ging. Dennoch wollten sie weg. 1961 kamen sie endlich in die Stadt, die sie fast ein Vierteljahrhundert zuvor unfreiwillig verlassen hatten. *Ich habe damit überhaupt kein Problem gehabt, weil meine Heimat sind Menschen und nicht die Städte. Ich bin keine Amerikanerin, keine Wienerin, keine Österreicherin, sondern einfach ein Mensch.* Die Frage, die sich viele zurückgekehrte Emigranten stellen, wenn sie auf Gleichaltrige treffen, nämlich „Wo stand der oder die wohl damals?", sei ihr nicht so wichtig gewesen, meint sie. Einen Schutzmechanismus baute sie dennoch auf. *Ich hab mich ein bisschen geschützt, indem ich, wenn ich neue Menschen getroffen habe, Englisch gesprochen habe, und dann hat man mich gefragt, und dann habe ich das erwähnt, so dass die Leute gewusst haben, wer ich bin, und dann habe ich gesehen, was es da für Reaktionen gibt. Und das geht bis heute so.* Im Übrigen ist sie überzeugt: *Es leben in Österreich sicher noch genauso viele Antisemiten, wie bevor ich weggefahren bin.* Sie will bloß nicht immer dran denken.

In Wien gelang es Trude Horvaths Mann nach längerem Suchen, eine Stelle als Sales Manager bei der lokalen Niederlassung des US-Pharmakonzerns Pfizer zu erlangen, die er 20 Jahre lang behielt. Inzwischen hatte sich das Ehepaar *ein bisschen auseinander gelebt.* In diesem Zusammenhang gibt es eine Geschichte, die Trude Horvath nur andeutet, die aber für die Zeit vor 1968 ziemlich ungewöhnlich gewesen sein muss. 1958, als sie noch in London lebten, lernten Trude Horvath und ihr Mann bei einem

Wienbesuch ein Ehepaar kennen, dessen Sohn ungefähr so alt war wie ihre Tochter. Man kam einander näher, freundete sich an. Und irgendwann verliebte sich Trude Horvath in den Mann und ihr Ehemann in die Frau. Die Doppelbeziehung erstreckte sich über zehn Jahre, war vollkommen offen und von allen akzeptiert. *Im Sommer haben wir uns eine Sommerwohnung genommen; es war ein Arrangieren zwischen den Lebenspartnern. Dadurch, dass man Abwechslung gehabt hat, ist das besser gegangen. Es war einfach so, und es hat allen getaugt.* Zuletzt entschloss man sich – wieder einvernehmlich –, die Verhältnisse zu legalisieren, sich also scheiden zu lassen und den jeweils anderen Partner zu heiraten. Das Vorhaben ging nur für Trude Horvath glücklich aus, für ihren Mann endete es tragisch: Seine zukünftige Frau starb bei einem Autounfall, doch auch er heiratete bald darauf eine andere.

Trude Horvath blieb mit ihrem ersten Mann bis zu dessen Tod freundschaftlich verbunden, lebte aber nun mit ihrem neuen Partner, einem *Doktor der Philosophie* aus Graz, der katholisch war und schwarz wählte, während sie ihre Stimme immer den Sozialisten gab, und *das ist wunderbar gegangen.* Sie hatte jetzt auch eine Arbeit, und zwar bei einer amerikanischen Universität in Wien als Housing Director. Ihre Aufgabe war, für die zirka 180 Studierenden Wohnungen zu finden und mit den Vermietern oder (meist) Vermieterinnen allenfalls auftretende Probleme zu regeln. Sie sei dafür gut geeignet gewesen, meint sie, weil sie mit der amerikanischen und der Wiener Kultur vertraut war. *Es war ein sehr schöner Job.*

Der Symbiose mit der Mutter, inzwischen 87, ist sie trotz Ehemann und Beruf nicht entkommen. Als Trude Horvaths Tochter, die eine Zeit lang in Griechenland gelebt hatte, nach Wien zurückkehrte und eine Stelle bei der Atomenergiebehörde annahm, übernahm die Mutter eine neue Aufgabe: Sie passte auf ihr Enkelkind auf. Sie tat das sieben Jahre lang. *Sie war unerhört rüstig.* Erst mit 94 erkrankte sie und starb ein Jahr darauf. Die Trennung von der

Mutter blieb allerdings nicht die einzige. In rascher Folge starben ihr zweiter Mann, ihr erster Mann und ihr langjähriger Tennispartner.

Im Alter von 72 Jahren war sie zum ersten Mal in ihrem Leben allein, in einem geräumigen und jetzt viel zu leeren Haus. Das Haus steht an einem Berghang oberhalb von Kritzendorf, das vor dem Zweiten Weltkrieg unter dem Spitznamen „Kritz-les-bains“ ein mondäner Badeort war, der hauptsächlich von jüdischen Bankiers, Intellektuellen und Künstlern (Karl Farkas, Friedrich Torberg, Hilde Spiel) frequentiert und 1938 brutal „arisiert“ worden war. Dem Judentum und anderen Religionen steht sie nach wie vor fern. Zur jüdischen Kultusgemeinde hat sie keine Kontakte. Vorübergehend hat es welche gegeben, als sie erfolglos für eine Freundin eine Ausstellung organisieren wollte. Seither ist der Kontakt erloschen. Ihr Glaubensbekenntnis entspricht sowieso nicht dem einer institutionalisierten Religion. *Ich glaube nicht an einen Gott, sondern ich glaube daran, dass wir alle, jeder einzelne von uns, das Göttliche in uns haben.*

Nach dem Tod ihres Mannes wollte Trude Horvath das Haus verkaufen. Sie ist jetzt froh, das nicht getan zu haben. Um ihre plötzliche Einsamkeit und Depression zu besiegen, begann sie, sobald sie allein war, in der Webster-Universität unentgeltlich zu arbeiten und schloss sich einer Gruppe an, in der es um Bewusstseinsbildung ging. Diese Entwicklung öffnete ihr die Möglichkeit, eine andere Sicht auf ihr Leben zu finden. Sie erfuhr jetzt, was Lebensgefühl und innere Freiheit sind, und *erlangte die Fähigkeit sich zu freuen.*

Sie versucht, das Verhältnis zu ihrer Mutter aufzuarbeiten und ebenso das zu ihrer Tochter. *Ich meine, es geht mir in diesem Alter besser als je zuvor, als ich noch jung war.*

Trude Horvath hat versucht, die Verantwortung für ihr Leben selbst zu übernehmen. Und sie will auch nicht, dass andere einen Opferstatus kultivieren. Wenige Wochen vor dem Interview war sie aus Anlass ihres 80. Geburtstages bei einem Familientreffen in

New York. Da waren die Leute ihrer Generation und deren Kinder, inzwischen auch schon in den Fünfzigern, und die Enkelkinder. *Es war wunderschön.* Aber da war auch wieder diese Opferrolle erkennbar. *Alle waren sie irgendwie befangen, obwohl sie die Enkeln sind, und fragten mich, wie ich in diesem Nazi-Land leben kann. Da stimmt irgend etwas nicht. Jeder soll sein Leben weiter leben und sich entwickeln, aber nicht das Leben und die Muster der Eltern oder Großeltern leben.* Auch der Staat Israel ist für sie nicht Opfer. *Ich sehe, dass die in Israel genau dasselbe machen wie die Palästinenser und dass sie sich nichts schuldig bleiben.* Das Verharren in der Opferrolle hemmt die Entwicklung. *Wenn Sie sich umschauen bei den Bekannten, Sie werden lauter Opfer finden. Sie sind das Opfer, weil der Mann sie verlassen hat, und das Opfer, das jetzt die alte Mutter pflegen muss. Das sind alles Dinge, die nicht lustig sind, und da kann man sich jahrelang Leid tun.* Und was sie dann sagt, ist sehr bedenkenswert vor dem Hintergrund gewalttätiger Auseinandersetzungen, die dadurch entstehen und immer wieder neu entfacht werden, dass sich jede Seite als Opfer der anderen fühlt: *Opfer tun sich Leid. Das ist das Gefährlichste.* Trude Horvath empfindet sich, auch mit 82, als eine Suchende und Lernende, immerwährend bestrebt, ihr Bewusstsein weiterzuentwickeln, bis an ihr Lebensende.

... dass ich jeden als Menschen zu sehen und zu helfen habe, wenn er hilfsbedürftig ist

Bad Aussee liegt im geografischen Mittelpunkt Österreichs, und Inge Kirchschlager, geborene Lenhard, seit vielen Jahrzehnten dort beheimatet, war ihrerseits lange Zeit Mittelpunkt einer großen Familie. Ihre Biografie ist eng mit der wechselvollen Geschichte des obersteirischen Kurortes verknüpft, der vor 1938 von vielen jüdischen Gästen frequentiert wurde und der 1945 hochrangigen Nazis als Zufluchtsort diente. Inge Kirchschlager wurde unpolitisch erzogen. *Das war das Leitmotiv in meinem ganzen Leben, dass ich als Mensch nicht darauf zu schauen habe, welche Farbe er hat, weder Gesichtsfarbe noch Parteifarbe, sondern dass ich jeden als Menschen zu sehen und zu helfen habe, wenn er hilfsbedürftig ist.* Die Politik hat sie dennoch immer wieder eingeholt.

Die Welt, in der sie heranwuchs, war eine Welt im Umbruch, in der viel passierte, aber wenig darüber gesprochen wurde. Das Ideal der heilen Familie war bereits in den Zwanzigerjahren brüchig geworden. Inge Kirchschlagers Mutter ließ sich von ihrem Mann, einem Diplomingenieur, scheiden, als die Tochter fünf und der Sohn zwei Jahre alt war. *Plötzlich war die Mutter weg, ohne irgendwelche Erklärungen.* Die Gründe für die Scheidung hat sie bis heute nicht erfahren: *Mein Vater hat sie bis zum Tod geliebt, aber irgendwelche Gründe waren halt, dass die zwei nicht mehr zusammengestanden sind.*

Die beiden Kinder blieben beim Vater. Er und der Großvater mütterlicherseits, der die Scheidung missbilligt hatte, wurden wichtige Bezugspersonen; eine Cousine des Vaters, die „Tante Hilde“, übernahm die Mutterrolle. Ihr verdankt Inge Kirchschlager ihren Gerechtigkeitssinn. Zur Familie gehörten im weiteren Sinne auch der *Gegenschwieger* des Großvaters, „Papa Wolfbauer“, und dessen Frau. Über die leibliche Mutter wurde nicht gesprochen. Dass sie zu Weihnachten und zum Geburtstag Geschenke geschickt hatte, erfuhr die Tochter erst im Nachhinein: *Die sind dabei gelegen, aber ohne Namensnennung.* Obwohl Inge Kirchschlager 1921 geboren wurde, prägte der Erste Weltkrieg ihre frühe Kindheit. Vom Vater, der zweimal verwundet worden war (in Russland und an der Isonzofront), lernte sie neben den üblichen Kinderliedern auch jenes Lied, das seit seiner Entstehung 1825 millionenfach bei Soldatenbegräbnissen erklungen ist: „Ich hatt' einen Kameraden." Wenn sie fragte, wie das gewesen sei im Krieg, kam bloß die Antwort: „Kinder, Krieg ist so etwas Furchtbares, das kann man nicht beschreiben."

Die Nachkriegszeit war schwierig. Der Vater hatte zwar *eine eigene kleine Fabrik,* war aber hoch verschuldet und erkrankte, als die Tochter zwölf war, an Lymphdrüsenkrebs. Dennoch konnte Inge Kirchschlager aufs Gymnasium gehen: *Bildung war für meine Familie sehr wichtig. Politik war eigentlich tabu.* Am Gymnasium bekam sie bald die politischen Spannungen der Dreißigerjahre zu spüren. Ihre Familie war konfessionell gemischt (väterlicherseits katholisch, mütterlicherseits evangelisch), sie selbst evangelisch, der Vater von der Gesinnung her großdeutsch, der Direktor des Gymnasiums *ultramontan,* also streng katholisch. *Und da waren ein paar Professoren, die uns richtig diskriminiert haben.* In der Folge drang die Politik immer stärker in das Leben der Gymnasiastin ein. Die Ereignisse des Februar 1934 erlebte sie in einem Mietshaus in Leoben. *Im Parterre waren die Amtsräume der Sparkasse und die Gendarmerieschule untergebracht. Im ersten Stock gab es drei Wohnungen. Eine davon war unsere. Die Gendarmerieschüler kamen damals herauf, wir mussten die straßenseitig gelegenen Zimmer räumen und saßen in der Küche zusammen.* Im Juli desselben Jahres wurde Bundeskanzler Dollfuß bei einem nationalsozialistischen Putschversuch erschossen. *Meine Großmutter, mein Bruder und ich waren zu der Zeit in Bad Aussee. Wir kauften Kerzen und stellten sie zum Zeichen der Trauer am Spätnachmittag ins Fenster.*

Das Jahr 1935 sollte für die Vierzehnjährige *ein sehr, sehr bitteres Jahr* werden. Innerhalb weniger Monate verlor sie fast alle Bezugspersonen. Zuerst völlig unerwartet „Papa Wolfbauer", dann den Vater, zuletzt den Großvater. Der Besuch der Mutter kurz vor seinem Tod war für Inge Kirchschlager das erste Wiedersehen nach neun Jahren gewesen. *Unser kleiner Haushalt wurde aufgelöst.* Schließlich nahm Tante Hilde eine Stelle in Rom an. Die beiden Kinder lebten von nun an bei der Schwester ihrer Mutter. Im Juli 1936 wurde Inge Kirchschlager konfirmiert. Ihr Konfirmationsspruch (Offenbarung 2, 10) beginnt mit den Worten: „Fürchte dich nicht vor dem, was du noch erleiden musst … Sei getreu bis an den Tod …"

Es waren christliche Werte wie Gerechtigkeitssinn und die Bereitschaft zu leiden und mit zu leiden, die Inge Kirchschlager kurzzeitig in ein nationalsozialistisches Umfeld brachten. Die Massenarbeitslosigkeit bestürzte sie. Finanzielle Unterstützung gab es damals nur für ein halbes Jahr, dann war man „ausgesteuert". Inge Kirchschlager erinnert sich, *dass Absolventen der montanistischen Hochschule im Gesäuse beim Straßenbau arbeiteten und in den Baracken am Straßenrand schliefen.* Im Keller der Donawitzer Hauptschule hatte die evangelische Pfarrgemeinde Leoben ein Notquartier für Obdachlose eingerichtet: *Kojen, abgetrennt durch Pappendeckelwände. Da hat eine Frau am Vormittag entbunden und stand am Nachmittag bereits am Waschtrog.* Inge Kirchschlager hatte die Worte im Ohr, die „Papa Wolfbauer" kurz vor seinem Tod gesagt hatte: *„Die größten Sünden sind die Unterlassungssünden."* Sie entschloss sich, nichts zu unterlassen, und folgte 1937 einem Aufruf des völkisch orientierten Vereins Südmark zum Ernteeinsatz bei Arnfels. Sie kam für zwei Wochen, erlebte Krankheit und Armut aus nächster Nähe und blieb schließlich die ganzen Ferien. *Ich konnte einfach nicht weg.*

Am Nationalsozialismus beeindruckte sie, *dass in Deutschland die Wirtschaft bergauf gegangen ist, dass die Leute eine Arbeit gehabt haben.* Über die Tochter des Polarforschers Alfred Lothar Wegener war sie zu den „Jungmädchen" gekommen, *also sozusagen in der Illegalität gewesen,* und hatte 1938 bereits eine leitende Position, als mit dem Einmarsch Hitlers die *Ernüchterung* kam. Man versuchte, sie zum Kirchenaustritt zu überreden, denn Kirche sei nicht mehr zeitgemäß. *Gottgläubig ja – ich sollte lieber Rosenberg lesen.*[1] Als sie nach ein paar freien Tagen an ihren Schreibtisch zurückkehrte, fand sie ihn ausgeräumt vor. Den Jungmädchen hatte man erzählt, sie sei schwanger. Sie schrieb einen entrüsteten Brief an die Führung des Obergaues in Graz und ging nach München in die „Pfarrbräuteschule der bayerischen Landeskirche". Dort sah sie, wie die evangelische Matthäuskirche dem Erdboden gleichgemacht worden ist, weil man einen Parkplatz brauchte, und wie jüdische Bürger im evangelischen Krankenhaus oder im Mutterhaus Schutz vor dem Novemberpogrom suchten. *Es ging also um den christlichen wie auch den jüdischen Glauben. Der Widerstand wuchs.*

Ihr Verlobter, der evangelische Vikar Martin Kirchschlager, war inzwischen zum Pfarrer von Bad Aussee gewählt worden; sie hatte ihn 1936 kennen gelernt und ist ihm im Juli 1938 nach Aussee gefolgt. Ein Jahr später fand die Hochzeit statt. Die Kirchschlagers misstrauten dem Regime – *man wurde vorsichtig Dritten gegenüber* –, und das Regime misstraute ihnen. *Die Predigten meines Mannes wurden bespitzelt. Wir hatten zweimal die Gestapo im Haus. Es gab Eltern, die plötzlich die angesagte Taufe ihres Kindes im letzten Moment absagten, wohl auf Druck der Partei.* Nach Kriegsausbruch wurden die Lebensmittelzuteilungen eingeschränkt. *Im Laufe der Zeit gab es für mich auch keine Textil- oder Schuhbezugsscheine, da ich als nicht zuverlässig eingestuft wurde.* Zu Schuhen kam Inge Kirchschlager durch ihre Cousine, die in Leoben ein Schuhgeschäft hatte. *Es waren meistens Holzschuhe. Ich bin ja fast immer in Holzschuhen gegangen mit Schweinsleder oben. Im Sommer war das in Ordnung, aber im Winter war es doch schwierig.*

Dass diese Schuhe durchhalten mögen, war ihre Sorge, nachdem ihr Mann 1942 zum Kriegsdienst eingezogen wurde und sie vertretungsweise den Religionsunterricht abhielt, nicht in der Schule, sondern in Privathäusern, die zum Teil in Nachbarorten lagen. *Alle Orte waren nur zu Fuß erreichbar. Es war eine zusammengewürfelte Schar von Flüchtlingskindern verschiedenen Alters: Wiener, darunter zwei jüdischer Abstammung, Admiralskinder aus Norddeutschland und der Sohn eines Obersturmbannführers der SS.* Während Inge Kirchschlager die Nachkommenschaft von Nazis unterrichtete, half ihr daheim von Sommer 1942 bis Ende 1943 ein *Pflichtjahrmädchen* bei der Hausarbeit, das *nicht den „Nürnberger Gesetzen"* entsprach. *Es gab schon manchmal Situationen, die man nur mit einer gewissen Unbefangenheit meistern konnte.* Damals, 1943, war sie bereits dreifache Mutter. Das erste Kind war 1939 zur Welt gekommen, das dritte war gerade unterwegs, als ihr Mann einberufen wurde, *und ich bin binnen zwei Tagen mit zweieinhalb Kindern alleine dagestanden.*

Der letzte Kriegswinter (1944/45) war so kalt, *dass im Stiegenhaus die Kinder mit den Fingernägeln das Eis von der Ölfarbe kratzten.* Aus der meterhohen Schneedecke ragten nicht einmal mehr die Zäune heraus. Die Front rückte näher. *Wenn im Radio der Wecker ging, wusste man, dass die Kampfflugzeuge vom Süden her gegen Linz fliegen.* Als Luftschutzeinrichtung gab es lediglich den ehemaligen Eiskeller einer Brauerei, der weder Sicherheit noch Wärme bot, weil der Einfüllschacht offen war. Damals strömten riesige Mengen von Flüchtlingen in das Ausseerland. Die evangelische Gemeinde wuchs auf das Dreifache an, und einige von den Flüchtlingen fanden im Pfarrhaus Aufnahme: die Großmutter Inge Kirchschlagers und die Schwester ihrer Mutter, andere Verwandte aus Berlin, eine Freundin mit ihren beiden Kindern aus Wien, eine Frau mit zwei Kindern aus Hindenburg und weitere Flüchtlinge aus Ostpreußen.

Unter den Flüchtlingen, die im Kernstück von Hitlers „Alpenfestung" zusammen kamen, befand sich kurze Zeit auch

Adolf Eichmann, der – unter falschem Namen – von den Amerikanern vorübergehend gefangen genommen, aber nicht enttarnt wurde. Martin Kirchschlager taufte die beiden Söhne Eichmanns, die nach ihrer Mutter „Liebl" hießen und unerkannt im Ausseerland lebten. Ihr Vater war bereits in Südamerika. Viele Jahre später, nach Eichmanns Verhaftung 1960 in Argentinien, tauchte sein älterer Sohn Klaus plötzlich in Bad Aussee auf, führte ein Gespräch mit Martin Kirchschlager, über dessen Inhalt nichts bekannt ist, und versuchte Kontakt mit einer ehemaligen Nazi-Größe, dem SS-Mann Wilhelm Höttl, aufzunehmen. Der war jedoch inzwischen in amerikanischen Diensten und wollte von der Vergangenheit nichts mehr wissen. *Der hat ja alles abgestreift, der hat die Linie gewechselt gehabt und ist nur mehr bei Nacht ausgegangen mit Hund.*

Nach dem Krieg war Inge Kirchschlager, die einmal vom Besuch der Kunstgewerbeschule geträumt hatte, Hausfrau. Im Mai 1946 kehrte Martin Kirchschlager aus amerikanischer Kriegsgefangenschaft zurück. Inge Kirchschlager folgte einer Ahnung und holte ihn vom Bahnhof, obwohl sie 14 Monate lang keine Post von ihm erhalten hatte. *Einem Nachbarn, den ich am Bahnhof getroffen habe, stellte ich die blödeste aller Fragen: „Haben S' meinen Mann in Amerika gesehen?"* Martin Kirchschlager wurde von seinen Kindern misstrauisch betrachtet. *Ein fremder Mann in schwarzer Kluft, das soll der Vater sein?* 1954 waren zu den eigenen Kindern noch zwei Pflegekinder hinzugekommen, deren Mutter, eine Kriegerswitwe, an einem Gehirntumor verstorben ist. Sie wuchsen zu zehnt im Familienverband auf, darunter auch ein behinderter Sohn (Down-Syndrom). Wenn sie die Zahl ihrer Kinder nennt – *vier Töchter, sechs Söhne –*, macht Inge Kirchschlager keinen Unterschied zwischen eigenen und angenommenen.

Sie hat die Arbeit nie als Bürde empfunden. Die erste technische Errungenschaft war die elektrische Doppelkochplatte, die den Sparherd ersetzte, den man jeden Tag vorheizen musste, mitunter auch schon um vier Uhr morgens. Dann kam die Wäscheschleuder. *Das Ärgste ist nämlich nicht das Waschen und das Rumpeln, sondern das Auswringen der Wäsche, und da hab ich als erstes eine Schleuder gekriegt, die hab ich heute noch.* Dass wegen der vielen Arbeit anderes zu kurz gekommen sein könnte, räumt Inge Kirchschlager ein: *Manches werfen mir heute meine Kinder vor; dass ich zu streng war oder mich vielleicht manchmal auch zu wenig gekümmert hätte.*

Die Großfamilie ist längst in alle Winde zerstreut. Eine Tochter lebt in England, ein Sohn ist vor einigen Jahren auf tragische Weise verstorben. Seit zwei Jahrzehnten ist Inge Kirchschlager Witwe. Ihr Mann, zuletzt Superintendent der Diözese Steiermark, starb 1985, *am 18. Februar, dem Sterbetag Luthers.* Das geräumige Haus am Rand von Bad Aussee, gegenüber der kleinen evangelischen Kirche, bewohnt sie heute allein mit ihrem Dackel Fabian. An der heutigen Zeit stört sie *die Konsumgesellschaft, wo in die Leute hineingestopft wird, was nur geht an Zeug,* der zunehmende Unterschied zwischen Arm und Reich und *dass die Menschen innerlich total verarmen in der Jagd nach immer noch mehr. Dass jemand mit dem, was er hat, zufrieden ist, das werden Sie nur bei alten Leuten finden, die die schrecklichen Zeiten mitgemacht haben.*

Anmerkung

1 Die Nazis störte am Christentum nicht zuletzt das, was die Christen selbst jahrhundertelang verleugnet oder vergessen hatten, nämlich die jüdischen Wurzeln der christlichen Religion. Alfred Rosenberg (1893–1946) war einer der wesentlichsten Ideologen des Nationalsozialismus und wurde in Nürnberg zum Tod verurteilt. In seinem Hauptwerk „Der Mythus des 20. Jahrhunderts" verkündete er einen rassistisch geprägten Mystizismus.

Man kann sich nicht allein emanzipieren, es gehören im Grunde zwei dazu

Ihr Büro im ersten Wiener Gemeindebezirk könnte auch das einer jungen Frau sein, die in einem unkonventionellen, alternativen Bereich arbeitet. Eine bunte Patchwork-Decke über Matratzen statt eines Ledersofas, Tee wird gekocht, ein bärtiger Mitarbeiter grübelt vor seinem PC. Christine von Kohl strahlt Präsenz und jenes natürliche, fast lässige Selbstbewusstsein aus, das weder Arroganz noch Eitelkeit kennt.

Als Christine von Kohl für ihre Leistungen im Balkankrieg und ihren Einsatz zugunsten bosnischer Flüchtlinge 2002 das Goldene Verdienstzeichen des Landes Wien erhielt, hieß es in der Laudatio: „Sie ist eine aufrechte Mahnerin für gegenseitiges Verständnis und mehr Toleranz."

Verständnis, Toleranz und dazu die Energie, die Stärke und die Ausdauer, diese Prinzipien hartnäckig öffentlich einzumahnen – solche Eigenschaften kommen nicht von ungefähr. Christine von Kohl verdankt sie ihrer Erziehung, die für ihre Generation außergewöhnlich liberal gewesen sein muss. Und auch ihrer Herkunft, die sie schon früh dazu gebracht hat, über diverse nationale, religiöse und sonstige Tellerränder hinauszublicken. Sie wurde 1923 in Berlin geboren und wuchs de facto als Einzelkind heran. Es gab einen Bruder, aber der war sieben Jahre älter, und *das war ein zu großer Unterschied, um Gemeinsamkeiten zu haben.* Die Mutter war Wienerin, der Vater Däne, die dänische Staatsbürgerschaft hatte sie von Geburt an (und hat sie heute noch), obwohl sie bis zu ihrem 15. Lebensjahr kein Wort Dänisch sprach. Ähnlich untypisch, geradezu paradox, war die religiöse Situation. Die Mutter, katholisch erzogen, war schon mit 21 Jahren aus der Kirche ausgetreten. Der Vater, Protestant, war sieben Jahre interner Zögling eines Kopenhagener Jesuitenkollegiums gewesen und somit *stark geprägt durch den Katholizismus, hat dann aber katholische Theologie studiert und ist damit wieder völlig weggekommen vom Katholizismus.* Christine von Kohl selbst ist konfessionslos erzogen worden, aber der Vater hat der Familie *ganz systematisch von allen Religionen erzählt, mit einem besonderen Nachdruck vielleicht auf Naturreligionen,* und das hat sie geprägt. *Das Erste, was ich wirklich versucht habe zu studieren, war vergleichende Religionsgeschichte.* Als Kind hatte sie Tänzerin werden wollen, und später standen Tanz und (Natur-)Religion für sie in enger Beziehung, denn *Körper mit Rhythmus und Stimme waren die ersten Versuche des Menschen, mit den Naturkräften in Kontakt zu kommen.*

Das Verhältnis zwischen den Geschlechtern hat Christine von Kohl von Anfang an als ausgeglichen erlebt. Der Vater, der sonst *politische Bücher und anthropologische Artikel* schrieb, übernahm auch Haushaltsarbeiten für die Mutter, *weil er ihre schönen Hände schonen wollte.* Die Mutter tippte ihrerseits seine Manuskripte auf der Schreibmaschine, und er *betrachtete sie als seinen besten Kritiker.*

Bei ihrer Geburt waren ihre Eltern ziemlich reich. *Ich bin in feudaler Umgebung geboren, aber je länger ich lebte, umso weniger feudal wurde die Umgebung. Meine Eltern hatten alles verloren durch die Inflation in Berlin, und wir waren richtig arm in meiner Kindheit, wohnten bei anderen Leuten unter sehr engen räumlichen Umständen, und ich bin immer vom Schulgeld befreit worden, weil wir kein Geld gehabt haben, bin aber immer in gute Schulen geschickt worden.* Das Gefühl der Armut haben die Eltern den Kindern nie vermittelt. *Sie haben uns immer erzählt aus den Zeiten, wo sie viel Geld hatten. Mein verrückter Vater hat auch in den sehr armen Zeiten für fünf Mark im Monat ein zünftiges Kochbuch gekauft, und in den Zeiten, wo wir wenig zu essen hatten, haben wir einander leckere Rezepte vorgelesen. Wir haben das direkt zu einem Kult gemacht, dass man nicht sozusagen mit der Armut als Armut lebt. Wenn wir zu Weihnachten keine Geschenke bekommen konnten, haben sie uns erzählt, in Dänemark bekommt man keine*

Geschenke. Das stimmte zwar nicht, aber wenn sie in der Schule gefragt wurden, sagten sie, *wir feiern auf Dänisch.* Das Selbstbewusstsein wurde auf diese Weise gerettet.

Ein spezifisch *weibliches Selbstbewusstsein* vermittelte ihr der Vater später, indem er sie davor warnte, Männern allzu viel zu glauben. Als sie vierzehn war, schleppten ihre Eltern sie durch Berliner Lokale, von Bohèmekneipen bis zu eleganten Bars, *um mir das Nachtleben zu zeigen und um mir zu zeigen, wie schrecklich es ist, wenn Frauen in solchen Situationen die Selbstkontrolle verlieren. Das habe ich natürlich auch gesehen.* Die Konsequenz, die ihr Vater damit verknüpfte, war eine unkonventionelle. *Er hat nie gesagt: „Du darfst nicht trinken, damit es nicht passiert", sondern er hat gesagt: „Du musst lernen zu trinken, damit es nicht passiert." Und er hat es mir beigebracht. In späteren Phasen meines Lebens war es mir ein großes Bedürfnis, Männer unter den Tisch zu trinken, das ist mir auch einige Male gelungen.*

Das weibliche Selbstbewusstsein bewirkte auch, dass sie mit 15 Jahren in Berlin aus der Schule flog, *weil ich einen Verein gegen die Lehrer gegründet hatte, und das war nicht gerade im Sinne der Schulgestaltung im Dritten Reich.* Einen politischen Akt will sie in dieser Vereinsgründung nicht sehen, wohl aber *eine Reaktion auf gewisse Ungerechtigkeiten im Dritten Reich.* Es wirkt wie eine frühe Fingerübung, denn mehr als ein halbes Jahrhundert später sollte sie wieder einen Verein gründen, einen größeren und einflussreicheren zwar, aber auch dann wieder als Reaktion auf Ungerechtigkeit.

Vom Nationalsozialismus sah sie *viel und sehr früh, nur sehr Übles.* Zum Beispiel eine Übung der Hitlerjugend, bei der ein schwächlicher Junge, der sie physisch nicht durchhielt, mit dem Hosenriemen geschlagen wurde. Zwar hatte sie, so zwischen zehn und zwölf Jahren, *wie, glaube ich, die meisten Kinder,* eine Phase, in der sie für Uniformen schwärmte und am liebsten zum „Bund Deutscher Mädel" (BDM) gegangen wäre, was für sie als Ausländerin ohnehin nicht in Betracht kam. Die Ernüchterung erfolgte, als sie einmal an einer Veranstaltung teilnehmen durfte. Da saß man, strickte dicke Strümpfe für SA-Leute, und gleichzeitig wurde NS-Literatur vorgelesen. Und diese Kombination, *zu stricken und mir ein schlechtes Buch anzuhören,* hat die Begeisterung rasch erstickt. Ihr Vater war ohnehin überzeugter Nazi-Gegner. *Er war wohl einer der wenigen, die – auch noch ganz früh – „Mein Kampf" von A bis Z gelesen haben und schon daher eine tiefe Aversion gegen diese Bewegung hatte.*

Als die Familie im Frühjahr 1938 nach Dänemark ging, erlebte Christine von Kohl jedoch einen *politischen Schock.* Wenn sie den Leuten erzählten, was sie vom Nationalsozialismus wussten, wollten die Dänen nichts davon hören. *Die waren durchwegs begeistert von Hitler, Autobahn und Reduktion der Arbeitslosigkeit und so weiter.*

Auf den politischen Schock folgte ein gewissermaßen emanzipatorischer. *Da musste ich mich erst daran gewöhnen, dass kein männliches Wesen einem die Tür aufmacht oder einem aus dem Mantel hilft. Die Emanzipation oder die Gleichstellung war dort schon viel präsenter als in Berlin.* Was sie außerdem überraschte, war *ein ganz eigenartiges sexuelles Verständnis und Verhalten. Es gab nämlich eine gewisse Promiskuität in verschiedenen Gesellschaftsschichten, sozusagen schlief man quer durch die Wiese miteinander, ohne großes Interesse, ohne großes Bedürfnis, nicht aus Vitalität, sondern aus Langeweile. Das hat mich nie gelockt, mich daran zu beteiligen, aber es war eine Erfahrung.*

Um nicht zwei Schuljahre zu verlieren, lernte Christine von Kohl sehr rasch Dänisch und bildete sich in dänischer Literatur. Der Vater unterrichtete sie *sehr schön systematisch,* wie er es schon bei den Weltreligionen mit Erfolg getan hatte. *Über jedes Buch musste ich einen Bericht schreiben und eine Beurteilung auf Dänisch.* Sie las viel damals, *alles, was in Deutschland verboten war zu meiner Zeit, habe ich dort nachgeholt,* und machte das Abitur in Kopenhagen.

Gleich danach heiratete sie. Um die Geschichte ihrer ersten Ehe darzustellen, genügen ihr wenige Worte: *Mit 18 habe ich mich verlobt, mit 19 habe ich geheiratet, mit 20 habe ich den Mann weggeschickt.* Und zwar an demselben Tag, als ihr Kind auf die Welt kam. Obwohl es Sonntag war, ließ sie ihren Anwalt kommen und unterschrieb das schon vorher fertiggestellte Scheidungsbegehren. *Das liegt daran, dass der Anwalt gemeint hatte, das könnte eine Schwangerschaftshysterie sein, dass ich mich trennen will, und dann haben wir uns darauf geeinigt, dass ich ihn anrufe, an dem Tag, an dem das Kind zur Welt kommt, und das war nun zufällig ein Sonntag.* Das weibliche Selbstbewusstsein, das sie in ihrem Elternhaus erworben hatte, hatte sich abermals eindrucksvoll manifestiert. *Und von da an war ich dann eine so genannte Alleinerzieherin.*

Sie blieb es für 20 Jahre, *natürlich nicht ohne Beziehungen zu Männern,* aber jedenfalls ohne feste Bindungen. *Und das ist eben, was ich meinem Elternhaus verdanke: Ich hab mich nie als Frau allein oder bedroht gefühlt oder unterprivilegiert. Vielleicht, weil ich dickhäutiger war, weil ich mich nicht unsicher fühlte, ist es mir nicht aufgefallen, dass ich vielleicht an manchen Punkten gescheitert bin, weil ich Frau war.*

In einem Punkt ist sie zwar nicht gescheitert, hat aber zumindest etwas übers Ziel geschossen bei ihrem Bestreben nach Unabhängigkeit. *Ich habe die große Dummheit begangen, als ich mich trennte vom Vater des Kindes, weder für mich noch für das Kind einen Heller anzunehmen, weil ich ihn sozusagen aus unserem Leben ausschließen wollte.* Dabei schickte der Kindesvater, ein deutscher Diplomat, sogar regelmäßig Schecks, *aber ich habe die Schecks zurückgeschickt, bis er dann endlich aufhörte, Schecks zu schicken.* Daraus ergab sich freilich die Notwendigkeit, selbst Geld zu verdienen.

Als Erstes bekam sie *einen schrecklichen Posten* als Fremdsprachenkorrespondentin, nachdem sie sich auf die Annonce einer

Versicherungsgesellschaft beworben hatte. Der zuständige Direktor erzählte ihr sofort, *er hätte mit meiner Tante Lilli geflirtet, seine Eltern und meine Großeltern wären befreundet gewesen.* Sie erhielt dadurch die Stelle, *und das war wirklich eine furchtbare Aussicht, meine Vorgängerin auf diesem Posten war 40 Jahre dort gewesen, und ich sollte dort hineinwachsen.* Fürs Erste erwies sich der Arbeitsplatz aber als durchaus vorteilhaft. Ihr Vater wurde nämlich vorübergehend als Landesverräter *nach dänischer Auffassung* verhaftet, *und ich musste also wahnsinnig viel telefonieren und Leute besuchen.* Der Mann, der mit ihrer Tante geflirtet hatte, ermöglichte ihr, dass sie bei Bedarf weggehen oder von seinem Büro aus Ferngespräche machen konnte. *Neun Monate habe ich das ausgehalten unter diesen Umständen.*

Sie arbeitete dann bei einem Verlag, wie auch später noch des Öfteren. *Ich habe insgesamt 14 Jahre meines Lebens in Verlagen verbracht, in Dänemark und dann später auch im Fischer Verlag in Deutschland, und zwischendurch hatte ich immer wieder die Nase voll von Schriftstellern und Verlegern und mich in einer anderen Branche versucht.* Beim ersten derartigen Versuch antwortete sie auf das Inserat einer Agentur für Werkzeugmaschinen, wo sie als Fremdsprachenkorrespondentin verkaufsfördernde Texte auf Deutsch und Dänisch verfassen sollte. Sie stellte, selbstbewusst, gleich einmal eine höhere Gehaltsforderung, die ihr sogar bewilligt wurde, weil ein von den Firmeneigentümern hinzugezogener Grafologe meinte, *diese Frau ist ein Goldklumpen, Sie können ihr gar nicht zu viel zahlen.* Sie war schließlich, wie sie meint, *ein totaler Versager. Ich habe weder die eine Sprache noch die andere Sprache verstanden in diesem Fachbereich.* Aber das Besitzerehepaar war *furchtbar nett, wir verstanden uns blendend, tranken sehr viel Schnaps miteinander.* Auch da hielt es sie ganze neun Monate, dann ging sie wieder zu einem Verlag.

Zwischendurch war sie in einem Rechtsanwaltsbüro, *die wären sogar bereit gewesen, mir ein Jurastudium zu bezahlen, aber*

Jura war nicht mein Temperament. Vier Sommer lang war sie Reiseführerin und ist *mit skandinavischen Reisenden nach Deutschland, Österreich und Italien gereist, und das war furchtbar.* Dabei habe sie so viele unangenehme menschliche Situationen erlebt, dass ihr klar ist: *Wenn ich das noch länger gemacht hätte, wäre ich Alkoholiker geworden. Alle anderen Reiseführer – entweder sind sie alkoholsüchtig, oder sie sind drogensüchtig. Man hält es nicht aus ohne Unterstützung.* Sie landete abermals bei einem Verlag, sogar bei einem renommierten – S. Fischer in Frankfurt am Main –, und sie blieb dort drei Jahre lang. Es war ihr letzter Verlagsjob. Sie schied in Unfrieden.

Zum Krach kam es dadurch, dass die Familie Fischer aus dem amerikanischen Exil *diese furchtbare Doktrin* mitgebracht hatte, *dass man jedes Jahr einen höheren Umsatz machen und einen größeren Verdienst haben muss, also ein dauerndes Expandieren.* Christine von Kohl, zuständig für Public Relations, erklärte der Verlagsleitung, *dass die Gefahr bestünde, dass Buchhändler sich nicht mehr für Bücher einsetzen können, sondern die Bücher verkaufen sich dann von alleine, und das ist eine Reduzierung der Qualität. Und das wollten sie nicht wahrhaben.* Nach ihrem Abgang bei Fischer wollte Günther Grass sie noch an seinen damaligen Verlag Luchterhand als Lektorin empfehlen, das aber wurde *torpediert* vom Direktor des S. Fischer Verlages, der dem Direktor des Luchterhand-Verlags sagte, *die Dame kann nicht genügend Deutsch, um Lektorin zu sein. Und so bekam ich also ganz schnell die Gewissheit, ich mache nichts mehr mit Verlagen, sondern ich mache mich selbstständig.*

Mit 34 wurde sie freie Journalistin. Sie hatte schon vorher einige journalistische Aufgaben übernommen, *also selbstgestrickte Aufgaben,* und *einige schlechte Bücher übersetzt und auch ein gutes Buch zwischendurch* und außerdem skandinavische Hörspiele für den Hessischen Rundfunk. 1960 kam sie als Auslandskorrespondentin nach Wien und hatte da wieder zwei Schockerlebnisse.

Das eine war eine ihr bis dahin unbekannte Form des gesellschaftlichen Umgangs, in dem man nicht alles Gesagte wörtlich nehmen darf. *Mein erster Schock war, dass eine Dame, die ich kennen lernte, gesagt hat: „Melden Sie sich doch telefonisch und kommen Sie einmal zum Tee zu mir." Ich habe mich dann nach 14 Tagen gemeldet, aber die Dame hatte keine Ahnung, wer ich bin, und hatte auch nicht die geringste Absicht, mich zum Tee einzuladen.*

Der emanzipatorische Schock kam auch hier, allerdings anders als in Dänemark. In Österreich hatten es die Frauen *sicher sehr viel schwieriger als im gesamten Skandinavien,* weil *eine konservative katholische Erziehung effektiv junge Mädchen dazu erzogen hat, sich so zu verhalten, wie man glaubt, dass es Männer gerne haben wollen.* Und obwohl das über die Jahrzehnte besser geworden sei, entdeckt Christine von Kohl auch heute noch Spuren davon. *Ich sehe sehr viele junge Mädchen, die zusammen kichern, in einem Maß, wie es schon in meiner Jugend in Dänemark nicht der Fall war.*

In Wien lernte sie 1962 ihren späteren Mann kennen, 1964 heirateten sie. Er war Sudetendeutscher, noch in der Monarchie in Prag geboren, ist dann deutscher Staatsbürger geworden, wollte aber in Österreich sein, wo auch seine Familie, lauter begeisterte Österreicher, lebte. Er war Korrespondent der Deutschen Presse-Agentur, und als die ihn 1968 auf seinen ausdrücklichen Wunsch nach Jugoslawien schickte, begleitete sie ihn als Korrespondentin der „Presse". *Das wiederum war eine gute Idee vom damaligen Herausgeber und Chefredakteur Otto Schulmeister, der nämlich wie immer eine Möglichkeit sah, mit wenig Geld zu einem Maximum für die Zeitung zu kommen,* kommentiert Christine von Kohl ironisch den Umstand, der ihr den Posten einbrachte. *Er brauchte mich als Korrespondentin ja nicht am Leben erhalten in Belgrad, das tat bereits mein Mann, und dann habe ich also wirklich mit sehr wenig Geld für die „Presse" letztendlich etwa 14 Jahre gearbeitet.* Getrennt hat sie sich von der Zeitung wieder *mit einem großen Krach.* Ihr Mann ging aus gesundheitlichen Gründen nach Wien zurück. Er war aber nicht so krank, dass er seine Frau gebraucht hätte, und so blieb sie noch zwölf Jahre allein in Belgrad und arbeitete zusätzlich für die „Neue Zürcher Zeitung" sowie für dänische und deutsche Rundfunkstationen.

In der Balkanmetropole scheinen Schockerlebnisse ausgeblieben zu sein. Sie lebte sich gut ein. Nachdem ihr Mann weg war, lebte sie in Untermiete, mitten unter Serben und nicht, wie die meisten ihrer Kollegen, im Ausländerviertel. *Mir liegt das, was ein bisschen chaotisch ist, und dort musste man dauernd improvisieren.* Es war ihr auch wichtig, die Sprache zu lernen, *mit wenig systematischem Unterricht, aber perfekt genug, um gute Gespräche führen zu können. Und das war gerade dort sehr, sehr wichtig.* Denn am Balkan herrsche viel Misstrauen, und es müsste nicht nur im journalistischen, sondern auch im politischen Bereich *viel mehr der Kontakt in den jeweiligen Sprachen passieren.* Was über Übersetzer läuft, verliere stark an Substanz. Es sei zudem schwierig für einen Übersetzer, *das Vertrauen derer zu gewinnen, deren Muttersprache er übersetzt.* Die Lebenserfahrungen der Menschen in der Region hätten eben diesen Mangel an Vertrauen bewirkt. *Sie sind zwar unheimlich gastfreundlich Fremden gegenüber, auch untereinander, aber trotzdem, Misstrauen ist sehr nah unter der Oberfläche.*

Die Position der distanzierten Beobachterin war unter diesen Umständen für Christine von Kohl nicht lange durchzuhalten. *Menschen interessieren mich mehr als politische Systeme,* sagt sie. *Ich bin ein politischer Mensch, aber ich habe mich nie für Parteien und ihre Politik interessiert, das ist nicht mein Thema.* Und weil sie vor allem die Menschen sah, sah sie sehr bald, dass es hier Opfer gab. Sie sah es 1969 im Kosovo, wo die Albaner die Opfer waren. Sie sah es, ebenfalls 1969, bei ihrem ersten, nur 36-stündigen Aufenthalt als Touristin in Albanien, wo die gesamte Bevölkerung Opfer des Regimes war. *Ich habe ein sehr ausgeprägtes Gefühl für Gerechtigkeit,* sagt sie, *und das ist auch einer der Gründe, warum ich nie Jura hätte studieren können. Mich interessiert nicht so sehr das Recht, sondern die Gerechtigkeit.* Eine solche Position zu vertreten erfordert wahrscheinlich Mut in einer Region, in der die nationalistischen Wellen hochgehen und jede Seite versucht, die jeweils andere Volksgruppe als solche abzuwerten und die Qualitäten der eigenen hervorzuheben. Dennoch erklärte sie ihren albanischen Freunden rundheraus: *Dass ich mich so sehr interessiert habe für ihr Schicksal, hat nichts damit zu tun, dass ich sie für besser erachte als andere, sondern das hat damit zu tun, dass sie Opfer von Unrecht wurden.*

Ihr Engagement führte sie schließlich über die Grenzen der journalistischen Tätigkeit hinaus. Als die bosnischen Flüchtlinge in Scharen nach Österreich kamen, machte sie eine Reihe von Interviews mit Flüchtlingen. *Ich glaube, ich war die erste Journalistin, die mit den Flüchtlingen in der Muttersprache über das, was sie erlebt haben, unmittelbar nach ihrer Ankunft hier sprechen konnte.* Dabei wurde ihr klar, dass man für diese Menschen, die schwer traumatisiert in kollektiven Unterkünften lebten, noch mehr tun musste, als nur über sie zu berichten. Sie gründete einen Verein mit dem *furchtbaren Namen „Verein der Freunde der Flüchtlinge und Vertriebenen aus Bosnien-Herzegowina in Österreich"*. Ziel war, dass Bosnier, die nicht in kollektiven Unterkünften lebten – Studenten, Intellektuelle, auch der zweiten Generation –, sich um ihre Landsleute kümmern sollten. Sie besuchten die Menschen in den Notunterkünften, spielten mit den Kindern, pflegten die Muttersprache. *Sogar muslimische Theologiestudenten konnten wir teilweise zu Leuten schicken, die jahrelang gar keine Beziehung zu ihrer Religion gehabt haben und wirklich völlig verlassen waren, ganz weit draußen in kleinen Pensionen, wo sich die Füchse gute Nacht sagen.*

Dann kam ein Brief des Innenministeriums an alle Flüchtlinge. *Ich werde diesen Brief nie vergessen,* sagt Christine von Kohl, *wo es hieß: „Sie haben jetzt fünf Jahre lang dem österreichischen Steuerzahler in der Tasche gelegen. In Ihrem Land herrscht jetzt Frieden.*

Wir fordern sie auf, in Ihr Land zurückzukehren." Diejenigen, die dann noch blieben, *waren eigentlich Menschen, die versuchten, sich hier zu integrieren.* Aus dem Verein mit dem umständlichen Namen wurde daher das übernationale, überkonfessionelle „Kulturni Centar" (KC). *Statt der bisherigen Arbeit organisierten wir Literaturabende, Musikabende. Das haben wir schon vorher getan, nun konzentrierten wir uns darauf, für die bosnischen Leute hier so eine kleine kulturelle Zufluchtsstelle zu sein.* Dabei machte Christine von Kohl die Entdeckung, dass die Unterschiede zwischen den Nationalitäten und Religionen umso *schroffer* wurden, je länger die Menschen nicht in ihrer Heimat gewesen waren. Das hängt ihrer Meinung nach auch damit zusammen, dass sich die bosnische Botschaft um sie überhaupt nicht gekümmert und das Feld islamischen Agitatoren und nationalistischen Vereinigungen überlassen hat.

Mit dem österreichischen Innenministerium hatte der Verein seine Schwierigkeiten. Der frühere Innenminister Caspar von Einem hatte 800.000 Schilling, verteilt auf zwei Jahre, zugesagt. Die ersten 400.000 kamen, wenn auch verspätet; statt der zweiten Rate wurden – inzwischen leitete Karl Schlögl das Ressort – ganze 17.000 ausbezahlt. Dies *mit dem freundlichen Hinweis am Telefon, es hätte keinen Sinn, wenn wir zu Gericht gehen würden.* Christine von Kohl wusste das. Der schwache Punkt war, dass der Verein den Studenten, die eigentlich nichts verdienen hätten dürfen, *ein ganz bescheidenes Honorar bezahlt* hatte.

Ein anderes Mal lud der Verein einen Mitarbeiter des Flüchtlingsministeriums in Sarajevo ein. Der sollte schildern, wie die Situation der Heimkehrer wirklich war. Die Veranstaltung fand in Altenmarkt statt, eine weitere war für Graz geplant, und beide mussten vorher beim Innenministerium angemeldet werden. Christine von Kohl wollte selbst nicht teilnehmen, es sollte eine rein bosnische Veranstaltung sein, bei der auch von Vereinsseite nur die bosnischen Mitarbeiter anwesend waren. Als die in Altenmarkt eintrafen, war zu ihrer Überraschung schon eine Abordnung des Innenministeriums da, gleich mit zwei Dolmetschern, *um zu protokollieren, was gesagt wurde. Und am Ende der Veranstaltung haben sie meinem Gast aus Sarajevo bedeutet, man wünsche nicht, dass er noch einmal so eine Veranstaltung hier in Österreich macht. Die Grazer Veranstaltung wurde einfach verboten, ich als Gastgeberin wurde darüber erst aus Graz von unserem Partnerverein informiert.* Der Mitarbeiter des bosnischen Flüchtlingsministeriums bekam stattdessen einen Termin im Innenministerium. Christine von Kohl bestand darauf, bei diesem Gespräch anwesend zu sein. *Der Gast hat flehentlich gebeten, dass man keinen einzigen Flüchtling zurückschickt, bevor nicht die Behörden unten die Möglichkeiten haben, eine Voraussetzung zu schaffen.* Die Bitte wurde überhört. Dabei ist Christine von Kohl überzeugt, dass die wirtschaftliche Situation in Westeuropa nicht gelitten hätte, *wenn die Rückkehr langsamer und sorgfältiger stattgefunden hätte.*

Bei soviel öffentlichem Engagement kommt das Familienleben naturgemäß zu kurz. Christine Kohl und ihr Mann waren oft getrennt. *Mein Mann und ich besuchten einander mit einigen Wochen dazwischen, es war immer zu Beginn schwierig, sich dem Tagesrhythmus des anderen anzupassen, wenn es dann gerade wieder funktionierte, kehrte jeder wieder in den eigenen Arbeitsbereich zurück. Eine solche Form der Ehe ist nicht jungen Leuten zu empfehlen, in unserem Alter aber ging es gut, jeder wusste schon, wer er (sie) ist und warum man gerade diese(n) Partner(-in) gewählt hatte.*

Zu ihrem Sohn ist eine Entfremdung eingetreten. *Zu meinem Sohn wurde die Beziehung immer spärlicher, er hat mir als erwachsener Mensch vorgeworfen, ich hätte immer nur an Geld gedacht und hätte ihn vernachlässigt. Und dem kann ich mich nicht anschließen, weil ich weiß, dass es nicht so war.* Anfangs habe er zwar viel bei ihren Eltern gelebt. In Frankfurt habe sie ihn aber bei sich gehabt, er sei dort auch zur Schule gegangen, aber das hätte er ihr besonders *übel genommen, denn in Dänemark, in der Schule, wurde er äußerst antideutsch erzogen.* Schließlich machte er die Matura in Dänemark, an der Journalistenakademie. Inzwischen hat sie *keine Beziehung mehr zu ihm, seit ein paar Jahren überhaupt keine.* Für sie liegt der Grund für die Entfremdung darin, dass er *ein Typ Mann ist, der zu Frauen eine Form von Beziehung hat, die ich überhaupt nicht vertrage, mit der ich nicht umgehen kann.*

Was zum Thema Emanzipation zurückführt, das immer wieder durchklingt, obwohl Christine von Kohl meint, *ich habe die Emanzipation nie zu meinem Thema gemacht.* Nachgedacht hat sie dennoch darüber. Und beobachtet, wie nach 1968 viele Ehen in die Brüche gingen, weil die Männer *eigentlich völlig konsterniert waren,* als ihre Frauen von der Universität heimkamen und vom Penisneid erzählten und *was es da alles für seltsame Begriffe gibt.* Das seien *die ersten Ansätze einer Modernisierung innerhalb der Gesellschaft* gewesen, aber *noch keine echte Emanzipation.* In den Friktionen, die aus einem solchen Modernisierungsschub folgten, mag auch der Grund liegen, warum diese Form der Emanzipation in manchen Teilen der Welt auch von den Frauen selbst abgelehnt wird. *In den letzten Jahren hat es einmal zum Beispiel so eine wohlgemeinte Veranstaltung für Frauen und Frauenemanzipation in Rumänien gegeben. Und nach zwei Tagen Diskussion hat eine Rumänin gesagt: „Hört endlich auf mit diesen Forderungen, dass wir uns emanzipieren sollen von unseren Männern. Wir sind in einer wirtschaftlichen Situation, wo wir zusammenarbeiten müssen, Mann und Frau. Und wir können eine Störung dieser Beziehung überhaupt nicht vertragen.“*

Christine von Kohl ist überzeugt: *Solange keine bewusste Emanzipierung der Männer von ihren konventionellen Lebensvorstellungen in Gang gesetzt ist, solange gibt es auch keine echte Emanzipation der Frau. Man kann sich nicht allein emanzipieren, es gehören im Grunde zwei dazu.* Im Übrigen bedauert sie es, mancherorts als emanzipatorische Paradefrau gesehen zu werden. *Ich bin so ein mir selbst eher suspektes Idol geworden für Frauen, die mit ihrem Leben als Frau unzufrieden sind, und das ist nicht eigentlich das, worum es mir geht. Mir geht es wirklich um die Sachen, von denen ich rede.*

Deshalb leitet sie auch noch immer das „Kulturni Centar“ und gibt seit 1999 die Zeitschrift „Balkan/Südosteuropäischer Dialog“ heraus. Kann sie sich eigentlich etwas anderes vorstellen als eine öffentliche Tätigkeit? Die Antwort ist überraschend. *Ich hätte mich vielleicht mehr darauf konzentriert, Geld zu verdienen und wahrscheinlich ein Leben auf dem Lande gesucht. Ich hätte gerne mit Pferden zu tun gehabt. Mit der Natur zu leben, das ist eigentlich ein großes Bedürfnis. Aber natürlich träumte ich nie davon, ein Bauer zu werden, sondern ein Gutsbesitzer – quasi, was mir auch die Möglichkeit gibt, eine schöne Bibliothek zu haben und die Zeit, wo ich nicht draußen arbeite, mit Büchern zu verbringen und nachzudenken. Das war mir immer ein Ziel.*

Das Ziel ist in weiter Ferne. Christine von Kohl denkt nicht an Ruhestand. *Weil die Situation, mit der ich mich beschäftige, sich ja nicht beruhigt …*

Ich habe mich nicht um die Moden dieser Zeit geschert

Sie malt Berge, Blumen, Wiesen und sie malt Fabrikschlote, Arbeiter vor ihren Maschinen sowie Obdachlose und hetzende Menschen in den New Yorker Subway-Stationen. In der U-Bahn Station „Atlantic Avenue Station" in Brooklyn ist ein monumentales Mosaik von ihr ausgestellt, eines ihrer Mosaike schmückt aber auch die Außenfassade einer Tischlerwerkstätte am steirischen Grundlsee.

Die Malerin Edith Kramer, geboren 1916 in Wien, stellt meist Motive dar, die sie direkt vor Augen hat. Sie ist als Künstlerin ebenso unkonventionell und außergewöhnlich wie als Mensch. Sie geht mit einer Selbstverständlichkeit ihren eigenen Weg, so als hätte ihr das Austreten von neuen Pfaden niemals Mühe bereitet. *Ich habe mich nie darum bemüht, akzeptiert zu werden. Dass ich dann irgendwann ein bisschen akzeptiert worden bin, das war Zufall. Ich war ja auch unmodern als Malerin, ich malte immer gegenständlich, das war gar nicht modern. Ich habe halt immer so gemalt, wie ich wollte, und habe mich nicht um die Moden dieser Zeit geschert.*

Sie ist weder modern noch konservativ, weder rebellisch noch angepasst: *Eigentlich war ich immer ein Eigenbrötler,* sagt Kramer von sich selbst, ohne jeden Anflug von Koketterie oder gar Eitelkeit; Eigenschaften, die ihr generell fremd zu sein scheinen.

Eine alte Familientradition allerdings setzt Kramer, von ihren Freunden „Mummi" genannt, bis heute mit großer Empathie fort: Sie kommt jeden Sommer an den Grundlsee und wandert nach wie vor immer wieder ins Tote Gebirge, um Kraft zu tanken und vor allem: um zu malen. Gern verbringt sie dort allein ein paar Tage in einer kleinen, naturbelassenen Almhütte. Für Notfälle hat sie kein Handy, sondern ein Trillerpfeiferl bei sich, um sich bemerkbar machen zu können. Schon als Kind und junges

Mädchen verbrachte Kramer mit ihrer Mutter und ihrer Tante, der Schauspielerin Elisabeth Neumann-Viertel (1900–1994), viele Sommer am Grundlsee. Zahlreiche Künstler und Intellektuelle, meist jüdischer Herkunft und politisch links orientiert, trafen sich damals zur Sommerfrische im Hause Neumann, das unweit vom Urlaubsdomizil Sigmund Freuds gelegen war. Unter ihnen waren Christine Olden, die Herausgeberin der fortschrittlichen Kinderzeitschrift „Der Regenbogen" und später eine enge Vertraute von Kramer, die Bauhaus-Künstlerin und Pädagogin Friedl Dicker, die Kramers wichtigste Lehrerin werden sollte, sowie ein Kreis von Psychoanalytikern: Siegfried Bernfeld, der mit Elisabeth Neumann vier Jahre lang verheiratet war und für die junge Edith zum Ersatzvater wurde, Otto Fenichel, ein Cousin von Kramers Mutter und eine zentrale Figur der revoltierenden Jugendbewegung, Hans Sachs, aber auch Wilhelm und Annie Reich, Kramers spätere Analytikerin. Die Kinder in diesem avantgardistischem Kreis wuchsen sehr liberal auf, ihre Erziehung war von den Erkenntnissen der Psychoanalyse und auch vom Marxismus geprägt.[1]

Kramer besitzt heute im „Kreutz", einer nach dem tschechischen Schriftsteller Rudolf Jeremias Kreutz benannten Seebucht, wo früher das Haus ihrer Tante Elisabeth Neumann stand, ein kleines, äußerst gediegenes Haus mit Kachelofen und direktem Zugang zum See. Der Blick von ihrem voll geräumten Atelier im ersten Stock reicht weit über das Wasser, hinein in das Tote Gebirge. Immer wieder malt sie diesen Ausblick, der sich an jedem Tag und zu jeder Tageszeit anders darstellt – einmal steigen Nebelschwaden vom See auf, ein anderes Mal spiegeln sich die Berge im klaren Wasser. *Ich bin zweiheimatlich. Ich bin hier beheimatet und ich bin drüben beheimatet,* beschreibt Kramer ihre Beziehung zu den beiden Orten ihres Lebens: New York und Grundlsee. In New York hat sie eine kleine Wohnung in der ziemlich rauen Lower Eastside und ein Atelier in der Westside.

Edith Kramer lebte schon als junges Mädchen in mehreren,

sehr unterschiedlichen Welten. Ihr Vater Richard Kramer, Bruder des Lyrikers Theodor Kramer, war *hauptsächlich Kommunist,* er übte seinen erlernten Beruf als Chemieingenieur nie aus. Edith war noch ein Kind, als ihr Vater mit seiner Familie in die Sowjetunion gehen wollte, aber weder er noch seine Frau erlernten die russische Sprache. *Das Unbewusste meiner Eltern war offenbar klüger als der Verstand und hat uns das Leben gerettet.* Ediths Mutter Josefine (Pepa) Neumann rebellierte gegen ihre Eltern und verließ bereits mit 17 ihr Elternhaus, um Richard Kramer zu heiraten. Ediths Eltern führten eine offene Ehe und lebten zeitweise getrennt. Für den finanziellen Unterhalt sorgten zum Teil die Großeltern mütterlicherseits: Der Großvater war Gemeindearzt von Niederhollabrunn. *Meine Mutter hat gut zeichnen können und sich dafür auch interessiert, aber als ich dann auf der Welt war, wurde sie Schneiderin und hat das Künstlerische nicht weiter verfolgt.*

1924 bis 1929 lebte Edith mit ihrer Mutter in Berlin bei ihrer Tante Elisabeth Neumann – *keine große Schauspielerin, aber eine sehr gute Schauspielerin.* Sie machte dort ihre ersten Erfahrungen mit einem bohemienartigen Künstlerleben. Ihre Mutter war zu der Zeit eng mit dem Surrealisten Hans Bellmer befreundet. *Von dem habe ich sehr schönes Zeichenmaterial bekommen, Pinsel und Farben und alles Mögliche.*

Wieder zurück in Wien, besuchte Kramer bis zu ihrer Matura, 1934, die Schwarzwald-Schule[2] und erhielt außerdem Kunstunterricht von Trude Hammerschlag, die eng mit den Wiener Montessori-Pädagoginnen kooperierte, sowie von Friedl Dicker. *Ich erinnere mich an keine Zeit, wo ich nicht gemalt, gezeichnet oder modelliert habe. Ich glaube, ich habe damit begonnen, sobald ich mit ein oder zwei Jahren auf der Schiefertafel kritzeln konnte.* In dem künstlerischen Umfeld bekam Kramer den Antisemitismus, der sich zu der Zeit in Österreich breit machte, kaum zu spüren. *Wir wussten schon, dass wir Juden sind, aber wir waren nie religiös. Ich habe die Bibel sehr gut gekannt, weil man sie aus kulturellen Grün-*

den kennen muss. Außerdem hatte ich das Glück, dass ich nicht jüdisch ausschaue, also ich konnte mir immer aussuchen, ob und wann ich sage, dass ich Jüdin bin.

Nach ihrer Matura beschloss Kramer, eine künstlerische Laufbahn einzuschlagen und ihren Unterricht bei Friedl Dicker zu intensivieren. Dicker emigrierte 1934 aus politischen Gründen nach Prag, und Edith Kramer folgte ihr. Sie unterstützte Dicker bei ihrer Arbeit mit Kindern und lernte dabei die verschiedenen Wirkungen traumatischer Erlebnisse auf die Kunst von Kindern kennen.[3] Zwischendurch nahm Kramer aber auch Unterricht bei dem Wiener Bildhauer Fritz Wotruba.[4] *Der war sehr nett zu mir und hat mir erlaubt, bei ihm zu arbeiten ohne Geld. Ich habe großes Glück gehabt, dass viele Leute mich genügend respektiert haben, um mir zu helfen.*

Als 1933 in Deutschland die Nationalsozialisten die Macht ergriffen hatten, ließen sich einige Psychoanalytiker, die zuvor in Berlin praktizierten, in Prag nieder – unter ihnen waren auch Annie Reich und Otto Fenichel. 1935 beginnt Kramer mit einer Psychoanalyse bei Annie Reich. Sie sollte insgesamt fünf Jahre dauern.

1937 hat sich Kramers Mutter das Leben genommen. *Das hat mich natürlich sehr gekränkt, aber ich war immerhin 20, und da kann man es schon aushalten, wenn die Mutter stirbt, nicht?*

1938 ergatterte Kramer gerade noch einen Platz auf einem polnischen Schiff und emigrierte so von Danzig aus in die USA. *Es war nicht schwierig. Mit 22 Jahren ist man in einem Alter, wo man drauf aus ist, sich ein neues Leben zu schaffen. Ich meine, da ist man erwachsen und auch abenteuerlustig genug. Also für mich war es der richtige Moment zu gehen.*

In New York erwartete sie schon ihre Tante Elisabeth Neumann. Bereits nach einer Woche bekam Kramer eine Anstellung, die ihrer Ausbildung und ihrer Neigung entsprach: Sie wurde in einer Reformschule in Greenwich Village als Handwerkslehrerin angestellt. Ich hatte großes Glück: *Die Leiterin der Schule wollte keinen gelernten Tischler für den Job, weil die mit Kindern nicht umgehen konnten, dann hat sie sich unter den immigrierten Bildhauern umgesehen und nahm mich. Das ging sehr gut, die Kinder mochten mich.* Kramer blieb drei Jahre an der Schule, dann wurde sie Maschinistin in der Kriegsindustrie. Sie arbeitete in einer kleinen Werkzeugfabrik. *Wenn ich mit meiner Schicht fertig war, durfte ich bleiben. Da habe ich dann die Menschen an den Maschinen gezeichnet.* Es folgte ein Job in der „Public Library"[5], wo Kramer dann auch ihre erste Ausstellung hatte. Als sie das Gefühl hatte, nichts mehr dazuzulernen, besuchte sie ihre Tante Elisabeth und deren Mann Berthold Viertel in Hollywood und jobbte dort eine Weile. Schließlich, 1948, trat Kramer eine zweijährige Reise durch England und Frankreich an. *Ich bin mit einem Fahrrad mit angeschlossenem Motor durch ganz Frankreich gefahren, das war sehr schön.* Sie machte auch einen kurzen Abstecher nach Österreich, besuchte allerdings nicht Wien, sondern den Grundlsee.

Wieder zurück in New York, setzte sich Kramer praktisch und theoretisch mit Kunsttherapie auseinander und entwickelte eigene Konzepte dafür. Sie arbeitet an der Einrichtung und Leitung eines Kunsttherapieprogramms in der Witwyck School for Boys, einem Landeserziehungsheim der Stadt New York für psychisch gestörte Kinder aus den Slums. 1958 erschien ihr erstes Buch über Kunsttherapie mit Kindern („Art Therapy in a Children's Community"). *Ich habe 25 Jahre lang als Kunsttherapeutin gearbeitet, aber immer nur die halbe Woche und die sehr intensiv. Dann hatte ich wieder drei, vier Tage frei für meine eigene Arbeit.*

Kramer, deren Buch „Kunst als Therapie mit Kindern"[6] (1978) in sieben Sprachen übersetzt wurde und als grundlegender Baustein in der Kunsttherapie gilt, liebte ihren Beruf. *Ich habe gern und gut mit den Kindern gearbeitet.* Sie hat in den USA etwas erreicht, das ihr in Österreich nie gelungen wäre: *einen Beruf zu kreieren und in ihm zu arbeiten, und das alles ohne akademischen Grad.*

Für ein Familienleben blieb daneben keine Zeit: *Ich habe immer alleine gelebt, ich wollte es nie anders, was nicht heißt, dass ich wie eine Nonne gelebt habe. Ich bin besessen von der Malerei, also es wäre für mich unmöglich gewesen, Kinder zu haben, und heiraten wollte ich auch nie. Ich bin immer ein selbstständiger Mensch gewesen und bin es bis heute geblieben.*

Mit der Frauenbewegung hat Kramer, die selbst eine äußerst emanzipierte Frau ist, nie sympathisiert: *Ich habe mich nie als Frau gefühlt, sondern immer als Malerin und Künstlerin. Zufällig bin ich eine Frau, dafür kann ich nichts, aber Malerin zu sein, das ist mein Entschluss. Der Unterschied liegt nicht im Geschlecht, sondern in der Qualität: Ob du gut bist oder schlecht.*

Nur bei der Wahl der künstlerischen Disziplin, da sei sie als Frau benachteiligt gewesen: *Eigentlich wollte ich Bildhauerin werden, aber für die Skulptur braucht man erstens einmal Geld und dann Körperkraft, und da habe ich mir gedacht: „Als Frau bleibst du besser Malerin."* Um einen Kompromiss hat es sich dabei jedoch nicht gehandelt: *Das Malen war immer meine Leidenschaft.*

Anmerkungen

1 Vgl.: Charlotte Zwiauer (Hg.) Edith Kramer. Malerin und Kunsttherapeutin zwischen den Welten. Wien 1997, S. 38 ff.

2 Siehe den Beitrag über Hertha Heger, S. 101 ff.

3 1942 wurde Friedl Dicker in das Ghettolager Theresienstadt deportiert. Dicker gab dort den rund 10.000 Kindern Zeichenunterricht. Am 6. Oktober wurde Dicker nach Auschwitz deportiert und ermordet. Ihr Unterricht der Kinder von Theresienstadt wurde für Edith Kramer zum Vermächtnis.

4 Fritz Wotruba (1907–1975) galt bereits in den Dreißigerjahren als der wichtigste Bildhauer Österreichs.

5 Ähnlich unseren städtischen Bibliotheken.

6 1971 ist das Buch in den USA unter dem Titel „Art as Therapy with Children" erschienen.

Ich konnte Familie und Beruf nur theoretisch vereinbaren

Am Rande von Bad Aussee, wo schon ihre Eltern regelmäßig den Sommerurlaub verbracht hatten, wurde Ella Lingens bereits zu Lebzeiten eine Bank gewidmet, in einem offenen, sanft abfallenden Gelände mit Aussicht auf das Dachsteinmassiv. Es ist eine würdige Gedenkstätte für die Ehrenpräsidentin der österreichischen Lagergemeinschaft Auschwitz, die als „Gerechte der Völker"[1] durch das israelische Yad va-Shem geehrt wurde. Ella Lingens ist eine der bemerkenswertesten und wichtigsten Zeitzeuginnen des Dritten Reichs, zumal sie in ihrem Sohn, dem Journalisten Peter Michael Lingens, ein publizistisches Sprachrohr gefunden hat.

Das Dachsteinpanorama hat sie schon lange nicht mehr genießen können. Das Interview findet in ihrem Haus in Wien-Mauer statt, wo sie von der geschiedenen Frau ihres Sohnes betreut wird. Das Bett hat sie in der letzten Zeit kaum noch verlassen. Aber trotz des Alters und der Krankheit ist in ihren Zügen noch etwas von der Klarheit, der Unbestechlichkeit des Blicks zu erkennen, die für sie charakteristisch sind. Selbst da, wo für sie große Verletzungen im Spiel sind, bemüht sie sich, die persönlich-emotionale Komponente von der rational-sachlichen zu trennen und auch die andere Seite zu verstehen. Etwa, wenn sie davon erzählt, dass sie alles andere als ein Wunschkind war.

Distanziert berichtet sie, wie ihre Mutter – *ursprünglich wollte sie überhaupt keine Kinder haben, hat sie gesagt* – zunächst drei Kinder zur Welt brachte, die alle auf Grund einer (damals noch inoperablen) Verwachsung der Gehörknöchelchen schwerhörig waren, und schließlich, mit fünfjährigem Abstand, noch ein weiteres. *Dann hatte sie zwei Buben und zwei Mädchen, und das war ihr eigentlich genug. Was man verstehen kann.* Eine weitere

Schwangerschaft war nicht mehr geplant. Drei Jahre später war es dennoch wieder soweit. *Und wie es dann noch einmal losgegangen ist, war sie ganz verzweifelt.* Ein männliches Kind hätte sie leichter akzeptiert, *aber stattdessen war das fünfte ein Mädel, und das war also gar nicht erwünscht. Und das war eben ich,* meint Ella Lingens und verknüpft damit die überraschende Schlussfolgerung: *Deswegen bin ich unter anderem eine große Anhängerin der Fristenlösung.* Den Einwand, dass sie wahrscheinlich nicht auf der Welt wäre, wenn es die Fristenlösung in ihrem Geburtsjahr 1908 schon gegeben hätte, kontert sie mit leichter Ironie: *Na, ich mein', das würde ich auch verschmerzen.*

Es war, als sie wieder einmal einen Sommer in Bad Aussee verbrachte, da beging die Mutter einen Fehler, der das Verhältnis zu ihrer Tochter nachhaltig beeinträchtigen sollte. Sie erzählte einigen Freundinnen, wie sie sich über ihre ersten Kinder gefreut und wie sie dagegen die Geburt der jüngsten Tochter belastet habe: „Aber als dann auch noch die Ella gekommen ist, habe ich wirklich vollkommen genug gehabt."[2] Ella, inzwischen fünfjährig, saß wenige Meter weiter im Gras und hörte alles mit an. Von der Mutter mochte das gar nicht so abwertend gemeint gewesen sein, möglicherweise wollte sie nur ihre Befindlichkeit zur Zeit der Schwangerschaft schildern. *Aber man darf das vor einem Kind nicht äußern,* meint Ella Lingens. Die Störung erwies sich als irreparabel, das Gefühl, unerwünscht zu sein, beherrschte alles andere. *Angeblich war meine Mutter in Wirklichkeit stolz auf mich. Aber ich habe das nicht so empfunden.* Die Tochter entwickelte Verlassensängste, die besonders dann akut wurden, wenn die Familie mit zahlreichen Gepäckstücken per Bahn verreiste, wie sie später ihrem Sohn anvertraute. Während die Mutter mit den älteren Geschwistern in den Zug stieg, um Plätze zu besetzen, musste die Jüngste draußen beim Gepäck sitzen bleiben. *An sich war das natürlich ganz vernünftig, einer musste ja beim Gepäck bleiben,* sieht sie auch hier die rationale Seite der Vorgehensweise. Für das Kind, das sie damals war, stand aber etwas anderes im Vordergrund: *Ich hatte jedesmal entsetzliche Angst, dass sie mich vergessen und nicht mitnehmen wird.*[3]

Es handelt sich hier wohl um ein Paradebeispiel dafür, was man in der analytisch orientierten Kinderpsychologie als fehlendes Urvertrauen bezeichnet.[4] Vielleicht liegt darin aber auch der Grund – oder einer der Gründe – für diesen offenen Blick, mit dem Ella Lingens später die politische Realität abseits bequemer Kategorisierungen betrachten konnte. Da, wo die Geborgenheit in einer Gruppe, das die eigene Identität bestätigende „Wir"-Gefühl, fehlt, entwickelt sich wahrscheinlich weniger leicht die Tendenz, „die Anderen" als solche pauschal abzulehnen.

Eine Zeit lang suchte Ella Lingens die Geborgenheit, die ihr die Mutter nicht bieten konnte, in der sozialistischen Jugendbewegung, konkret beim Verein Sozialistischer Mittelschüler, dem sie seit ihrem 16. Lebensjahr angehörte, und später beim Verband Sozialistischer Studenten. Freilich ließ sie sich auch hier vom Wir-Gefühl nicht mitreißen und nahm bald eine differenzierte Haltung ein. Sie ortete Parallelen, wo andere sie aus ideologischen Gründen nicht sahen, nämlich zwischen Nationalsozialismus und Kommunismus, die beide das Kollektiv über das Individuum stellten. Und sie fand deutliche Unterschiede, wo andere so gut wie keine ausmachten, wie zwischen Nationalsozialismus und Austrofaschismus. Schließlich konnte sie sich auch mit dem vereinfachenden Weltbild der Marxisten, in dem es nur ausbeuterische Unternehmer und verelendete Werktätige gab, nicht identifizieren. Sie wusste es aus eigener Erfahrung besser, denn sie entstammte selbst der „besitzenden Klasse".

Die Annäherung an den Sozialismus war nicht zuletzt ein Akt des Widerstandes gegen die Mutter gewesen, die sich vor den „Roten" fürchtete. Das soziale Umfeld von Ella Lingens präsentierte sich durchaus bürgerlich. Die Eltern waren *konservativ,* mit nostalgischen Gefühlen für die Monarchie. Die Mutter war die

Tochter des Schweizer Bahnbauingenieurs Achilles Thommsen, der an der Semmering- und Brennerbahn mitgebaut und dann die Leitung der Nordbahn übernommen hatte. Der Vater, Friedrich Reiner, war *ursprünglich ein mittlerer Bahnbeamter* und Untergebener seines Schwiegervaters, besaß aber ein großes, zunächst eher wertloses, weil sumpfiges Landstück in Slawonien unweit von Osijek, das er nach seinem Ausscheiden aus dem Bahndienst in ein prosperierendes Landgut verwandelte. Während des Ersten Weltkrieges kam er immer *mit großen Schmalztöpfen und allen möglichen Lebensmitteln* aus Kroatien, und die Familie entging dadurch der allgemeinen Hungersnot. Später, unter den Kommunisten, wurde das Gut enteignet, in den Neunzigerjahren war es Kampfgebiet, dann wurde es von Tudjman zurückgegeben. Inzwischen ist es wieder so wertlos wie vor der Sanierung, wenn auch aus anderen Gründen. *Heute ist es eine ganz verminte Gegend. Eigentlich ist der Boden unbrauchbar durch die Minen.* Für den Besitz in Kroatien nahm der Vater die jugoslawische Staatsbürgerschaft an, woraus sich einige Jahre später für die Tochter unerwartete Schwierigkeiten ergeben sollten.

Bürgerlich verlief auch Ella Reiners schulische Karriere. Die Mutter schickte sie in eine evangelische Privatschule, wo im Übrigen eine durchaus überkonfessionell-tolerante Einstellung geherrscht haben muss: Unter den lediglich neun Schülerinnen in der Klasse befanden sich eine Jüdin und zwei Konfessionslose. Der allseits grassierende Antisemitismus scheint bei den Reiners keine Rolle gespielt zu haben. Dass gewisse, sozusagen dem Zeitgeist entsprechende, Ressentiments unterschwellig vorhanden waren, ist dennoch nicht ganz auszuschließen, wie eine Anekdote zeigt: Von den zwei Brüdern der Mutter war einer Universitätsprofessor in Basel, der zweite arbeitete als Arzt und Assistent von Billroth, gab aber seinen gut dotierten Posten eines Tages auf, um *mit einer jüdischen Zwiebackverkäuferin auf Weltreise zu gehen.* Worin auch immer in den Augen der Mutter der Makel der Zwiebackverkäuferin bestanden haben mag – in ihrem Beruf, ihrer sozialen Stellung, ihrer Abstammung –, die Mésalliance bewirkte jedenfalls, dass sie den Kontakt zu ihrem ursprünglichen Lieblingsbruder brüsk abbrach und ihn nicht mehr erwähnte. *Ich habe bis zu meinem 16. Lebensjahr gar nicht gewusst, dass ich da einen zweiten Onkel habe. Das ging so weit, das sie aus einem Fotoalbum, wo die drei Kinder waren, die mittlere Seite herausgerissen hat, damit man nicht sieht, dass da noch ein Onkel ist.*

Vieles spricht freilich dafür, dass das „Vergehen" des Onkels eher im Verstoß gegen bürgerliches Standesbewusstsein lag, das bei den Reiners offenbar recht ausgeprägt war. Nach der Matura wurde die Tochter nach England geschickt, um die Sprache zu lernen und gewiss auch, um sie von ihren sozialistischen Neigungen zu „heilen", denn der Vater meinte, England sei *ein konservatives Land, und das würde mich psychisch auch gut beeinflussen.* Nach der Rückkehr begann Ella Reiner ein Jusstudium mit dem Ziel, Richterin zu werden. Als sie es erfolgreich absolviert hatte, machte sie die überraschende Entdeckung, dass sie für eine Staatsanstellung nicht in Frage kam – weil sie Ausländerin war. Ihre Mutter hatte sie während des Auslandsaufenthaltes abgemeldet. Damit hatte sie die österreichische Staatsbürgerschaft verloren und besaß nun die jugoslawische ihres Vaters. Für ihr ursprüngliches Berufsziel war dieser Umstand im Übrigen von untergeordneter Bedeutung, denn auch als Österreicherin hätte sie keine Chance gehabt, Richterin zu werden: *Man hat keine Frauen genommen damals.* Und als ein prominenter Jurist für sie im Ministerium zu intervenieren versuchte, winkte man dort bloß ab: *Arbeitslose Juristen haben wir in Österreich genug.*

Im Zuge ihrer lebenslangen Auseinandersetzung mit der Mutter hatte Ella Reiner begonnen, sich für Psychoanalyse zu interessieren. Sie wollte Analytikerin werden, was allerdings ein Medizinstudium voraussetzte. Um diese Zeit lernte Ella Reiner ihren späteren Mann Kurt Lingens kennen. Er stammte aus dem Rheinland, war ebenfalls Sozialdemokrat und war es aus ähnlichen Gründen wie sie geworden, nämlich aus Protest gegen ein bürgerlich-konservatives, in seinem Fall katholisches Elternhaus. Die Mutter war früh gestorben, die Stiefmutter wurde von den Söhnen abgelehnt. Der Vater, Walter Lingens, übte das Amt des Kölner Polizeipräsidenten aus und glaubte genau zu wissen, welche Karriere für jeden seiner vier Söhne die geeignetste war. Kurt, der sich für Medizin interessierte, bestimmte er für das Architekturstudium, seinen Bruder Klaus, der zu Architektur und Kunstgeschichte tendierte, zunächst für das Priesteramt, und als der partout nicht wollte, für den Arztberuf, obwohl er kein Blut sehen konnte. Nur beim ältesten Bruder fielen der väterliche Plan und die persönliche Ambition zusammen; er wurde Psychoanalytiker. Der vierte sollte Kadett werden und landete nach Hitlers Machtübernahme bei der SS, wenn auch auf einem untergeordneten Posten.

Zum Naziregime hatte Walter Lingens ein ambivalentes Verhältnis. Privat machte er aus seiner Verachtung für Hitler kein Hehl, nach außen hin verhielt er sich loyal. Seine Stellung als Polizeichef hatte er bereits unter Oberbürgermeister Konrad Adenauer inne. Als die Nazis kamen, musste Adenauer gehen, Walter Lingens arrangierte sich und blieb. Immerhin war er *der einzige Polizeipräsident, der nicht Mitglied in der NSDAP war. Da hat sich der Hitler mit den rheinländischen Katholiken nicht völlig zerstreiten wollen und hat ihn als einzigen gelassen.* Die Söhne Kurt und Klaus, beide überzeugte und kompromisslose Antifaschisten, gingen nach Wien, wo sie sich den österreichischen Sozialisten anschlossen und der väterlichen Einmischung entkamen. Kurt Lingens nahm sein Medizinstudium auf, Ella Reiner hatte keine Lust, in einem Anwaltsbüro zu volontieren, und studierte lieber ebenfalls Medizin. Die beiden heirateten. Im August 1939 kam Sohn Peter Michael zur Welt.

Inzwischen war Hitler in Österreich einmarschiert und hatte

den Zweiten Weltkrieg begonnen. Die junge Familie lebte trotz allem, wie Ella Lingens in ihrem Buch vermerkt, *damals noch wie im Paradies*[5], als der Wunsch auftauchte, irgendetwas gegen Hitler zu unternehmen. Das Verteilen von Flugblättern erwies sich als zu riskant – schließlich hatte man auch Verantwortung für ein Kleinkind. Daraufhin entschlossen sich die Lingens, jüdische Bekannte zu verstecken, zunächst in der Wiener Wohnung in der Piaristengasse, später in einem Haus in der Hinterbrühl bei Mödling, das ihnen ein wohlhabender Studienfreund – auch er in Opposition zu seiner reichen, großbürgerlichen Familie (Vater Aristokrat, Mutter jüdische Bankierstochter) – in den Sommermonaten zur Verfügung stellte. Es war ein weitläufiger Besitz, der heute von einem Kinderdorf eingenommen wird.

Ella Lingens betrieb ihre medizinische Ausbildung mit derselben Zielstrebigkeit wie zuvor das Jusstudium. Sie legte vierzehn der geforderten fünfzehn Prüfungen ab. Die letzte verschob sie absichtlich, um nicht dienstverpflichtet und in eine der bombardierten Städte im Rheinland versetzt zu werden, womit man rechnen musste, *wenn man nicht Mitglied der NS-Studentenschaft oder sonst irgendeiner Formation war.* Sie ahnte nicht, dass ihr bald etwas Ärgeres drohen würde als die Zwangsversetzung. Das Unglück bahnte sich an, als das Ehepaar Lingens zwei jüdischen Freunden die Flucht ins Ausland ermöglichen wollte und dabei die Dienste eines jüdischen Fluchthelfers in Anspruch nahm, der ihnen als absolut vertrauenswürdig geschildert worden war. Sobald die beiden Freunde die Schweizer Grenze erreicht hatten, wurden sie jedoch von der Gestapo festgenommen. Der Fluchthelfer stellte sich als Spitzel heraus. Er hatte wohl gehofft, durch Kooperation mit den Nazis die eigene Haut zu retten, war aber, wie Ella Lingens meint, bloß *ein Toter auf Urlaub.* Denn als sich seine denunziatorische Tätigkeit herumgesprochen hatte, konnte er niemanden mehr an die Gestapo ausliefern, *ja, und wie er niemanden mehr geliefert hat, haben sie ihn auch selber liquidiert.*

Durch die Verhaftung trennten sich die Wege der Eheleute. Kurt Lingens, der den Rang eines Offiziers der Deutschen Wehrmacht hatte, erhielt zwei Wochen Arrest, wurde degradiert und zu einer Strafkompanie versetzt, wo er einen Lungendurchschuss erlitt. Er wurde nach Wien in ein Lazarett überstellt. *Wie dann die Russen einmarschiert sind, hat er die Uniform ausgezogen und ist nach Hause gegangen.* Seine Frau kam für vier Monate ins Wiener Polizeigefängnis und anschließend für fast zwanzig Monate (vom 20. Februar 1943 bis zum 1. Dezember 1944) ins Konzentrationslager Auschwitz-Birkenau, wo sie trotz noch nicht ganz abgeschlossenen Studiums zum Dienst als Ärztin eingeteilt wurde, zeitweise unter dem berüchtigten Dr. Mengele. Gegen Kriegsende wurde sie nach Dachau verlegt. Als der Krieg vorüber war, gelangte sie unter einigen Schwierigkeiten in das Kärntner Lesachtal, wo ihr Sohn untergebracht war.

Die Zeit der Befreiung war zunächst eine Zeit der kleineren und größeren Enttäuschungen: Für die Frau, die den Sohn betreut hatte, denn *sie hatte die Idee gehabt, das Kind mitzunehmen zu ihren Freunden nach Italien,* aber auch für Mutter und Sohn selbst. *Ich kannte sie nicht mehr,* schreibt Peter Michael Lingens. *Wohl besaß ich eine intensive Erinnerung an unsere Trennung, nicht aber an ihr Aussehen. Auf dem kleinen Familienfoto, das auf meinem Nachtkästchen stand, schien sie mir ganz anders und sehr viel jünger. Sie trug schwarze Stiefel, die mir ein wenig Angst machten, und ein Kostüm aus dickem schwarzen Stoff, der, wie sie mir erzählte, eigentlich der Fertigung von SS-Uniformen dienen sollte, ihr aber, wie die Stiefel, von den Amerikanern geschenkt worden sei. Was mir jedoch am meisten auffiel und das Wiedererkennen wohl am meisten erschwerte, war ihr schlohweißes Haar.*[6] Der Mutter dagegen fiel auf, dass sich ihr Sohn eher weniger verändert hatte, als es dem Alter entsprochen hätte: *Es war so, als hätte er mit seiner Entwicklung gewartet, bis ich wieder da bin.*

Die größte Enttäuschung für Mutter und Sohn war freilich,

dass der Mann beziehungsweise Vater nicht mehr für sie da war. Er war – *verständlicherweise,* wie sie sagt – inzwischen mit einer anderen Frau zusammengezogen. Das Kindheitstrauma, von einer geliebten Person nicht erwünscht zu sein, wiederholte sich auf eine sehr grausame Weise: Als sie ihren Mann und seine Freundin in deren neuer Wohnung besuchen wollte, wurde sie nicht einmal eingelassen. Die Lebensgefährtin wünschte – *von ihr aus verständlich,* betont Ella Lingens erneut – die Scheidung, Ella Lingens willigte ein. *Ich hätte der Scheidung nicht zustimmen müssen, aber ich habe es eben getan, weil solche Dinge kann man nicht erzwingen.* Aber noch im Alter bezeichnet sie als den schönsten Abschnitt ihres Lebens *groteskerweise* die Zeit *mit meinem Mann und dem Kind in der Hinterbrühl.* Die schwerste Zeit dagegen *war nachher. Als ich zurückkam und mein Mann nicht mehr für mich da war.* Ihrem Sohn gestand sie einmal: *Wenn ich das gewusst hätte, hätte ich Auschwitz nicht überlebt.*[7]

Nach dem Krieg fand Ella Lingens eine Anstellung in der Lungenheilanstalt in Alland, holte während eines Urlaubs ihre letzte Prüfung nach und blieb dann noch eine Weile in dem niederösterreichischen Kurort, denn sie *wollte nicht mit dem kleinen Buben in diese kalte, frierende und finstere Stadt Wien.* Das Leben als alleinerziehende Mutter empfand sie als schwierig. *Ich konnte Familie und Beruf nur theoretisch vereinbaren, in der Praxis hat es mich zu sehr angestrengt,* gibt sie zu und erteilt in diesem Zusammenhang auch dem Feminismus eine Absage.

Trotz der doppelten Auslastung als berufstätige Mutter setzte sie sich 1947 an die Schreibmaschine und legte in einem fast 300 Seiten langen Manuskript ihre Erfahrungen in den Konzentrationslagern nieder. Das Manuskript wurde von Ilse Balea, der aus Österreich gebürtigen Frau des in England exilierten spanischen Schriftstellers Arturo Balea, ins Englische übersetzt und erschien 1948 unter dem Titel „Prisoners of Fear". Die deutsche Ausgabe erschien erst posthum im Jahre 2003, herausgegeben von Peter

Michael Lingens, der das Buch auch aktualisiert und mit Details aus seinen Gesprächen mit der Mutter ergänzt hat.

Ella Lingens beschreibt darin ihre Tätigkeit als Ärztin und den Kampf gegen das Fleckfieber, das im Lager endemisch grassierte (sie erkrankte selbst daran) und erst ausgerottet wurde, als Dr. Mengele, *der grausamste Mensch, den ich jemals erlebt habe*[8], die Leitung übernahm. Der schickte gleich einmal einen ganzen Block (1500 Jüdinnen) ins Gas, ließ das Gebäude gründlich desinfizieren, verlegte dann die Insassinnen des nächsten Blocks hinein und so weiter, bis alle Baracken desinfiziert waren. *An sich war dies die einzig mögliche Art der Seuchenbekämpfung, aber dass man sich nicht entschließen konnte, zu diesem Zweck eine neue Baracke zu bauen, sondern dass man mit dem Mord an 1500 Jüdinnen begann, das war das Fürchterliche in dieser Situation, wo alles widersinnig war, das Böse gut und das Gute böse.*[9]

Und widersinnig war vieles. Etwa die Tatsache, dass Menschen, die den hippokratischen Eid geschworen hatten, offenbar kein Problem damit hatten, andere in den Tod zu schicken, was ihr ein Lagerarzt mit entwaffnender Logik erklärte: Aus Achtung vor dem Leben schneide er einen eitrigen Blinddarm heraus, und die Juden seien nun einmal der eitrige Blinddarm im Körper Europas.[10]

Widersinnig war auch, dass Lagerärzte jüdische Patientinnen und Patienten großzügig mit knappen Medikamenten versorgten und sich persönlich um sie kümmerten – um sie, kaum dass sie genesen waren, ins Gas zu schicken;[11] oder dass eine jüdische Ärztin die SS dazu brachte, deutsche Häftlinge für antisemitische Äußerungen öffentlich zu rügen.[12] In dieses Klima der Absurdität passte auch die Aussage eines deutschen Juden, der Ella Lingens seine Hoffnung auf einen Sieg Nazideutschlands ausdrückte, weil eine Niederlage das Ende der „friderizianischen Idee“ bedeuten würde.[13]

Vor dem unbestechlichen Blick von Ella Lingens entsteht weniger das Bild der „perfekten Tötungsmaschine“, die man oft mit Auschwitz und dem Nationalsozialismus im Allgemeinen assoziiert, sondern eher das eines ziemlich chaotischen Systems, in dem sich nie vorhersagen ließ, welche Verhaltensweise zu welchem Ergebnis führen würde. So konnte man mit einem gut gemeinten Ratschlag jemanden ins Verderben schicken, während man durch rücksichtslosen Egoismus nebenher auch das Leben anderer Menschen retten konnte. Es war ein korruptes System. *Leute, die sich so zwanglos dem Stehlen hingeben, habe ich nie vorher und nie nachher erlebt*[14], schreibt Ella Lingens über die SS. Es war ein System, in dem die Kommunikation schon deswegen oft nicht funktionierte, weil man vieles gar nicht so genau wissen wollte. Sie hält es deshalb durchaus für denkbar, dass Kurt Waldheim, als er auf einem Hügel außerhalb von Saloniki stationiert war, zu diesem Zeitpunkt nicht wusste, was in der Stadt mit den Juden passierte.

Es ist diese chaotische, widersprüchliche Seite des nationalsozialistischen Systems, die andererseits auch viele Schlupflöcher ließ. So habe es für die Vertreter der Staatsmacht, auch ohne heldenhaften Widerstand zu üben, durchaus die Möglichkeit zu menschlichem Handeln gegeben, indem sie nach NS-Gesetzen strafbare Tatbestände einfach übersahen, überhörten, nicht ahndeten. Etliche hätten davon Gebrauch gemacht, wenn auch insgesamt zu wenige. Und die Opfer konnten sich, unter Umständen sogar mit Erfolg, auf die Residuen von Rechtsstaatlichkeit berufen, die selbst in diesem Regime absurderweise noch existierten, etwa auf die Genfer Konvention. Auch dieser Weg, meint sie, sei zu selten beschritten worden, was das Regime nur weiter gestützt habe. *Jedes autoritäre System,* schreibt sie, *lebt davon, dass die meisten Menschen gar nicht erst versuchen, den Rechtsweg zu beschreiten, weil sie es für aussichtslos beziehungsweise gefährlich halten.*[15]

In der Nachkriegszeit machte Ella Lingens wie viele andere die Erfahrung, dass ehemalige Nationalsozialisten sichtlich unbelastet von ihrer Vergangenheit die Karriereleiter hochkletterten.

Nach einer Anstellung bei einer TBC-Vorsorgeeinrichtung übernahm sie unter der SPÖ-Regierung das Gesundheitsressort im Sozialministerium. *Ich muss sagen, das ganze Sozialministerium bestand nur aus alten Nazis,* die ihr auch zum Teil bei Beförderungen vorgezogen wurden. Mit 65 Jahren ging sie 1973 in Pension, als Fachärztin für Erkrankung der Atmungsorgane. *Ich hab den Facharzttitel als so eine Art Geschenk bekommen, als eine Art Wiedergutmachung hat die Ärztekammer meine berufliche Voraussetzung akzeptiert.*

Die Psychoanalyse, für die sie eigentlich das Medizinstudium absolviert hatte, hat sie nie ausgeübt. Die einzige Beziehung dazu blieb ihre zeitweise Tätigkeit als Generalsekretärin der Wiener Psychoanalytischen Vereinigung. Die Idee, einen Dialog zwischen Psychoanalyse und Verhaltensforschung in Gang zu setzen (auch Konrad Lorenz hatte sie immer interessiert), konnte sie nicht verwirklichen.

Ihr Kindheitstrauma erlebte Ella Lingens noch ein drittes Mal, wenn auch sozusagen stellvertretend, als sich ihr Sohn – *er hat immer gesagt: „Mama, wenn ich einmal heiraten sollte, werde ich mich nie scheiden lassen.“* – von seiner Frau trennte. Die ist für sie immer noch *der gütigste Mensch, den ich je im Leben getroffen habe.* Auf die neue Schwiegertochter reagierte sie emotionell. *Ich habe sie zuerst lange ganz abgelehnt.* Inzwischen hat sich auch da die rationale Sichtweise wieder eingestellt, und sie konzediert ihr, *ein sehr begabter Mensch* zu sein. Dass es die erste Schwiegertochter ist, die Ella Lingens in den letzten Tagen ihres Lebens im Haus in Mauer betreut, kommt dennoch nicht von ungefähr.

Ella Lingens ist wenige Monate nach dem Interview, am 30. Dezember 2002, verstorben.

Anmerkungen

1 Ein Ehrentitel für Nichtjuden, die sich zur Zeit der Shoa um Juden verdient gemacht haben.

2 Ella Lingens: Gefangene der Angst. Ein Leben im Zeichen des Widerstandes, hg. und mit einem Vorwort versehen von Peter Michael Lingens, Wien – Frankfurt/Main 2003, S. 19.

3 Ebda. S. 20.

4 Die Bezeichnung „Urvertrauen“ stammt von dem 1933 nach den USA emigrierten deutschen Kinderpsychologen Erik Homburger Erikson.

5 Lingens, S.43.

6 Ebda. S. 7.

7 Ebda. S. 29.

8 Ebda. S. 155.

9 Ebda. S. 156.

10 Ebda. S. 63.

11 Vgl. ebda., S. 174.

12 Vgl. ebda., S. 245.

13 Vgl. ebda. S. 243.

14 Vgl. ebda. S.132.

15 Ebda. S. 69.

Das Leben ist nicht einfach nur ein Spaziergang

Grete Peter hat „ihr Hotel", das legendäre „Weiße Rössl" am Wolfgangsee, immer *wie einen großen Haushalt* geführt. Die Sorge, ob auch alles wie am Schnürchen läuft, ist ihr auch heute noch bei einem Restaurantbesuch anzumerken, obwohl sie sich längst in ein altes Bauernhaus zurückgezogen und den Hotelbetrieb ihrem Sohn überlassen hat. Leise, aber unmissverständlich teilt sie – nach einem Essen auf der Hotelterrasse – dem Oberkellner mit, dass das Service nicht zufriedenstellend war. Nun, fast 40 Jahre lang war sie die Chefin des Betriebes, und das ist kein Job, den man mit der Pensionierung an den Nagel hängt. *Nachdem ich das Hotel 1980 meinem Sohn übergeben hatte und in mein Haus auf dem Hügel gezogen bin, habe ich riesige Gemüsebeete für den Restaurantbetrieb im Hotel angelegt und ein Glashaus gebaut, um Pflanzen für den Tischschmuck ziehen zu können. Heute muss ich darüber lachen, weil ich ja wusste, dass zehn Petersilienbeete und zehn Schnittlauchbeete für den Verbrauch in einem Hotel gar nichts sind, aber es hat mir halt das Gefühl gegeben, dass ich noch ein bisschen wichtig bin.*

Ursprünglich wollte Grete Peter, 1920 in Gmunden geboren, Mittelschullehrerin werden, aber wie bei so vielen Frauen ihres Alters kam zuerst wegen der wirtschaftlichen Not und dann infolge der Kriegswirren alles anders als geplant. Sie wuchs gemeinsam mit ihrer um drei Jahre älteren Schwester in einem behüteten Elternhaus auf: Der Vater, Bauingenieur von Beruf, stammte aus Sarajevo und war im Grunde seines Herzens ein Monarchist. Die Mutter war Kärntnerin und wurde in Gmunden *nie ganz glücklich*. Grete Peter bezeichnet ihre Kindheit als *großartig*. Nur die Tatsache, dass sie wie ihre Mutter der evangelischen Kirche angehörte, machte ihr in der stark katholisch geprägten Zeit in der Provinz Probleme: *In der ersten Klasse Volksschule hat der Geistli-*

che ein anderes Mädchen und mich aus dem Religionsunterricht ausgeschlossen. Das war ein sehr negativer Eindruck für mich.

Grete wollte den Eltern finanziell kein Studium zumuten und hatte als Protestantin außerdem kaum Hoffnung auf eine Anstellung an einer Schule. Die begeisterte Turnerin, die von frühester Kindheit an dem Deutschen Turnverein angehörte, ging daher nach der Matura am Gmundner Realgymnasium nach Wien, um im Rudolfinerhaus die Krankenpflegeschule zu besuchen. *Nicht unbedingt mein Wunschberuf, aber die Krankenpflegeschule hat für mich dann sehr viel bedeutet, vor allem menschlich. Ich habe so viel für mein Leben gelernt, das habe ich gebraucht, sonst hätte ich mich später nicht so durchwursteln können. Sich zurücknehmen und schweigen und nicht den Mund aufmachen, sondern den Anderen verstehen: All diese Dinge habe ich dort gelernt, und das habe ich gebraucht.*

Auf die junge Frau sollte einiges zukommen, was ohne eine gehörige Portion Lebensklugheit wohl kaum zu bewältigen gewesen wäre.

Bereits in ihrer Schulzeit freundete sie sich mit Helmut Peter, ihrem späteren Mann, an. Er besuchte die Klasse unter ihr und war wie sein Vater ein begeisterter Nationalsozialist. Der Sohn ging zur Waffen-SS, der militärischen „Elite" im Zweiten Weltkrieg. Der Vater war Reserveoffizier der Luftwaffe im Ersten Weltkrieg und ab 1940 wieder bei der Luftwaffe. 1942 bat Helmut Peter seine künftige Frau in einem Brief, den er ihr von der Front schrieb, nach St. Wolfgang zu ziehen, da seine Mutter mit den beiden Häusern, dem „Weißen Rössl" und dem „Grand Hotel", das ebenfalls zum Familienbesitz der Peters gehörte, allein überfordert war. *So kam ich also ungeheiratet, als Fräulein vom Rössl, nach St. Wolfgang.* Ein Ort, den sie bis dahin nur von unbeschwerten Ausflügen her kannte.

Die künftige Schwiegermutter nahm die junge Frau *liebevoll* auf und führte sie in ihren neuen Aufgabenbereich ein. VOEST-

Arbeiter, Fronturlauber und ausgebombte Familien fanden im „Weißen Rössl" Unterschlupf und waren die Gäste des Hauses im Krieg. Das „Grand Hotel" war Lazarett während des Krieges.

Im Frühjahr 1943 schließlich konnten Sohn und Vater Peter zur gleichen Zeit einen kurzen Fronturlaub nehmen, und es wurde „endlich" geheiratet. Aus dem „Fräulein vom Rössl" wurde damit die offizielle Juniorchefin der traditionsreichen Hotels.

Trotz einer schweren Kriegsverletzung hat sich Helmut Peter bald wieder freiwillig zur Westfront gemeldet, dafür durfte er noch einmal für drei Tage nach Hause fahren. Die gerade erst Vermählten sollten bei dieser Gelegenheit einander zum letzten Mal sehen: Am 5. Februar 1945 ist Helmut Peter gefallen. In St. Wolfgang trauerte seine schwangere Frau um ihn. Auf Wunsch ihrer Schwiegereltern sollte Grete Peter bei Freunden am Chiemsee auf ihre Niederkunft warten: *Man wusste ja nicht, wie weit die Russen kommen würden, und ich sollte auf keinen Fall irgendwelche Schwierigkeiten haben. Ich hatte eine Flasche Wein und fünf Packerln Zigaretten bei mir, das war mein Bestechungspotenzial. Ich war ja irgendwie immer am Sprung.*

Wenige Tage nach Kriegsende fuhr Grete Peter unter abenteuerlichen Umständen aber doch wieder zurück nach St. Wolfgang, wo sie sich inzwischen *völlig zu Hause* fühlte. Einen Monat nach Kriegsende, im Juni 1945, brachte Grete Peter ihre Tochter Monika zur Welt. In das „Weiße Rössl" waren nun amerikanische Besatzungssoldaten eingezogen. *Es kam eine andere Welt auf uns zu, aber wir haben alles ganz gut vertragen.* Ihr Schwiegervater wurde als ehemaliges Mitglied der NSDAP und des Deutschen Hotelbesitzer-Vereins unmittelbar nach Kriegsende inhaftiert. *Da war es ganz wichtig, dass ich nie etwas mit einer Partei zu tun hatte. Ich war ein völlig unbeschriebenes Blatt und als weißes Schaf „der Verbindungsmann".* Das Verhalten in der Vergangenheit will Grete Peter bis heute nicht bewerten: *Es hat jeder Fehler gemacht, der eine mehr, der andere weniger. Die Generalverurteilung, die in den letz-*

ten Jahren geschehen ist, war sicher falsch. Meine Enkelkinder haben immer nur Negatives über die Kriegszeit erfahren und nie gehört, dass wir auch nur Menschen waren und nichts anderes getan haben als unsere Pflicht.

Im August 1946, Peters Schwiegervater war schon wieder auf freiem Fuß, sollte dessen Ehefrau im Kreisgericht in Wels inhaftiert werden. Ihr wurde vorgeworfen, dass sie während des Krieges Vorträge gehalten habe, in denen sie sich positiv zur NS-Partei geäußert habe. Um der Internierung zu entgehen, versuchten die Schwiegereltern sich mit einer Überdosis Schlaftabletten das Leben zu nehmen. *Es war sicher eine Panikreaktion.* Die Schwiegermutter starb, der Schwiegervater überlebte den Suizidversuch jedoch knapp.

Nachdem er sich erholt hatte, rieten die Ärzte Grete Peter, ihren Schwiegervater zu heiraten. Der Altersunterschied von 24 Jahren sollte dabei keine Rolle spielen: *Die Ärzte sagten mir, durch die Ehe könne er seinen Lebenswillen wiederbekommen, und das war auch sicher richtig so. Es sind zwei Menschen übrig geblieben nach einer sehr schwierigen Zeit, und es war ganz klar, dass wir einander helfen. 1948 kam unser Sohn Helmut zur Welt, und mit dem Buben war wieder ein Hoffnungsschimmer am Horizont.*

In der Zeit kam auch der Hotelbetrieb wieder auf Touren. Rund 90 Prozent der Gäste in den ersten Jahren nach dem Krieg waren Emigranten, die ihre alte Heimat aufsuchen wollten, erinnert sich Peter. *Wer hätte sonst auch kommen sollen? Es haben die finanziellen Mittel gefehlt, außerdem lagen wir damals bei aller Bekanntheit des Hauses und des Ortes doch recht abseits.* Erst in den frühen Sechzigerjahren kam der Fremdenverkehr am Wolfgangsee so richtig in Schwung.

Das Hotel war abgewohnt, und größere Investitionen konnte sich die Familie Peter in der Nachkriegszeit nicht leisten. *Das ist eines der Dinge, die mich heute am meisten kränken, dass sich auch mein Sohn nicht vorstellen kann, dass man mit dem wenigen, das*

man damals besaß, nur flicken konnte. Wir waren wahnsinnig stolz, wenn wir in einem Zimmer eine Tapete heruntergerissen und eine schöne weiße Wand gemacht haben. Man war unendlich bescheiden, auch die Gäste waren sehr bescheiden.

Nach dem Tod ihres zweiten Mannes 1951 war Grete Peter ein Jahr lang allein. Dann fand sie einen Partner, einen Kriegskameraden ihres ersten Mannes. Er wurde ihr Mitarbeiter und später Prokurist des Betriebes. Seine Familie, die in Salzburg lebte, verließ er jedoch nicht. 49 Jahre währte diese Zweck- und Liebesgemeinschaft. *Ohne Hans hätte ich es nicht geschafft.*

50 Jahre lang gönnte sich Grete Peter kaum mehr an Urlaub als eine *Ausschlafwoche im Oktober,* wenn das Hotel für ein paar Wochen seine Pforten schloss. *Das Leben ist nicht einfach nur ein Spaziergang. Man muss das, was man empfängt, ja auch in irgendeiner Form rechtfertigen, indem man etwas dazu beiträgt.*

Sie, die ihr Lebtag hart gearbeitet hat, versteht die Probleme der jungen Frauen heute oft nicht: *Ich halte es für wichtig, dass Frauen viele Möglichkeiten wahrnehmen, aber ich habe kein Verständnis dafür, wenn sie prinzipiell ihre ursprüngliche Aufgabe, nämlich Frau und Mutter zu sein, ablehnen. Vielleicht bin ich furchtbar altmodisch, aber ich glaube, dass das Zusammenleben in der Familie einfach mehr vorgelebt werden sollte.*

Offenbar ist die Sehnsucht nach dem, was sie selbst als Hotelchefin und zweifache Witwe nur eingeschränkt leben konnte, bis heute geblieben.

Ich weiß, das Leben ist ein ewiger Lernprozess

Sicheldorf ist eine kleine agrarische Gemeinde in einem etwas entlegenen Winkel der Oststeiermark, unweit von Radkersburg. Etwa ein Drittel der Bevölkerung lebt von der Landwirtschaft, der Rest pendelt größtenteils aus. Das 150-Seelen-Dorf besteht zu einem großen Teil aus verstreuten alten Bauernhäusern. Josefa Prelog, die 1926 hier geboren wurde und ihr ganzes Leben hier zugebracht hat, wohnt in einem davon. *Ich habe nur den Wunsch gehabt, Bäuerin zu werden,* sagt sie, *Bäuerin, das habe ich geliebt.* Und dennoch: Sie sieht nicht so aus, wie man sich eine Bäuerin vorstellt, und sie spricht nicht wie eine Bäuerin. Sie ist literarisch gebildet, kann nach eigener Aussage die Schiller-Balladen, die sie in der Schule gelernt hat, heute noch auswendig, hat selbst Erzählungen und Gedichte geschrieben und eine Autobiografie veröffentlicht. Die literarische Neigung führt sie auf väterliches Erbe zurück. *Der Vater war sehr gescheit,* schwärmt sie schon zu Beginn des Interviews, *er hat sehr viel gelesen, Weltliteratur, und daraus hat er oft zitiert.* Die Familie des Vaters war bildungsbeflissen – zwei seiner Brüder hatten ein Studium absolviert – und habe, wie Josefa Prelog meint, etwas *Aristokratisches* an sich gehabt. *Irgendwie war es so ein bisschen ein bäuerlicher Adel.*

Wer jemals durch Sicheldorf gefahren ist, wird den Ort – *ungefähr 60 Häuser, 68 oder so,* schätzt Josefa Prelog – kaum wahrgenommen haben, weil er bereits mit dem Hervorholen des Passes beschäftigt war und nach dem Schlagbaum Ausschau hielt. Denn Sicheldorf/Žetinci ist ein Grenzort. Die Grenze wurde 1918 im Friedensvertrag von St-Germain als künstliche Trennlinie eingezogen, die die hier ansässigen Slowenen gleichsam mit einem Federstrich zu einer ethnischen Minderheit machte. In der Monarchie machten sie noch fast 100 Prozent der Sicheldorfer aus, 1920 bestand sogar kurzzeitig der Plan, den Ort und die ebenfalls slowenischen Nachbardörfer im Austausch gegen das Abstaller Becken (Apasko polje, am rechten Murufer zwischen Mureck und Radkersburg) an den SHS-Staat abzutreten. Heute beherrscht etwa ein Viertel der Einwohner das Slowenische mündlich; die schriftliche Sprachbeherrschung ist seltener.[1] Denn aus dem öffentlichen Leben ist die Sprache verschwunden, in den Schulen wurde sie lange Zeit nicht mehr gelehrt. Josefa Prelog ist in Wort und Schrift sattelfest. Sie ist bewusste Slowenin, auch wenn sie das immer wieder in Schwierigkeiten gebracht hat. Die Option, auf die andere Seite der Grenze zu gehen, hat sie dennoch nie in Betracht gezogen: *Ich war immer eine Österreicherin und ich wollte immer eine bleiben.* Ihre schriftstellerischen Arbeiten wenden sich an ein deutschsprachiges Publikum, es gibt unter den Gedichten in ihrem Buch aber auch einige slowenische. Die slowenische Volksgruppe in der Steiermark war zumeist eine stille, um nicht zu sagen: eine stumme Minderheit. Josefa Prelog hat ihr auch eine Stimme gegeben.

Das Bekenntnis zur slowenischen Volksgruppe hat sie ebenfalls von ihrem Vater: Andreas Trojnko konnte nie verstehen, *dass die Leute die Muttersprache verleugnet haben. Obwohl er wahrscheinlich ein wunderbares Deutsch gesprochen und die Sprache auch geliebt hat.* Zum Vater, der, als sie ein Jahr alt war, ein Auge verlor und relativ früh, mit 51 Jahren, starb, hatte Josefa Prelog insgesamt das bessere Verhältnis als zur Mutter. *Mein Vater war ein wunderbarer Mensch. Ich habe nie einen Klaps gekriegt. Die Mutter war aber streng, die hat uns schon geschlagen, also mich. Mein Bruder hat ein Privilegium gehabt bei ihr.* Überhaupt *war sie ein bisschen jähzornig, weil sie ihre Emotionen ausleben wollte oder ausgelebt hat.* Gleichzeitig sei die Mutter eine Frau gewesen, *die Wahnsinniges geleistet hat, die gearbeitet hat wie ein Tier. Die war so stark, dass sie wirklich führend war in der Familie, was Landwirtschaft angegangen ist.* Josefa Prelog fühlte sich von ihr *immer bevormundet.* Das galt nicht zuletzt für die Landwirtschaft, in der sie, wie bei Bauernkindern üblich, schon früh mitarbeitete: *Mich hat sie nie richtig rangelassen, oder ich war selber so ungeschickt und habe es mir nicht zugetraut.* Es sollte lange dauern, bis sie sich von ihr befreite und ihr eigens Potenzial erkannte.

Dem Charakter nach war der Vater wohl der Freigebigere und Freisinnigere, die Mutter eher konservativ und auf Form bedacht. Das galt auch für die Religionsausübung. *Die Mutter ist jeden Sonntag in die Kirche gegangen, so wie die Großmutter auch, aber im richtigen Sinn religiös war sie nicht wie der Vater. Dem Vater hat die Kirche nichts gegeben, aber an einen Gott hat er geglaubt. Gott war überall für ihn.* Fanatismus war ihm fremd. *Er hat auch gegen den Kommunismus nichts gehabt.* Als nach dem Krieg die Partisanen kamen, *war es freilich dann auch nicht das, was er sich erträumt hat.* Er konnte der Ideologie nichts abgewinnen, *weil er wirklich ein Mensch war, der für die Freiheit war und für die Unterdrückten. Und immer wieder sind Menschen unterdrückt worden.* Josefa Prelogs eigene Haltung gegenüber der katholischen Kirche ist reserviert. *Die hat wahnsinnig viel kaputt gemacht,* sagt sie im Hinblick auf Judenverfolgungen, Kreuzzüge und Hexenverbrennungen und mutmaßt, dass sie in einem früheren Jahrhundert als „Kräuterhexe" wohl auch unter den Opfern gewesen wäre. *Mich würde man schon längst verbrennen. Was ich an Salben koche …*

Als Josefa Trojnko eingeschult wurde, konnte sie nur das in der Schule geächtete Slowenische. Selbst in der Pause war dieses unerwünscht. *Eine der Lehrerinnen hat uns immer als windische Bagage bezeichnet, und wenn wir in der Pause Slowenisch geredet haben, draußen am Hof, dann hat sie schon immer gesagt: „Powidalen könnt ihr zu Hause."* Josefa Prelog lernte rasch Deutsch und meint, sie hätte es eigentlich nicht schwerer gehabt als die deutschsprachigen Kinder, denen ihr angestammter Dialekt beim Erlernen der Hochsprache im Weg stand. Die Schulzeit hat sie dennoch in überwiegend schlechter Erinnerung, mit – von einer einzigen Ausnahme abgesehen – prügelnden, ungerechten oder schlichtweg unfähigen Lehrern. *In der vierten Klasse habe ich alles gekonnt, ich konnte jede Frage beantworten, aber ich war dann so gehemmt, nachdem man mich so oft geschlagen hat. Ich habe einfach kein Vertrauen in mich selber gehabt, kein Selbstvertrauen, und auch kein Selbstbewusstsein.* Noch viel später, bei Lesungen aus ihren literarischen Arbeiten, spürte sie die Auswirkungen des repressiven Unterrichtsstils in der achtklassigen Volksschule. *Da habe ich diese Prüfungsängste noch immer gehabt und habe immer irgendwie gezittert, wenn ich meine Sachen vorgelesen habe.*

Das mangelnde Selbstbewusstsein hatte vielleicht nicht nur mit den Züchtigungen zu tun, sondern auch mit der Armut. *Fleisch hat es einmal in der Woche gegeben,* sagt Josefa Prelog und erinnert sich noch an den Mantel, den sie in der zweiten Klasse bekommen hatte und dann bis zum Schulabschluss trug, *weil sie ihn schon so groß gekauft haben, dass er mir lange passen wird.* Die Schüler kamen mehrheitlich aus ärmlichen Verhältnissen. *Es hat ein paar gegeben, die etwas besser situiert waren, und die waren eher von den oberen Gemeinden, von den Deutsch sprechenden.* Josefa Trojnko gehörte dabei nicht einmal zu den Bedürftigsten. Die unterstützte sie sogar noch von dem wenigen, das sie hatte. *Mir haben immer die Armen Leid getan, und ich habe oft mehr in die Schule mitgenommen, ein Brot oder so, das ich einer anderen habe geben können.*

Das zahlenmäßige Verhältnis der deutsch- und slowenischsprachigen Schüler betrug etwa fünfzig zu fünfzig, das zwischenmenschliche Klima war zunächst unproblematisch, von gelegentlichen spielerischen Wortgeplänkeln abgesehen. *Sie haben schon zwischendurch einmal gesagt: „Rot, weiß, blau, windische Sau" und solche Sachen, und wir haben halt dann darauf geantwortet: „Rot, weiß, rot, deutsche Krot."* Eine echte Spaltung gab es nicht. *Ich habe eigentlich mehr Freunde bei den Deutschsprachigen gehabt,* erinnert sich Josefa Prelog.

Das änderte sich mit dem Anschluss an Hitler-Deutschland. Dass alle Schüler von nun an aufspringen und die Hand zum

Hitlergruß ausstrecken mussten, ging schon der damals Zwölfjährigen gegen den Strich. *Da hab ich mir gedacht, mein Gott, was ist denn dieser eine Mensch, wie heben die den in den Himmel, diesen Mann, der nicht reden kann, der nur schreit.* Auch ihr Vater war deklarierter Antifaschist. Als er einmal während des Religionsunterrichtes in die Schule kam und die Schüler ihn mit „Heil Hitler" begrüßten, entgegnete er in Gegenwart des Geistlichen geradeheraus: „In der Religionsstunde sagt man nicht Heil Hitler." Am nächsten Tag hielt jener Klassenlehrer, den Josefa Prelog als ihren Lieblingslehrer bezeichnet *(bei dem ich wirklich gelernt habe),* einen langen Vortrag, der in der Bemerkung gipfelte: „Wem es da nicht passt in diesem Staat, der kann über die Mur gehen."

Neben solcher Ausgrenzung erlebte Josefa Trojnko nun auch physische Gewalt vonseiten ihrer Mitschüler, die ihr eines Tages im Wald auflauerten. *Alle haben angefangen, auf mich einzuschlagen, und ich bin in der Mitte gestanden und habe mich mit der Schultasche gewehrt. Ihr werdet mir doch nichts machen, habe ich gesagt, ihr seid zwar viele, aber ich lass' mich nicht schlagen.* Freilich habe es auch Nazis gegeben, die trotzdem gute Menschen gewesen seien, wie etwa ein Freund ihres Vaters, der eine russische Arbeiterin aufgenommen habe *wie ein eigenes Kind.* Das Motiv für die nationalsozialistische Begeisterung war schließlich sehr oft nur die Hoffnung auf ein besseres Leben. *Es waren ja viele bei den Nazis, die nicht gewusst haben, was Nationalsozialismus ist.* Sogar Josefa Prelog, die eine Neigung zur Schauspielerei hatte – *ich habe Dialoge gesprochen auf der Weide mit Kühen* –, fühlte sich zeitweise vom BDM (Bund Deutscher Mädel) angezogen, weil dort Theater gespielt wurde.

Das Kriegsende brachte für die Trojnkos zunächst nicht viel Erleichterung. In mehreren Wellen kamen erst die Russen, dann die Tito-Partisanen und zuletzt die Briten nach Sicheldorf. Der Vater, der schon 1944 von den Nazis denunziert worden war, wurde unter den Russen ebenfalls denunziert, paradoxerweise wegen „Deutschfreundlichkeit", weil er eine Flüchtlingsfamilie aufgenommen hatte. Unter der britischen Besatzung war er, obwohl bereits schwer krank, kurze Zeit Bürgermeister, als er erneut Opfer einer Denunziation wurde. Nachdem die Briten die Herausgabe aller fünf im Ort vorhandenen Gewehre gefordert hatten, wurde ihm ohne sein Wissen ein Gewehr untergeschoben. Prompt erfolgte eine Hausdurchsuchung, und der Vater, bereits bettlägerig, wurde ins Gefängnis gebracht. *Die Engländer haben einen irrsinnigen Fehler gemacht. Sie haben sich nicht überzeugt, dass mein Vater Antifaschist war und eigentlich auf ihrer Seite gestanden ist. Da haben sie eher die Antifaschisten bestraft als die Faschisten. Die sind heil weitergekommen, die haben leitende Positionen einnehmen dürfen, so wie überall,* meint Josefa Prelog verbittert und findet, *dass der Nationalsozialismus irgendwo latent weitergegangen ist.* Seine Freilassung erlebte Andreas Trojnko nicht mehr bewusst. Er starb im August 1945 mit 51 Jahren im Krankenhaus in Wagna an Magenkrebs. Wer ihn denunziert hatte, hätte die Tochter leicht herausfinden können, verzichtete aber darauf. *Sonst könnte ich da nicht mehr leben.*

Gegen Ende des Krieges lernte Josefa Prelog ihren späteren Mann kennen. Er war ebenfalls Slowene, von der anderen Seite der Grenze, und hatte ein wechselvolles Schicksal hinter sich. Zunächst hatte er in Sarajevo eine Pilotenausbildung gemacht, war dann von den Deutschen, als sie dort einmarschierten, gefangen genommen und nach Luckenwalde bei Berlin gebracht worden. Sein Vater erreichte seine Entlassung aus der Gefangenschaft. Er absolvierte eine kaufmännische Lehre, zunächst in Križevci nördlich von Murska Sobota, ging dann nach Österreich, um Deutsch zu lernen, und begegnete Josefa Trojnko. Der erste Kontakt währte nur kurz. Nachdem seine Heimat als „Untersteiermark" dem Deutschen Reich eingegliedert wurde, erhielt er die Einberufung zur Wehrmacht, verspätete sich mit dem Einrücken um einen Tag und kam zu einer Strafkolonie, die *in vorderster*

Linie kämpfte. Auf der Krim erkrankte er an Gelbsucht und wurde nach Warschau ausgeflogen. Wieder genesen, versuchte er, sich im Chaos der letzten Kriegswochen mit vier Kameraden nach Hause durchzuschlagen, wurde aber, immer noch in Wehrmachtsuniform, erneut eingezogen und kämpfte in Neapel gegen die Amerikaner. Er geriet abermals in Gefangenschaft und war mehrmals in Lebensgefahr, weil die Amerikaner die deutschen Gefangenen hinausschickten, sobald das Lager von den Deutschen beschossen wurde. Schließlich flüchtete er in amerikanischer Uniform nach Österreich und war einige Zeit in einem Lager in Judenburg interniert, von wo ihn seine zukünftige Frau unter dem Vorwand abholte, dass sie eine Arbeitskraft für die Landwirtschaft brauchte.

Das Paar heiratete 1946. In der Landwirtschaft hat sich Franz Prelog in den Augen seiner Frau nicht wirklich bewährt. Er bemühte sich, das Handwerk von Grund auf zu lernen. *Er ist mir zuliebe Bauer geworden, hat alle Kurse gemacht und wurde sogar ein ausgesprochener Experte. Alle sind fragen gekommen, wie man das macht und jenes,* schreibt Josefa Prelog in ihrer Biografie. *Er hat sich ja auch ausdrücken können wie ein Ingenieur.*[2] Nur: Das Bauerntum, wie sie es verstand, hat er in den Kursen nicht erlernt. Dort wurde nämlich schon die „moderne" technisierte Agrikultur gelehrt, mit Massentierhaltung und allem, was dazu gehört. *Wir haben die Kühe auf die Weide getrieben, und die Schweine sind frei am Hof herumgelaufen,* erinnert sich Josefa Prelog an die alten Zeiten. Jetzt wurden die Schweine in kleinen Ställen gehalten und angekettet, die Kühe standen auf Gitterrosten und rissen sich die Euter auf. Der Tierarzt war ständiger Gast. Irgendwann erkannte sie: *Mein Mann ist im Grunde seiner Seele immer Kaufmann geblieben.* Erst nach seinem Tod kehrte Josefa Prelog zur natürlichen Tierhaltung zurück. *Ich hab nie mehr ein krankes Kalb gehabt und keine Medikamente mehr gebraucht.* Das Schicksal von Tieren in industriellen Produktionsbetrieben macht sie heute noch unglücklich. *Irgendwie schmeckt mir manchmal das Fleisch nicht, weil ich mir denke, wie arm und unterdrückt sie sind.*

Der Ehe, die vierzig Jahre, bis zum Tod von Franz Prelog 1986, dauerte, entstammen zwei Kinder, ein Sohn und eine Tochter. *Mein Mann hat mich sehr geliebt,* ist Josefa Prelog überzeugt. *Er hätte sich umbringen lassen für mich.* Treu war er ihr allerdings nicht, und unter seinen außerehelichen Beziehungen hat sie gelitten. *Aber er hat mir beteuert, dann am Totenbett, er hat immer nur mich geliebt, und das hab ich ohnehin gesehen.*

Die Liebe äußerte sich freilich ähnlich wie schon bei der Mutter in Bevormundung. *Mein Mann hat mich auch nur beschützen und behüten wollen. Und da hab ich mich so langsam befreien müssen von diesen Fesseln.* Es gelang, nach und nach. Gegen den Willen ihres Mannes trat sie einem Gesangsverein bei, gegen seinen Willen erwarb sie mit 41 Jahren den Führerschein. Geldangelegenheiten blieben freilich Männersache. *Er hat mich ans Geld nicht heranlassen. Das war aber nicht nur bei mir, das haben überall die Männer verwaltet, das Geld. Die Frau hat, wenn sie etwas gebraucht hat, sagen müssen: „Bitte, ich möchte mir jetzt ein Kleid kaufen." Er hat aber nicht gesagt, was er verbraucht hat beim Kartenspiel oder ob er verloren hat oder etwas eingekauft hat. Und ich habe genau sagen müssen, das und das hab ich ausgegeben und da hat er nachgerechnet.* Der örtliche Bankdirektor hätte ihr sogar nahegelegt, sich mehr um die Finanzen zu kümmern, weil ihr Mann eher großzügig mit Geld umging. Sie lehnte ab. *Ich wäre schon fähig gewesen, aber es hat mich einfach nicht interessiert.* Wie selbstständig sie tatsächlich sein konnte, merkte Josefa Prelog erst als Witwe, die den bäuerlichen Betrieb allein führte und die Buchhaltung nunmehr selbst machen musste. *Und ich habe das mit Leichtigkeit geschafft. Das waren nur die Vorurteile der anderen gewesen.* Vieles würde sie sich heute nicht mehr gefallen lassen, meint Josefa Prelog, aber: *Die Frauen sind noch immer nicht so ganz emanzipiert. Am Land war überhaupt selten eine Frau emanzipiert.*

Die Landwirtschaft hat sie inzwischen aufgegeben, bis auf den Garten, den sie weiterhin pflegt. *Mir macht er sehr viel Spaß, der Garten, wo ich biologisch anbaue, nur mit Kompost, den ich mir selber mach, Abfälle vom Garten und ein bisschen Sägespäne. Das ist so eine wunderbare, schöne Erde. Ich habe meine eigenen Zwiebeln und Knoblauch, und bis voriges Jahr hab ich noch meine eigenen Kartoffeln gehabt.* Daneben liest sie noch immer viel, ist immer noch *bereit zu lernen, bis zum Schluss, weil ich weiß, das Leben ist ein ewiger Lernprozess.* Und es ist immer in Bewegung, selbst in dieser etwas entlegenen Grenzregion.

Mit dem EU-Beitritt Sloweniens wurde die Grenze noch offener, irgendwann wird sie vielleicht durch den Schengen-Vertrag nahezu verschwinden. Die Sicheldorfer Mineralwasserquelle wird bereits jetzt vom nahegelegenen Radenci aus vermarktet. Die Akzeptanz des Slowenischen und das Bekenntnis dazu sind ebenfalls gestiegen. 2001 nannten 2192 Steirer Slowenisch als ihre Umgangssprache, das bedeutete einen Anstieg von 29 Prozent gegenüber 1999, im Grenzland sogar um 83 Prozent. Noch 1991 hatten sich überhaupt bloß rund 1600 Personen zur Volksgruppe bekannt. Der „Artikel-VII-Kulturverein" eröffnete in Laafeld/Potrna bei Radkersburg das „Pavel-Haus" als interkulturelle Begegnungsstätte. Er hat auch mit Unterstützung des Landes Steiermark Josefa Prelogs Buch herausgegeben. Mit der Selbstständigkeit Sloweniens ist auch das Selbstbewusstsein der steirischen Slowenen wieder erwacht. Josefa Prelog hat es sich immer, auch in den dunkelsten Zeiten, bewahrt.

Anmerkungen

1 Quelle: Wikipedia, de.wikipedia.org, sv. „Sicheldorf".

2 Josefa Prelog: Leb' ich mein Schicksal aus ..., redigiert und bearbeitet von Andrea Haberl-Zemljič, Klagenfurt/Ljubljana/Wien 2002, S. 58 f.

Ich kann nicht stillhalten, wenn Unrecht geschieht

An die erste schlimme Erfahrung in ihrem Leben kann sich Agnes Primocic, geboren 1905 in Hallein, ganz genau erinnern: Ihre Eltern, die außer ihr noch fünf Kinder hatten, hatten sie und ihren jüngeren Bruder bei einem Bauern *ausgestiftet.* Vier Jahre war Primocic, geborene Reinthaler, alt, als sie auf den Kostplatz zu einem Bauern, zweieinhalb Stunden Fußweg von Hallein, gekommen ist. *Wir haben es gut gehabt bei diesem Bauern.* Dann konnten die Eltern aber den Kostplatz nicht mehr bezahlen, und Agnes musste zurück in die Stadt, in eine Kinderbetreuungsanstalt, wo das Essen gratis war. *So ist meine Kindheit verlaufen.*[1]

Mein Vater war Brauarbeiter und, wie ich später erfuhr, Sozialdemokrat. Er war fromm, wir haben jeden Tag beten müssen, und er war streng. Ein liebes Wort oder eine Zärtlichkeit, das hat es von ihm nie gegeben. Wir haben am Abend dastehen müssen wie eine Garde, und wenn der Vater heimgekommen ist, dann mussten wir ihn bedienen: einer mit dem Stiefelknecht, einer mit den Socken, der Dritte mit den Patschen, und einer hat ihm die Pfeifen hergerichtet. Einmal habe ich ihm ein Bier holen müssen, dabei ist mir der Krug heruntergefallen und er war kaputt. Dafür habe ich vom Vater solche Schläge bekommen, dass meine Mutter gesagt hat: „Hör auf, Hans, sonst bringst du sie um."

Das Geld zu Hause war äußerst knapp. *Wir waren hinter Wagen her, die etwas geliefert haben, die heruntergefallenen Kartoffeln oder Kohlen haben wir dann von der Straße aufgeklaubt.* Der Vater war als Brauereigeselle dem Bier zugeneigt und gab einen Gutteil seines Geldes dafür aus. Die Mutter verdiente mit Weißnähen zum Haushalt dazu, die Arbeit war aber sehr schlecht bezahlt.

Mit neun Jahren erlebte Agnes Primocic die Mobilmachung 1914. *Wir Kinder verstanden nicht, was das hieß, aber ich erinnere mich, dass meine Mutter händeringend und weinend heimgelaufen kam. Sie rief: „Krieg ist, Krieg ist!“ Trotzdem jubelte vorerst alles. Die Züge auf dem Weg in den Süden waren mit Kränzen geschmückt, die Soldaten trugen Eichenlaub auf ihren Mützen und sangen das Kaiserlied. Wir Kinder bekamen rot-weiß-rote Kokarden zum Anstecken und sangen und beteten in der Kirche für Gott, Kaiser und Vaterland.*

Der Vater musste einrücken, die Mutter bekam das achte Kind (zwei waren gestorben), die Lebensmittel wurden knapp. Bald nachdem der Vater wegen einer Blutvergiftung aus dem Krieg zurückgekehrt war, verließ die 13-jährige Agnes ihr Elternhaus, um sich – nach der Volksschule und drei Klassen Bürgerschule – durch Saisonarbeit, als so genanntes „Herdmädchen“, ein wenig Geld zu verdienen. Von ihrem ersten Posten in Bad Reichenhall kam sie im Winter wieder heim, um freiwillig die 4. Klasse Bürgerschule zu besuchen: *Ich wollte etwas lernen, ich wollte mich weiterbilden und in der 4. Klasse hat man wenigstens ein bisschen etwas dazugelernt: Französisch, Kochen und Stenografie.*

Mit 16 bekam Agnes eine Stelle als Telefonistin in der Stadtgemeinde. Da sie dort im Monat soviel verdiente wie ihre Schwester in einer Woche in der Tabakfabrik[2], wechselte sie in die Fabrik. Als die „Tschikweiber von Hallein“ gehen die Arbeiterinnen der Zwanzigerjahre in die Geschichte ein. Nach einem Jahr war Agnes schwanger: *Das war ganz gegen den Willen meines Vaters, der gewollt hatte, dass ich auf die Arbeiter-Hochschule, wie man es damals nannte, gehen und politische Funktionärin werden sollte.* Er hat seiner Tochter immer schon gedroht, dass er sie, falls sie schwanger würde, vor die Tür setzen werde. Primocic verließ ihr Elternhaus und suchte sich ein Zimmer: *Das war so feucht, dass das Bett an der Wand angewachsen ist.*

Primocic musste ihren Buben zu einem Bauern auf Kost geben, also so ausstiften, wie sie selbst ausgestiftet worden war. Sie konnte ihr Kind nur einmal im Monat besuchen und durfte es nie heimbringen. Sie wechselte den Kostplatz, als sie bemerkte, dass das Kind mit Bier statt mit Milch ernährt wurde. Erst als der Vater des Buben nach einem Jahr starb, durfte sie das Kind mit nach Hause nehmen. *Ich habe nie ein Kindergeld gesehen, ich habe alles mit dem Geld, das ich verdient habe, bezahlen müssen. Dadurch, dass ich einen Verdienst gehabt habe, habe ich doch erreicht, dass es dem Buben gut ging. Er ist dann später Bäcker geworden.* Seine Lehrstelle musste seine Mutter, wie es damals üblich war, bezahlen.

Primocic ging gerne zu ihrer Arbeit in die Zigarrenfabrik. Der Zusammenhalt unter den Frauen war in den wirtschaftlich schwierigen Zeiten groß. Es war Akkordarbeit, sie hatte zunächst 600 „Puppen" – das ist das Innere der Zigarren – pro Tag zu machen. Als Sozialistin engagierte sie sich vom ersten Tag an politisch in der Fabrik: *Mein ganzes soziales Empfinden ist dort erst richtig entwickelt worden.* Die Arbeiterinnen gingen gemeinsam durch dick und dünn, halfen einander und marschierten gegen Teuerungen auf. So erreichten sie auch, dass ein Inspektor, der ihnen das Jausnen verbieten wollte und immer zahlreiche Zigarren als „Proben" mitgehen ließ, versetzt wurde. *In der Fabrik bin ich zur Solidarität erzogen worden.*

Primocic las viel fortschrittliche Literatur, wie etwa August Bebels „Die Frau und der Sozialismus", und klärte die zum Teil äußerst naiven Frauen sowohl sexuell als auch politisch auf. *Immer habe ich den Frauen bei der Arbeit Geschichten erzählt, damals haben nur wenige etwas von Verhütung gewusst oder gar, was ein Orgasmus ist.*

1930 heiratete sie einen Arbeiter aus der Zellulosefabrik. Mit ihm fuhr sie 1933 nach Russland: *Wir waren schon ein bissl kritisch eingestellt in Bezug auf die sozialdemokratische Politik. Und so sind wir tatsächlich im 33er-Jahr mit einer Delegation von kommunistischen Genossen nach Moskau gefahren und haben uns fünf Wochen umgesehen in Russland. Wir besichtigten Betriebe, Schulen und Kindergärten.*

Während das Ehepaar Primocic in Russland war, wurde in Österreich das Parlament aufgelöst, Dollfuß wurde Bundeskanzler und die Kommunistische Partei wurde verboten.

Aufgrund meiner Reise in die Sowjetunion wurde ich aus der SPÖ ausgeschlossen, vor allem auch, weil mein Bericht positiv war. Der Ausschluss war ein Witz, denn bald darauf wurde auch die SPÖ verboten, und als es 1934 zum Schutzbund-Aufstand kam, erfuhr ich, wie viele von den SP-Funktionären wirkliche Genossen waren. Die große Enttäuschung für Primocic waren die Februarkämpfe 1934: *Wir waren eigentlich siegessicher, wir haben geglaubt, dass der Schutzbund eine kämpferische Auseinandersetzung zuwege bringt, bei der wir, die Arbeiterschaft, Sieger bleiben. Wir waren dann ganz von den Socken, dass die Organisation so ausgelassen hat und dass die Funktionäre nichts getan haben.*

Es ist der Generalstreik beschlossen worden, aber in dem Industriebezirk Hallein streikten ausschließlich die Arbeiterinnen der Zigarrenfabrik. Primocic war als Betriebsrätin eine der Initiatorinnen des Streiks. *Wir Frauen waren viel fortschrittlicher und kämpferischer als die Männer. Die Frauen, die ja oft die Alleinverdiener in der Familie gewesen sind, haben die Situation viel besser begriffen.*

1934 wurde Primocic dann auch zum ersten Mal verhaftet. Wegen ihrer Aktivität im Betrieb wurde eine Hausdurchsuchung beantragt, und man fand natürlich einiges Lesematerial aus der Sowjetunion. Es wurde beschlagnahmt und ihr (nicht aber ihrem Mann) der Prozess gemacht. Primocic wurde sieben Wochen lang im Halleiner Bezirksgericht inhaftiert und im Anschluss daran von der Fabrik fristlos entlassen.

Mit der politischen Arbeit hörte Primocic freilich nicht auf. Obwohl sie nie bei einer politischen Aktivität erwischt wurde, wurde sie in der Zeit der Dollfuß-Regierung noch vier Mal verhaftet – einmal sollte sie sogar für ein Jahr hinter Schloss und Riegel. Der Grund dafür: Ihr Bruder wollte kommunistisches Propagandamaterial nach Bad Goisern bringen und wurde dabei erwischt und verhaftet. Als dies nach Hallein gemeldet wurde, musste Primocic zum Bezirksgericht. Ihr Bruder hatte nämlich ausgesagt, er habe das Rad von ihr ausgeliehen. Andernfalls wäre es beschlagnahmt worden. Sie kam nach Salzburg in das Landesgericht. Ein Drittel der Strafe wurde ihr erlassen, weil sie so krank wurde, dass sie haftunfähig war. *Das kann sich heute kein Mensch vorstellen, diese Ungerechtigkeit.*

1936 gebar Primocic ein Mädchen und hoffte, dass damit endlich Ruhe in ihr Leben einkehren würde. Für Primocic war die Zeit die schönste in ihrem Leben. Sie und ihr Mann schlossen sich einer Gruppe der „Naturfreunde" an, mit der sie sich eine Almhütte zu einer Schutzhütte umbauten. Die jungen Leute suchten jedes Wochenende diese Hütte auf. Da Primocic ihre Arbeit verloren hatte, lebte die Familie ausschließlich vom niedrigen Gehalt des Mannes: *Wir haben zu Mittag einen Polenta in Wasser gekocht und einen Salat dazu gegessen. Mein Mann hat eine Speckwurst dazu gekriegt, die Kinder und ich, wir haben nur den Polenta gegessen.* Der Mann bekam außerdem eine einfache Sportausrüstung, und in die Büchergilde wurde immer wieder eingezahlt: *Auf Bücher wollten wir nicht verzichten.*

Mittlerweile war in Deutschland Hitler zur Macht gekommen, und das Gespenst des Nationalsozialismus wurde auch in Österreich immer stärker.

Als die Nazis gekommen sind, haben sie mich in der Fabrik wieder aufgenommen. Die Arbeiterschaft hat verlangt, dass sie mich wieder einstellen. Ich bin ja früher Betriebsrätin gewesen, und da haben mich die Nazis gebraucht, um sich bei der Arbeiterschaft beliebt zu machen. Natürlich haben sie mich gefragt, ob ich zur Partei gehe, wo ich doch die Stelle durch sie bekommen habe. Ich habe gesagt: „Zeigt mir zuerst, was ihr hier für die Arbeiter tut, dann könnt ihr mich noch einmal fragen." Sie haben mich nie mehr gefragt.

Bald nach Kriegsbeginn wurde die Zigarrenfabrik zu einem

Rüstungsbetrieb umfunktioniert, und damit war Primocic ihren Job wieder los. Sie brachte eine zweite Tochter zur Welt und war mit den beiden kleinen Kindern bald allein: Ihr Mann und ihr Sohn mussten in den Krieg ziehen.

1942 wurde Primocic zum fünften Mal in ihrem Leben verhaftet. Sie hatte Geld weitergeleitet, das Eisenbahner im Rahmen einer „Rote-Hilfe-Organisation" für politisch verfolgte Familien gesammelt hatten. Sie musste ihre vierjährige kranke Tochter und das einjährige Kind allein in der Wohnung lassen und wurde nach Salzburg zur Gestapo gebracht. Sieben Wochen lang blieb sie in Haft, ohne zu wissen, ob sich währenddessen jemand um ihre zwei kleinen Kinder kümmerte. Erst nach ihrer Rückkehr nach Hallein erfuhr sie, dass sich eine Nachbarin der Kinder angenommen hatte.

Um sich nicht zu gefährden, wollte Primocic künftig politisch nicht auffallen, aber sie schaffte es nicht. Immer wieder verhalf sie politischen Häftlingen zur Flucht. So versorgte sie im Spätherbst 1944 gemeinsam mit der Genossin Mali Ziegleder 17 Männer, die liquidiert werden sollten, mit warmer Kleidung. Die Häftlinge wurden in Schloss Fischhorn in der Nähe von Bruck (Pinzgau) von Hermann Göring als billige Arbeitskräfte gehalten. Erst im März 1945 erfuhr Primocic, dass die Häftlinge im Steinbruch vom Hammerwerk (Adnet)[3] gelandet waren. Bald darauf waren die Amerikaner bereits in Rosenheim. Primocic wusste, dass die SS vor dem Ende der Schreckensherrschaft alles zerstören und umbringen würde, um keine Zeugen zu hinterlassen. Sie ging also zum Lagerkommandanten und erzählte ihm, ihr Bruder sei als Häftling im Lager. Da die Amerikaner bereits vor Salzburg stünden, solle er sich Gedanken über seine Lage machen, denn die Lagerinsassen und deren Angehörige würden dafür sorgen, dass die SS-Männer zur Verantwortung gezogen würden. Die Drohung verfehlte nicht ihre Wirkung: Der Lagerkommandant ließ sämtliche Häftlinge frei. Zuvor musste sie allerdings auch noch

den Halleiner Bürgermeister überreden, Unterkünfte für die Häftlinge in der Stadt zur Verfügung zu stellen.

Man musste dem himmelschreienden Unrecht, was die Nazis taten, etwas entgegenhalten. Ich habe in meiner Jugend viel Unrecht mitmachen müssen, darum kann ich nicht stillhalten, wenn ich sehe, dass Unrecht geschieht.

Agnes Primocic' Ehemann kehrte vom Krieg nicht zurück. *Wir haben ein gutes Familienleben gehabt, er hat die Kinder so gerne gehabt, und es hat für mich nichts anderes gegeben, als meinen Mann wieder zu haben, wenn er heimkommt.* In der Hoffnung, dass er doch noch kommen könnte, ließ sie ihn nicht für tot erklären und bekam dafür fünf Jahre lang kein Waisengeld. *Die Nazi-Frauen haben ihr Kindergeld bekommen, auch wenn ihre Männer vermisst waren. So waren die Zustände damals.* Nach 1950 gab es dann einen neuen Mann in Primocic' Leben, mit dem auch noch ein Ziehsohn in die Wohnung kam. *Ich habe so viel arbeiten müssen, ich habe nächtelang genäht, damit ich was verdiene, tagsüber habe ich die Familie gehabt.*

Sie engagierte sich aber auch in der provisorischen Halleiner Stadtregierung im Bereich Fürsorge. Die Errichtung von drei Kindergärten geht auf ihr Konto. Außerdem erreichte sie, dass Halleiner Frauen deutscher Soldaten in der Stadt bleiben konnten und dass nach Abzug amerikanischer Truppen die Mieter der zurückgegebenen Wohnungen diese nicht selbst sanieren mussten.

Die Republik Österreich verlieh ihr das Silberne Verdienstkreuz und die Befreiungsmedaille, und die Stadt Hallein ernannte sie 2001 zur Ehrenbürgerin. *Das sind nur Anerkennungen, die haben aber nichts dazu beigetragen, dass es mir besser ging.*

Erst der einstige Unterrichtsminister und spätere Bundeskanzler Fred Sinowatz kam auf die Idee, Primocic als Zeitzeugin in Schulen einzuladen. In Hallein, wo sie nach wie vor lebt, hat sie ein einziges Mal in einer Schule gesprochen, und zwar in einer Volksschule.

Anmerkungen

1 In dem Bericht werden auch ein Interview von Heidi Gold mit Agnes Primocic, bearbeitet von Karin Dresing, 1991, sowie ihre Lebensgeschichte in dem Band „Der Himmel ist blau. Kann sein. Frauen im Widerstand 1938–1945", herausgegeben von Karin Berer, Elisabeth Holzinger, Lotte Podgornik, Lisbeth N. Trallor, Wien 1985, verwendet.

2 Um neue Industriebetriebe anzusiedeln, wurde die Tabakfabrik gebaut und 1871 mit 215 Arbeiterinnen bezogen. Bis 1912 erhöhte sich der Personalstand auf 510 Beschäftigte, hauptsächlich Frauen. Die Tabakfabrik überlebte den Zusammenbruch der Monarchie, aber mit zunehmendem Tempo in der Industriegesellschaft veränderten sich die Rauchgewohnheiten. Die Zigarette drängte die Zigarre in den Hintergrund, und zwischen 1922 und 1937 wurde fast die Hälfte der Arbeiterinnen entlassen, 1939 die Produktion ganz eingestellt. Ins leerstehende Gebäude zog bis Kriegsende ein Rüstungsbetrieb.
Heute steht es zum Teil leer, einige Bereiche werden für kulturelle Veranstaltungen genutzt. Siehe: Ingrid Bauer: Tschikweiber haum's uns g'nennt. Europa-Verlag, Wien 1988; Die Zigarrenfabriksarbeiterinnen sind ja berühmt gewesen. K. Steinocher-Fonds/Vlg., Hallein 1986.

3 In den Aufzeichnungen des Katalogs des Internationalen Suchdienstes des Roten Kreuzes (Quelle: Vorläufiges Verzeichnis der Konzentrationslager und deren Außenkommandos vom Februar 1969; Bd. I., Bl. 63) scheint das Nebenlager

Hallein als Arbeitskommando für das SS-Gebirgsjäger-Ausbildungs-Ersatz-Bataillon auf. Auf einem etwa 1000 Quadratmeter großen Gelände befand sich das Barackenlager eines ehemaligen Steinbruches, das laut Dachauer Akten seit 1. 9. 1943 als Häftlingslager genutzt wurde. Das noch vor der NS-Herrschaft von den Brüdern Heinrich und Andreas Deisl von den Bundesforsten gepachtete Steinbruchareal musste für den neuen Bestimmungszweck, die Unterbringung von KZ-Häftlingen, der SS überlassen werden (Quelle: Aussagen von Gerhard u. Manfred Deisl im April 2003). Das Lager wurde wahrscheinlich vom Stab der in Hallein gelegenen SS-Kaserne geleitet. Am Halleiner KZ-Standort wurden vor allem Handwerker und Hilfsarbeiter benötigt, die von SS-Männern aus Hallein im KZ Dachau ausgesucht wurden. Ihre Zahl schwankte nach den bisher vorliegenden Informationen im Zeitraum 1943 bis 1945 zwischen 30 und 90.

Die Kindheit wird mir jetzt zurückgegeben

Mit ihren knapp 90 Jahren ist Frau Rastl häufig allein im Ortszentrum von Bad Aussee anzutreffen: Forschen Schrittes, unterstützt von einem Stock, besucht sie ihren Sohn Willi in seiner Parfümerie oder ihre Tochter Helga in deren Trachtengeschäft, oder sie geht auf den Friedhof. „Genau zu Mittag, wenn es am heißesten ist", ärgert sich dann gelegentlich die Tochter über die anstrengenden Ausflüge ihrer Mutter. Schließlich muss diese erst einmal eine steile Hangstraße bergab überwinden, um von ihrem Bungalow am Ortsrand in das Zentrum zu gelangen.

Noemi Rastl, 1915 geboren, ist nicht nur von ihrem Geburtsjahr her ein Kind der Monarchie. Genauer gesagt: der zerfallenden Monarchie. Der Vater diente als Offizier in der kaiserlich-königlichen Armee und kämpfte an der italienischen Front. Die Mutter war Italienerin beziehungsweise „Welschtirolerin". Ihre Heimat lag an einer der Bruchstellen, an denen sich bald neue Gräben zwischen den Nationen öffnen sollten: in Torbole am Gardasee, damals noch Südtirol, wenn auch hart an der italienischen Grenze, heute Trentino. Ihre Eltern besaßen dort ein Hotel. Als sich der Verlust Südtirols abzeichnete, ging sie nach Scharnstein bei Gmunden, von wo ihr Mann, Noemis Vater, stammte. *Sie ist eigentlich geflüchtet. Hat nur mitgenommen, was sie tragen hat können.* Die lokale Bevölkerung nannte sie „die Walische". Deutsch hatte die frühzeitig Verwaiste zwar im Internat gelernt, den oberösterreichischen Dialekt beherrschte sie lange Zeit nicht, bemühte sich aber sehr, ihn zu erlernen. Ihre italienische Herkunft wollte sie so gut es ging verheimlichen, mit gutem Grund. Die Österreicher waren damals auf den Kriegsgegner nicht gut zu sprechen. Den Kindern hat sie ihre Muttersprache nie beigebracht, was Noemi Rastl heute bedauert. Damals hätte sie sich aber auch nicht dafür interessiert, gibt sie zu, weil sie eben nichts Gutes über die Italiener gehört hatte.

Den seltenen Vornamen hat Noemi Rastl von ihrer Mutter, einen zweiten, ebenfalls nicht alltäglichen – Aphra –, von deren Schwester. *Das ist ein typischer Südtiroler Name.* „Noemi" ist die italienische Variante eines alttestamentarischen Namens.[1] Im Buch Rut ist Noemi eine Israelitin, die wegen schlechter Lebensbedingungen samt ihrer Familie ins Land der Moabiter zieht, dort ihren Mann und beide Söhne verliert und allein mit einer moabitischen Schwiegertochter nach Jerusalem zurückkehrt, wo sie sagt, man solle sie nicht mehr „Noemi", die Liebliche, sondern „Mara", die Bittere, nennen. In der Lebensgeschichte der Noemi Rastl finden sich durchaus einige Elemente dieser biblischen Novelle wieder: das Thema Fremdheit, das Thema Verlust, das Thema Rückkehr.

Mit dem „exotischen" Namen ist Noemi Rastl nicht immer gut zurechtgekommen. Die Eltern nannten sie *Emi*, und sie nannte sich selbst auch so, was dazu führte, dass viele das „Emi" als Koseform von „Emma" missverstanden. Sie insistierte darauf, „Emi" zu heißen, sogar in der Schule, sogar vor Behörden. Allzu oft hat sie gehört, Noemi sei ein komischer Name. *Jetzt erst sagen viele zu mir Noemi.* Inzwischen ist der Name auch gar nicht mehr so ausgefallen. Wer in die Internet-Suchmaschine „Noemi" eingibt, erhält eine Million Funde, für die englische Namensform „Naomi" sind es fünf Millionen.

Die Familie war groß. Noemi Rastl war die älteste von sieben Geschwistern, von denen eines mit drei Monaten an der *„Fraisen"*[2] starb. Als Älteste hatte sie viel Verantwortung für die Kleineren zu tragen, und *wenn sie was angestellt haben, habe ich es abgekriegt.* Dazu kam wirtschaftlicher Druck. *Finanziell haben wir uns auch nichts leisten können. Ich habe auf alles verzichten müssen, das haben alles die Jüngeren gekriegt.*

Dabei hatte sich die wirtschaftliche Situation nach dem Krieg durchaus hoffnungsvoll angelassen. Die Mutter bekam ihren Anteil am Hotel in Torbole ausbezahlt, der Vater ließ sich vom

Heer abfertigen, und von diesem Geld kauften die beiden das „Bräustüberl", ein Gasthaus in Bad Aussee. Nachdem es unter den Gästen – darunter etliche ausländische Bauarbeiter – regelmäßig zu Saufgelagen mit anschließenden Wirtshausraufereien gekommen war, hatte der Vater von der Gastwirtschaft genug und wollte stattdessen das Hotel „Moor" in Gmunden erwerben. Das war in den frühen Zwanzigerjahren. Der Verkaufsvertrag für das „Bräustüberl" war bereits unterzeichnet, der Kaufvertrag für das Hotel noch nicht, da kam die Geldentwertung. *Somit ist das Geld, das er da gekriegt hat für das Haus, nur mehr ein paar Schuhe wert gewesen.*

Nachdem der Traum vom eigenen Hotel ausgeträumt war, *sind wir halt viel herumgekommen in Österreich.* Noemi Rastl weiß nicht mehr genau, an wie vielen Orten sie gelebt, wie viele Schulen sie besucht hat, jedenfalls ist sie *nirgends recht daheim gewesen,* bis der Vater schließlich in Steyr bei den Steyrwerken eine Stelle als Hilfsarbeiter bekam. Gereicht hat das Geld trotzdem kaum. Eine Unterkunft war schwer aufzutreiben. *Niemand hat damals eine Familie mit sieben Kindern wollen.* Schließlich fand sich eine kleine, aus einem einzigen Raum bestehende Wohnung, in der die Familie zusammengepfercht lebte. Bis zu drei Kinder schliefen in einem Bett.

In den Ferien schickte der Vater die älteste Tochter zu ihrer Firmpatin, einer Großbäuerin, *damit du weißt, wo das Brot herkommt.* Dort musste sie um vier Uhr aufstehen und *am Feld arbeiten, heuen helfen, Garben zusammentragen, Jausen tragen für die anderen Leute am Feld. Feldarbeiten, Waldarbeiten, Sau füttern, Hendln füttern, den ganzen Vierkanthof absuchen, wo die Hennen die Eier hingelegt haben, die habe ich alle Tage suchen müssen.*

Als Noemi Rastl noch keine 14 Jahre alt war, nahm sie der Vater vorzeitig aus der Schule, *damit eins weniger wird an der Schüssel.* Auf den Einwand der Schuldirektorin, dass sie doch so talentiert sei, meinte er nur, *ich habe so viele Kinder, ich bin froh, wenn eines weg ist.* Damit endete abrupt ein Lebensabschnitt, von dem Noemi Rastl sagt: *Eine sehr traurige Kindheit habe ich eigentlich gehabt.*

Die nächsten zwei Jahre arbeitete sie auf dem Bauernhof der Firmpatin, bis der Vater fand, *jetzt ist es genug,* weil er deren Plan, das Patenkind in ein Kloster zu stecken, ablehnte. Noemi Rastl arbeitete dann in einem Gasthaus, wo sie kochen lernte. Die Arbeitsleistung wurde durch Verköstigung abgegolten, Lohn gab es keinen. *Da habe ich froh sein müssen, dass sie mir wenigstens die Krankenkasse gezahlt haben.*

Die Ereignisse des Februar 1934 hat sie in Steyr miterlebt. *Das Bundesheer hat mit Kanonen geschossen auf die Stadt und auf die Steyrwerke. Ich bin auf die Terrasse gegangen und habe die Wäsche aufgehängt, und die haben schon alleweil mit dem Fernrohr hergeschaut, was da los ist. Ich habe keine Ahnung gehabt, dass ich das nicht darf. Bis die Nachbarn gekommen sind und gesagt haben: „Weg von da, die fangen an zu schießen!" Weil sie geglaubt haben, dass ich irgendwas mache, dass ich da irgendein Zeichen gebe. Da hat man schon gehört, wie sie schießen. Sie haben die Häuser auf der Ennsleiten zerschossen, und die Leute sind herumgelegen. Wer auf der Straße gegangen ist, ist erschossen worden.*

Die Eltern waren in ihrer politischen Ausrichtung nach wie vor kaisertreu, *sehr kaisertreu* sogar, wie Noemi Rastl betont. Der Vater etwas weniger, weil er den Habsburgern die Schuld am Verlust Südtirols gab, die Mutter dagegen so sehr, dass sie ein Bild Otto von Habsburgs über dem Bett aufhängte, das sie erst nach dem deutschen Einmarsch aus Furcht vor Denunziation entfernte. *Ich glaube, sie hat es dann sogar verbrannt,* mutmaßt die Tochter, die ihrerseits in Steyr eine Zeit lang bei den sozialistischen Kinderfreunden gewesen war, ohne genau zu wissen, worum es da politisch ging. *Da habe ich irgendwie ein Zugehörigkeitsgefühl gehabt.* Der Mutter war das nicht recht, aber andererseits meinten die Eltern, *irgendwas brauche ich, weil ich eh eine schwere Kindheit gehabt habe.* Indoktriniert ist sie bei den Kinderfreunden nicht worden.

Nachdem sie noch in verschiedenen Gasthäusern als Köchin gearbeitet hatte, ging Noemi Rastl nach Bad Aussee. Die Mutter war unglücklich darüber, dass die Tochter an die Stätte der finanziellen Katastrophe ihrer Eltern zurückkehrte, aber sie ließ sich nicht abbringen und blieb dort zwei Jahre unter wenig erfreulichen Lebens- und Arbeitsbedingungen. *Da hat es keine Freizeit und keinen Urlaub gegeben, gar nichts.* Gewohnt hat sie *in einem feuchten Raum. Wenn ich meine Schuhe herausgenommen habe, waren die verschimmelt, das Gewand war verschimmelt, weil daneben die Waschküche gewesen ist. Das war mein Schlafraum.*

1936 folgte sie ihrer Schwester nach Holland und wurde Köchin bei der Familie eines englischen Zigarrenfabrikanten, der eine Fabrik in Amsterdam und Plantagen in England besaß. Sie wurde mit einem Lebensstandard konfrontiert, der haushoch über dem war, was sie bisher gekannt hatte. Die Familie war steinreich, mit einem strohgedeckten Landhaus und einem eigenen Reitklub. Sie musste nicht nur kochen, sondern auch servieren. Man achtete sehr auf Form: *Am Tag war ich blau-weiß, am Abend schwarz-weiß gekleidet.* In Holland erlebte sie den Anschluss Österreichs. *Da habe ich dann so viel geweint, als wenn ich gespürt hätte, dass das nichts ist. Da haben sie gesagt: „Warum freust Du Dich nicht? Hörst Du nicht, wie die Leute jubeln?" Da habe ich gesagt: „Ich habe Angst."* Sie hatte drei Jahre in den Niederlanden verbracht, wäre gern ein viertes geblieben, aber die Aufenthaltsbewilligung wurde nicht verlängert, weil der „Führer" Arbeitskräfte für das „Reich" brauchte.

1939 war sie somit zurück in Steyr, erhielt ein Angebot aus Bad Aussee und arbeitete dort wieder im Gastgewerbe, diesmal bei einem anderen Arbeitgeber unter besseren Bedingungen. Mit 24 lernte sie einen 13 Jahre älteren Mann kennen, der auch eine schwere Jugend hinter sich hatte und eine Drogerie betrieb. Die

Beziehung wurde von ihrer Dienstgeberin eingefädelt. Es war keine Liebe auf den ersten Blick. *Ich kann doch nicht einen Menschen heiraten, wo keine Liebe vorhanden ist,* wehrte sie sich anfangs, aber die Chefin meinte nur: „Die kommt, wirst sehen, die Liebe kommt." Sie kam tatsächlich. Noemi Rastl sehnte sich nach Geborgenheit und einem *Daheim, was ich nie gehabt habe. Weil ich nie Beziehungen gehabt habe, weil ich eigentlich immer fremd war.* Der künftige Ehemann machte von Anfang an kein Geheimnis daraus, dass er schwer herzleidend war, nahm sie sogar zum Arzt mit. *Der Arzt sagte: „Leicht werden Sie es nicht haben."* Es war die Wahrheit. *Er ist immer zehn Schritte gegangen, dann wieder stehen geblieben, hat Luft schöpfen müssen.* Sie kochte für ihn salzarme Diätkost und umsorgte ihn auch sonst. Im Mai 1941 heirateten sie, im November wurde die Tochter geboren, eineinhalb Jahre später der Sohn.

Irgendwann wurde Noemi Rastls Mann bettlägerig. Sie pflegte ihn, bis jemand meinte, im Geschäft gehe es *nicht mit rechten Dingen zu.* Daraufhin kümmerte sie sich mehr um das Geschäft und organisierte für die Pflege eine geistliche Schwester, die so viel betete, dass der Mann schließlich entsetzt sagte: „Die betet mir das Leben ab", und seine Frau wieder als Pflegerin zurückreklamierte. 1947 starb er. Er schlief damals im Wohnzimmer, und so, als hätte sie eine Vorahnung gehabt, machte sich an jenem Abend auch Noemi Rastl ihr Bett im Wohnzimmer. *„Ich habe keine Ruhe, ich bleib lieber, ich mach mir da ein Bett, wenn Du etwas brauchst, bin ich bei Dir"*, sagte sie. *Und dann habe ich halt heraußen geschlafen, und auf einmal, vor Mitternacht um halb zwölf, ruft er mich schon. „Ja, was ist?" „Die Leibschüssel brauch ich, die Leibschüssel." Bis ich ihn dann endlich auf der Leibschüssel gehabt habe, fällt er mir schon im Arm zurück, stirbt er mir schon im Arm.* Trotz der späten Stunde rief sie ihre Hausgehilfin, gemeinsam wuschen sie ihn und zogen ihm sein Hochzeitsgewand an. Manche hielten das in der Nachkriegszeit für einen unpassenden Luxus.

Noemi Rastl hatte es überhaupt schwer als Witwe in Bad Aussee. Sie hatte in der Zwischenzeit eine Fotolehre gemacht und konnte Filme entwickeln, aber sie verfügte über keine Drogistinnenausbildung und musste daher innerhalb eines Jahres einen Geschäftsführer nominieren, um den Betrieb weiterführen zu können. Von der bürgerlichen Ausseer Gesellschaft – *besonders von den Spießbürgerlichen,* wie sie sagt – war die Zugewanderte nie richtig akzeptiert worden. Die Besitzer der Apotheke, in deren Haus auch die Drogerie untergebracht war, warteten nur darauf, dass sie kommerziell scheitern würde. *So quasi, was will denn die, was kann denn die?* Es gab immer wieder Kontrollen durch den Amtsarzt, *arge Schikanen.*

Noemi Rastl hielt aus. Durch große Sparsamkeit erwarb sie schließlich ein leerstehendes Lokal *(da war alles verschimmelt und vermodert),* sanierte es, um aus dem Apothekerhaus wegzukommen, kaufte dann auch den Grund und erfüllte sich einen Traum: *Endlich einmal ein eigenes Haus.* Und sie sorgte dafür, dass ihre beiden Kinder die Drogistenlehre absolvierten, um später das Geschäft übernehmen zu können.

Die beiden *älteren* Kinder, muss man an dieser Stelle betonen. Denn es gab noch ein drittes, dessen Geburt wohl auch etwas damit zu tun hat, dass die *Spießbürgerlichen* der Bad Ausseer Gesellschaft Noemi Rastl nicht mochten und von ihr nicht gemocht wurden. *Ich habe halt weder links noch rechts geschaut, sondern nur geschaut, dass ich irgendwie durchkomme. Ich habe mich mit niemandem angefreundet, mit keinem Menschen Kontakt gehabt, weil ich gewusst habe, die sind alle nicht ehrlich. Sie haben einen Kontakt gesucht, um mich irgendwie ausheben zu können, und das habe ich kapiert.* Nichtsdestoweniger lernte sie einen Mann kennen, der sie sogar heiraten wollte. Vor dem wurde sie allerdings gewarnt: Er sei zweimal geschieden und ein *Lebemann.* Zu einer Beziehung kam es trotzdem. Die Warnung bewirkte bloß, dass Noemi Rastl ihn nicht heiratete und nicht, wie er wollte, ins Grundbuch eintragen ließ. *Er war nur interessiert, damit sein Sohn ein schönes Erbe gehabt hätte.* Trotzdem bestand die Liaison fünf Jahre, und die beiden hatten eine Tochter. Im Übrigen unterhielt er weiterhin Beziehungen zu anderen Frauen, *bis er sich dann eine ganz junge gefunden hat, und das war sein Ende, das hat sein Herz nicht mehr ausgehalten.*

Die gemeinsame Tochter hatte ein tragisches Schicksal. Zunächst musste sie den Mädchennamen ihrer Mutter führen, was – zu jener Zeit und an diesem Ort – einem Stigma gleichkam. *Wieso heißt du Raffelsberger, wenn die anderen Rastl heißen? Das hat sie sehr gekränkt, muss ich sagen.* Als die anderen Kinder großjährig waren, hätte sie mit deren Zustimmung den Namen ändern können, aber da hatte sie sich schon zu sehr an den ihren gewöhnt und verzichtete. Mit zehn Jahren wurde bei ihr Diabetes festgestellt. Symptome hatte sie wohl schon vorher gehabt. *Sie ist für alle möglichen Krankheiten behandelt worden, aber niemals, niemals hat wer gedacht … Bis ich selber draufgekommen bin, weil auf dem Klodeckel sind so Tropfen gewesen, das hat so gepickt wie Honig, und da sag ich: „Was ist denn das, hast du heute mit dem Honig herumhantiert am Klo?" Da sagt sie: „Warum soll ich da mit dem Honig …?" Da bin ich auf die Idee gekommen, die wird doch nicht Zucker haben.* Sie hatte Zucker, und zwar schon seit ihrer Geburt. Zu dem Zeitpunkt, als die Krankheit erkannt wurde, gab es bereits Gefäßveränderungen und Nervenstörungen. Später kamen Augenblutungen, vorübergehende Erblindung, Laserbehandlung, erneute Augenblutungen, weitere Laserbehandlungen dazu. Sie wurde aggressiv und depressiv. Sie sperrte sich ein, zündete eine Kerze an und ließ sie die ganze Nacht brennen. *Sie hat Licht gebraucht. Sie hat nie ohne Licht geschlafen.* Schließlich wurde auch noch Schizophrenie diagnostiziert.

In den Spitälern in Graz und Lainz wurde der Diabetes behandelt, zeitweise ging es ihr besser. So auch am 6. Dezember, dem Nikolaustag des Jahres 1997. *Jetzt kann ich zehn Jahre leben, sagte sie, normal leben.* Und das mit der Schizophrenie, das sei zu hoch gegriffen, *ich bin nicht schizophren.* Dann erledigte sie die Weihnachtspost, wusch die ganze Wäsche. *Jedenfalls ist sie dann den ganzen Tag so unruhig gewesen, sehr unruhig. Alles wollte sie erledigen.* Am Abend klagte sie über Schmerzen in der Schulter, wollte nicht, wie gewohnt, fernsehen, ging bald zu Bett. Am Morgen erschien sie nicht zum Frühstück. *Jetzt geh ich hinauf, wecke sie auf. Geh bei der Tür hinein, das Bett ist leer. Schau ich hinter die Tür, liegt sie am Boden, tot. Sie ist total verkrampft gewesen, total verkrampft am Boden gelegen. Ich bring das nicht aus dem Kopf, heute noch nicht.* Kurz vorher hatte sie geplant, zusammen mit der Mutter von dem Geld des Bausparvertrags, der kurz vor der Auszahlung stand, eine Reise zu machen. *Die Reise,* sagt die Mutter, *hat sie gemacht, aber woanders hin.* Als sie starb, stand die Tochter vor der Vollendung ihres 42. Lebensjahrs. Zwischen der Entdeckung der Krankheit und ihrem Tod lagen 32 Jahre.

Das Resümee der Lebensgeschichte von Noemi Rastl ist auf eine unspektakuläre Weise bemerkenswert: Von den 89 Jahren ihres Lebens war sie nur sieben verheiratet, und in dieser Zeit hat sie einen kränkelnden Mann unterstützt, gepflegt und sterben gesehen. Sie hat zwei gesunde Kinder erzogen, gleichzeitig ein Geschäft betrieben und ein Haus gebaut. Und sie hat über drei Jahrzehnte eine physisch und psychisch Kranke betreut und alle Hochs und Tiefs mit ihr geteilt. Und doch spricht sie nur von einer schweren Kindheit. Die, meint sie, werde ihr nun vergolten. *Ich sage immer, die Kindheit wird mir jetzt zurückgegeben. Die Ruhe und die Zufriedenheit und dass ich meinen Kindern etwas bieten habe können, eben durch meine Bescheidenheit und meine Arbeit und alles, was ich gemacht habe.*

Inzwischen ist sie auch gern in Bad Aussee. Früher wollte sie nach ihrem Tod in Steyr verbrannt werden. *Ich will nicht ins nasse Grab. Ich habe es gerne warm. Ich bin ein Schütze, der liebt das Feuer.* Jetzt möchte sie in Bad Aussee ins Familiengrab. Ihr Sohn hätte die Urne lieber beim Haus, sie lehnt das ab. *Nein, sage ich, weil*

nach Dir kriegen dann andere das Haus, und dann lande ich auf dem Müllberg. Das brauche ich auch nicht. Ich will ins Familiengrab. Da sind jetzt mein Mann und die Ingrid drinnen. Und nach mir kann immer noch wer hineinkommen, das ist ja ein Doppelgrab.

Wahrscheinlich braucht es diesen Sinn fürs Praktische, um unter solchen Lebensumständen nicht von „Noemi", der Anmutigen, zu „Mara", der Verbitterten, zu werden.

Anmerkungen

1 Daneben gibt es Naomi, Naemi, usw. Moderne deutsche Bibelübersetzungen schreiben „Noomi". Der hebräische Originaltext wies ursprünglich keine Vokalzeichen auf, was bei manchen Eigennamen mitunter zu divergierenden lateinischen Umschriften führt.

2 Traditionelle Bezeichnung für Kinderkrankheiten mit krampfartigen Anfällen.

Ich fühle mich zu Hause und irgendwie fremd

Hedy Reeds lebt seit 35 Jahren in Kansas City, dem geografischen Mittelpunkt der USA, in einem für diese Gegend typischen Haus im Kolonialstil mit großer Veranda.

Untypisch für den Mittelwesten sind der große Flügel im „Living Room", dem großzügigen Wohnzimmer, und die zahlreichen CDs mit klassischer Musik sowie die vielen Bücher. Hedy besucht mit ihrem Mann Jim jedes Jahr zumindest einmal Wien, ihre ursprüngliche Heimatstadt. Sie steigen dabei jedes Mal in derselben etwas altväterischen Pension in der Nähe vom Schwedenplatz ab. Dort kennt man sie schon lange, selbst das Ehepaar vom Obststand am Schwedenplatz begrüßt sie jedes Mal. *Solche Kleinigkeiten freuen uns.* Außerdem wohnte vor dem Krieg Hedys Onkel Ferdinand am Schwedenplatz. Die Abende dieser Wien-Aufenthalte werden schon in den USA minuziös geplant: Das Ehepaar ist geradezu „süchtig" nach Opern, Konzerten, Museen und Theatervorstellungen. *Nur den Nestroy verstehen wir nicht so gut.* Der Abschied nach den ein- bis zweiwöchigen Kulturmarathons gestaltet sich meist ein wenig wehmütig. Es bleibt die Freude auf den nächsten Besuch in Österreich, aber auch die Frage, wie oft man die lange Reise von Kansas City nach Wien noch schaffen würde.

Wir haben uns vor einigen Jahren in Kansas City kennen gelernt, zum Interview trafen wir einander aber während eines Europa-Trips von Hedy und ihrem Mann in Wien.

Die meisten österreichischen Emigranten, die vor den Nationalsozialisten in die USA geflohen waren, ließen sich in der Nähe der Ost- oder der Westküste nieder. Für Hedy Reeds, geborene Hedwig Neumann, jedoch wurde der Bundesstaat Missouri zur zweiten Heimat: Schließlich ist sie seit fast 60 Jahren mit James A. Reeds II, einem Amerikaner mit viel Witz und Charme, verheiratet. Jim kommt aus einer altamerikanischen Familie. Er wurde in Kansas

City geboren und ist nach einigen Wanderjahren als Student, Soldat und Professor für Sprachwissenschaften wieder dorthin gezogen.

Hedy, 1923 in Wien geboren, erinnert sich an eine behütete Kindheit, die sie mit ihrem um drei Jahre älteren Bruder Otto im Schutz eines eigenen Kindermädchens verbrachte. Der Vater war Partner einer kleinen Papierfabrik im neunten Bezirk. *Obwohl es schlechte Zeiten waren, schien es meinen Eltern ziemlich gut gegangen zu sein. Wir hatten eine große Wohnung mit schönen Möbeln, einen Flügel, herrliches Silber, viele Bilder und Bücher. Meine Mutter war eine wunderbare Person, ein freundlicher, fröhlicher Mensch; sie hat viel gelacht und gesungen, am liebsten Lieder aus Operetten.*

Der Vater war ein *liebenswürdiger Mann*, der sich gern mit den Kindern befasste. Am Abend spielte er Domino, Dame oder Mühle mit ihnen, und manchmal ging er mit ihnen ins Raimundtheater zu Märchenaufführungen oder ins Kino. Am Sonntag spazierte die Familie gern in den Burggarten oder Stadtpark.

Über Politik und Religion wurde im Hause Neumann nicht viel gesprochen. Der Vater war Sozialist und schwärmte manchmal von den „guten alten Zeiten" unter Kaiser Franz Joseph. *Er mahnte uns, aufrichtig und fleißig zu sein. Ich höre ihn, wie er sagte: „Als Juden müsst ihr besonders fleißig sein."* Die Eltern gehörten der mosaischen Glaubensgemeinschaft an, waren aber nicht sehr fromm. Die wichtigen jüdischen Feiertage wurden gehalten, *besonders Pessach, zusammen mit anderen Verwandten bei dem frommen Großvater, der glücklicherweise vor dem Anschluss starb.*

Hedy besuchte die Volksschule und die ersten zwei Klassen des Gymnasiums und erlebte selten antisemitische Bemerkungen. Ihr Bruder dagegen wurde ein paarmal verhauen, weil er Jude war, und trug daher immer einen Gürtel, um sich zu wehren. 1935 zog Hedys Vater aus beruflichen Gründen nach Krakau und nahm seine Frau und seine Tochter mit nach Polen. Hedys Bruder Otto ging in der Zeit in Italien in eine zionistische Marineschule. In Krakau bekam Hedy zuerst deutschen Privatunterricht und besuchte dann kurz eine polnische Schule, ehe sie in ein *ausgezeichnetes* jüdisches Gymnasium wechselte. Sie konnte auch den Klavierunterricht, mit dem sie bereits in Wien begonnen hatte, fortsetzen.

Hedys Mutter konnte in Krakau nicht Fuß fassen und zog daher 1937 mit ihrer Tochter wieder nach Wien. Inzwischen war auch Otto wieder heimgekehrt, und so lebte Frau Neumann mit ihren zwei Kindern in Wien, und ihr Mann kam, so oft er es beruflich einrichten konnte, aus Krakau zu Besuch. Hedy besuchte ein privates Mädchengymnasium mit vielen jüdischen Schülerinnen. *Dort empfand man überhaupt keinen Antisemitismus.* Nach dem Anschluss war es anders. *In der Schule hat sich nichts geändert, außer dass die Lehrerinnen jetzt alle Parteiabzeichen trugen.*

Außerhalb der Schule jedoch hörte man schreckliche Geschichten von Arresten, Demütigungen, Brutalitäten und Selbstmorden. SS-Männer standen vor den jüdischen Geschäften und ließen keine Leute hinein. Einmal, als ich im ersten Stock am Fenster stand, marschierte eine Gruppe Männer vorbei und drohte mir mit den Fäusten. Das hat mir große Angst gemacht.

Ihre ledige Tante Anny, eigentlich eine Cousine von Hedys Mutter, ging als Köchin nach England, was für Hedy später ein großes Glück war. Hedys Bruder und Cousin, der auch Otto hieß, gingen über Italien und Frankreich nach England, ein anderer Cousin, Joschi genannt, fand jemanden, der für ihn in Amerika bürgte, und eine Cousine wurde mit einem Kindertransport nach Palästina geschickt. *Unser Dienstmädchen kündigte, denn ihr Bräutigam wollte nicht, dass sie bei einer jüdischen Familie arbeitet.*

Hedy und ihre Mutter räumten ihre Wohnung, gaben das Inventar zu einer Speditionsfirma und zogen als „zahlende Gäste“ zu Bekannten. Im Oktober 1938, kurz vor der Kristallnacht, flohen Mutter und Tochter mit gefälschten Visa nach Polen, wo Herr Neumann in Krakau auf sie wartete. Die Familie lebte vorläufig bei einem wohlhabenden Onkel in Krakau. Inzwischen beschwor Hedys Bruder seine Eltern in mehreren Briefen, Hedy nach England zu schicken, weil es in Polen gefährlich werden könnte. Otto, der selbst erst 18 Jahre alt war, schrieb seine Schwester in ein Mädchenpensionat in dem kleinen südenglischen Ort Caterham, Surrey, ein. Schweren Herzens überredeten die Eltern ihre 15-jährige Tochter, sie zu verlassen und ihrem Bruder nach England zu folgen. Hedy sollte ihre Eltern nie mehr wieder sehen. Die Trauer darüber hat sie nie ganz verwunden.

In der Schule waren außer Hedy noch zwei jüdische Mädchen aus Deutschland, aber eine Musiklehrerin, selbst deutsche Emigrantin, riet Hedy, nicht mit ihnen zu verkehren, denn sie sollte schnell Englisch lernen. Hedy freundete sich mit zwei Schulkolleginnen an und war häufig bei deren Familien eingeladen. Als der Krieg ausbrach, war Hedy in großer Sorge um ihre Eltern in Polen. *Damals wurde mir die Musik sehr wichtig. Ich übte stundenlang Klavier, um mich von meinen Sorgen abzulenken, und lernte auch Flöte spielen. Als ich zwei Preise als beste Pianistin der Schule gewann, träumte ich von einer Karriere in der Musik.*

Hedy fing mit 17 Jahren an zu arbeiten. Von den Behörden wurde sie als „enemy alien", also als feindliche Fremde, betrachtet, und erst vor Gericht konnte sie die Engländer überzeugen, dass sie eine „friendly alien", eine freundliche Fremde, war. Da es in London und im Süden Englands tägliche Luftangriffe gab, verschaffte ihre Tante ihr eine Stelle in einem Internat, das von der Südküste nach Wales evakuiert war. Dort spürte sie nichts vom Krieg.

Die Schule, in einem Herrschaftshaus, war wunderschön gelegen, von Wiesen und Bergen umgeben. Hedy half einer Kindergärtnerin, spielte für Gesang- und Tanzstunden Klavier sowie Harmonium zum Gottesdienst. *Meine Lieblingskinder waren zwei kleine behinderte Buben: Brian auf Krücken und Michael im Rollstuhl. Es waren süße Kinder, immer freundlich und gut gelaunt. An denen nahm ich mir ein Beispiel. Es gab nicht viel zu essen, und der Lohn war lächerlich.* Sie hielt es ein Jahr dort aus.

Danach ging Hedy wieder nach Surrey, wo ihre Tante in einem

Herrschaftshaus Köchin war. Der Butler dort war ein Wiener Rechtsanwalt, seine Frau war das Stubenmädchen, und Hedy half im Haushalt mit. Als sie dann noch auf ein kleines französisches Kind aufpassen sollte, riet ihr die Tante, eine kleine Lohnerhöhung zu verlangen. Daraufhin wurden sie und die Tante prompt gekündigt. Die Putzfrau des Hauses lud beide ein, bei ihr in Guildford zu wohnen, bis sie Arbeit finden konnten. Die Tante fand rasch eine Stelle als Tortenköchin in einem „Tea Room", einer Art „Teehaus". Von da an wohnte Hedy bei ihrer Tante, die eine geräumige Dienstwohnung bekam. Hedy jobbte im „Tea Room" und lieh sich zusätzlich 20 Pfund aus, um sich in eine Schule für Sekretärinnen einzuschreiben. Der Kurs dauerte zwei Jahre, aber das Geld reichte nur drei Wochen, so musste sie in Windeseile die Kurzschrift und tippen lernen. Sie bekam einen Posten bei einem Makler und später als Kriegsarbeiterin in einem Sägewerk.

Mit der Hilfe der Quäker-Gemeinde[1] gründeten die Emigranten einen internationalen Klub, in dem sie ihre Erfahrungen austauschen konnten, aber auch miteinander musizierten und Sport betrieben. *Eines Tages erschien im Klub ein großer fescher kanadischer Soldat namens Joe. Es war Liebe auf den ersten Blick.* Sie verlobten sich zu Hedys 21. Geburtstag. Zur Hochzeit kam es nicht, denn Joe fiel im Krieg. Hedy suchte wieder Zuflucht in der Musik. Sie nahm Flötenunterricht und spielte in einem Amateurorchester.

Unmittelbar nach Kriegsende überredete eine Freundin Hedy, mit ihr nach Deutschland zu gehen. Die amerikanische Armee suchte deutschsprachige Leute für die Postzensur. Hedy dachte, das wäre eine Gelegenheit, mehr über das Schicksal ihrer Eltern zu erfahren. *Das letzte Mal habe ich von ihnen einen Brief mit 25 Wörtern durch das Rote Kreuz aus einem Ort in der Nähe von Lemberg bekommen. Der Brief war mit Juni 1941 datiert. Bekommen habe ich ihn 1942. Ich habe ihn immer noch.* Hedy hat trotz mühseliger Recherchen bis heute nicht erfahren, wo und wie ihre Eltern umgekommen sind. *Die offenen und quälenden Fragen warfen immer wieder Schatten auf mein Leben.*

Ende August 1945 fuhren die beiden Freundinnen schließlich in US-Uniform nach Offenbach, wo die „Civil Censorship Division"[2] gelegen war. Die Zerstörung, besonders in Frankfurt, war fürchterlich anzusehen. *Ich hatte Mitleid, konnte aber keinen Deutschen ansehen. Es könnte einer sein, der unschuldige Menschen ermordet hat, es könnte seine Frau sein oder sein Kind. Mit der Zeit linderte sich dieser Abscheu.*

Hedys Cousin Joschi, jetzt amerikanischer Soldat in der Nähe von Offenbach, besuchte sie häufig. Eines Tages brachte er einen Freund, James A. Reeds, mit, der rasch für die sensible junge Frau entflammte. Jim gefiel ihr, denn er war gutaussehend, amüsant und sehr höflich. Vor allem aber war er hartnäckig und geduldig. Jim, der als Dolmetscher ausgebildet war und perfektes Deutsch sprach, arbeitete bei der Militärregierung in der Kunstabteilung. *Er zeigte mir einmal in einem Lagerhaus wertvolle Kunstwerke, die von den Nazis gestohlen worden waren und jetzt wieder in die verschiedenen Länder geschickt werden sollten. Als Jim dann einige Zeit in Berlin verbrachte, vermisste ich ihn sehr.* Kaum ein Jahr später heirateten sie in England.

Vorher fragte er, selbst Methodist, ob Hedy wünsche, dass er sich zum Judentum bekehre. Sie lehnte es ab, weil sie seit ihrem 15. Lebensjahr keinen Kontakt mit einer jüdischen Gemeinde hatte. Die beiden Kinder gingen dann in die liberale unitarische Sonntagsschule.[3] *Die Tatsache, dass später meine erwachsene Tochter sich zum Judentum wandte, linderte mein Schuldgefühl, den Glauben meiner Vorfahren nicht weiter ausgeübt zu haben, besonders weil meine Eltern und zehn andere Verwandte dafür starben.*

Sobald Hedy schwanger war, zog sie mit ihrem Mann Jim in die USA. Sie lebten drei Jahre in Iowa City. Jim setzte sein Studium fort, und Hedy besuchte ebenfalls die Universität, ein paar Jahre als Sekretärin und dann wieder als Studentin. Ihr Russischstudium beendete sie in Michigan, nach der Geburt ihres zweiten Kindes. Später, als sie schon in Kansas City war, machte sie den

Magister in Germanistik und lehrte Deutsch an der Universität von Missouri, wo Jim Professor war. Auch heute gibt Hedy noch Privatunterricht: Mit einem ihrer Studenten tauscht sie Stunden, sie hilft ihm bei seinen Versuchen, Deutsch zu sprechen, und er, ein Musiker, lehrt sie Geige spielen.

1956/1957 war Jim Gastprofessor in einem Gymnasium in Detmold. Während des Deutschland-Aufenthaltes besuchte Hedy zum ersten Mal seit 1938 wieder Wien. Sie ging in ihre alte Gegend in Mariahilf. *Nichts hat sich geändert. Alles hat noch ausgesehen wie früher. Unser Haus war immer noch schön. Ich sah mir die Reihe Fenster an, hinter denen ich meine Kindheit verbracht habe, konnte aber nichts fühlen. Es ließ mich kalt, als wäre ich eine Fremde.*

Inzwischen empfindet Hedy Zwiespältiges, wenn sie nach Wien kommt. *Ich fühle mich zu Hause und irgendwie fremd. Wenn ich durch die trauten Straßen gehe, komme ich mir manchmal wie ein Kind vor und spüre die Liebe meiner Eltern. Je öfter ich nach Wien komme, desto heimeliger wird es mir.*

Anmerkungen

1 Siehe den Beitrag über Antonia Bruha, S. 27 ff.

2 Eine Zensurstelle für Privatbriefe, die ins Ausland geschickt werden sollten oder von dort ankamen.

3 Die Unitarier sind eine Religionsgemeinschaft freien Glaubens.

Meine Begeisterung für die Medizin war immer stärker als alle anderen Anschauungen

Das Haus der – inzwischen pensionierten – Ärztin in St. Gallen ist nicht schwer zu finden: Jeder in der 1500-Seelen-Gemeinde kennt sie.

Ilse Reibmayr ist 1917 in Graz geboren, ihr Vater war Apotheker, die Mutter Hausfrau, ihre Schwester war um drei Jahre älter als sie. Der Vater verließ die Familie, als Ilse vier Jahre alt war, die Schwester schloss sich ihm an. Ilse hatte deshalb mit ihr kaum Kontakt, 2003 ist sie gestorben. Die Mutter, eine *sehr gütige und kluge Frau, ein richtiger Kamerad,* machte aus ihrer nationalen Einstellung nie ein Hehl. *Sie war im „Deutschen Frauenbund" und befürwortete den Anschluss. Unter diesem Einfluss bin ich aufgewachsen.*

Auf Anraten eines Verwandten, der ihre Begabung erkannt hatte, wechselte Reibmayr von der Hauptschule an das Akademische Gymnasium in Graz: Sie maturierte 1936 mit Auszeichnung. Ihre Entscheidung, Medizin zu studieren, war bereits im Alter von 15 Jahren gefallen, als sie im Rahmen ihrer sportlichen Aktivitäten einen *ausgezeichneten* Erste-Hilfe-Kurs besuchte.

Sie schloss sich nationalsozialistischen Jugendgruppen an, als diese noch illegal waren. Dort wuchs in ihr allmählich die Begeisterung für die nationalsozialistische Ideologie. Kulturell verbrämte Schulungslager, die primär der politischen „Bildung" dienten, faszinierten die junge Frau. Reibmayr wurde zur BDM-Führerin in Graz-Lend: *Ich habe das alles mit großer Gewissenhaftigkeit gemacht, dadurch habe ich viel Zeit vertan, um die mir später sehr leid war, schließlich war mir doch das Studium am wichtigsten. Ich war in der Studienzeit der glücklichste Mensch.* Vor allem die Kameradschaft unter den Studierenden gefiel ihr. 1941 promovierte Reibmayr an der Universität Graz zum Doktor der gesamten Heilkunde. Sie bekam daraufhin sofort eine Stelle im Kinderheim auf der Stolzalpe bei Murau, ihre lungenkranke Nichte Frieda nahm sie mit. Tante und Nichte lebten von da an bis heute fast immer zusammen. In den ersten Jahren nach ihrer Promotion übernahm Reibmayr auch immer wieder Vertretungen von praktischen Ärzten, ihre männlichen Kollegen waren ja zu einem Großteil eingerückt. Da sie sich aber als Fachärztin für Frauenheilkunde ausbilden lassen wollte, wechselte sie 1943 in die gynäkologische Station des Krankenhauses Leoben. Dort kam es zu einer schicksalhaften Begegnung, die ihr Leben und ihre Gedankenwelt gänzlich verändern sollte. *Eine Frau ist in das Krankenhaus gekommen und bat die Oberschwester, einem Partisanen im Wald eine Kugel aus der Hand zu entfernen. Die Oberschwester fragte mich, ob ich das übernehmen könnte. Ich habe abgelehnt, und zwar nicht, weil ich Angst hatte, erwischt zu werden, sondern weil ich es für medizinisch unmöglich hielt, im Wald eine solche Operation durchzuführen.*

Reibmayr ließ der Frau durch die Oberschwester ein Serum und eine Spritze zukommen, damit sie dem Verletzten Tetanus injizieren konnte, und vermittelte ihr einen Arzt im Krankenhaus Donawitz, der dem Partisanen wahrscheinlich helfen würde. Das reichte, um die nationalsozialistische Strafjustiz gegen sie zu mobilisieren. Der Verletzte wurde gefangen genommen und hat, um seinen Kopf zu retten, die Namen all derer genannt, die ihm geholfen hatten – unter anderem die Oberschwester. Sie wurde sofort – es war der 15. August 1944 – inhaftiert. Ilse Reibmayr kann sich noch genau an den Tag erinnern. Die Ärztin tat alles, um die Oberschwester wieder freizubekommen, und machte sich damit als Mitwisserin verdächtig: Sechs Wochen nachdem die Gestapo die Oberschwester geholt hatte, wurde auch sie verhaftet. *Ich wollte gerade nach Neumarkt, um den dortigen Arzt zu vertreten. Ich hatte schon alles gepackt. Ich hatte fast panische Angst. Am frühen Nachmittag waren sie da und haben mich gleich mitgenommen in das Gestapo-Gefängnis in Leoben.* Zur gleichen Zeit wurde die Oberschwester in das Frauenkonzentrationslager Ravensbrück abtransportiert. Reibmayr fand sich vorerst in dem Leobener Gefängnis gut zurecht. Sie war noch immer begeistert von den nationalsozialistischen Ideen und sie hätte viel dafür getan, um nicht aus der Partei ausgeschlossen zu werden. *Das, was rund herum geschehen ist, war so gut getarnt, dass ich es nicht bemerkt habe. Außerdem ist soviel gesprochen worden, dass wir überzeugt waren, dass „unser Führer" so was keinesfalls zulassen würde.*

Am 5. November 1944 – auch dieses Datum nennt Reibmayr, ohne lange nachzudenken – wurde sie dann ebenfalls nach Ravensbrück gebracht. Ähnlich wie Ella Lingens in Auschwitz, so wurde auch Ilse Reibmayr einerseits als Häftling betrachtet und andererseits als Ärztin in dem Lager eingesetzt. Sie hatte von der „Entlausung" der Neuankömmlinge bis zur ambulanten Chirurgie mitzuarbeiten. *Die Frauen hatten so furchtbar offene Füße voll Eiter. Wir haben mit Lokalanasthäsie den Eiter abrinnen lassen und die Füße mit Papierbinden verbunden, wir hatten sonst nichts. Dann mussten die Frauen weiterarbeiten und sind jeden Tag zum Verbinden gekommen. Das habe ich furchtbar gefunden. Das war unmenschlich.*

Sie hat aber auch 360 schwangere Polinnen, die nach dem „Warschauer Aufstand" von den Deutschen verschleppt worden sind, betreut und entbunden.[1] Oft saß sie in der Nacht bei den Frauen, die gerade Wehen hatten, und fragte sich, warum es ihr nicht vergönnt ist, die gleiche Situation in einer friedlichen Landpraxis zu erleben. *Ich bin dann auch beauftragt worden, für die Kinder zu sorgen und für sie Essen zu kochen. Das war aber so armselig, dass trotzdem alle verhungert sind, bis auf eines. Das haben wir dann bis zum Kriegsende versteckt.*

Sie hat mitbekommen, wie gesunden, kräftigen Mädchen in das Schienbein *pathologische Bakterien* eingepflanzt worden sind. Die Folge war eine Knochenmarkseiterung, die fürchterliche Schmerzen macht. Die meisten Mädchen haben daraufhin das Bein verloren.

Inzwischen hatte sich Reibmayr längst mit den KZ-Insassinnen, die meist aus rassischen, politischen oder religiösen Gründen verfolgt und gequält wurden, solidarisiert. Nach der Befreiung der inhaftierten Frauen durch die Rote Armee am 30. April 1945 blieb Reibmayr gemeinsam mit der Oberschwester fast ein halbes Jahr lang in dem ehemals mecklenburgischen Luftkurort Fürstenberg an der Weser, nahe dem preußischen Dorf Ravensbrück, um die Bevölkerung so gut es ging medizinisch zu versorgen. Dutzende Schwerkranke suchten ihre Hilfe. Den Russen war es verboten, sich von den beiden Österreicherinnen behandeln zu lassen, aber die russischen Offiziere kamen im Notfall dennoch heimlich in der Nacht zu ihnen. Sie revanchierten sich für die ärztliche Hilfe mit Lebensmitteln und Stoffen. Einer dieser Offiziere, der als Patient zu der Ärztin und der Krankenschwester kam, half ihnen schließlich auch dabei, endlich die Heimreise antreten zu können. Eine fluchtartige, mühsame Reise, die durch die Ostzone führte und nach sechs Wochen am Wiener Ostbahnhof endete. Dann ging es weiter über den Semmering nach Graz.

Von ihrer *jugendlichen Wanderzeit* her hatte Reibmayr eine Schwäche für das Ennstal. Als sie kurz nach ihrer Ankunft erfuhr, dass die Planstelle eines Arztes in Weißenbach frei ist, bewarb sie sich dafür und konnte bereits am 13. Dezember 1945 ihre Praxis dort eröffnen. *Es gab damals, nach dem Krieg, kaum Verkehrsmittel, und wir waren isoliert wie auf einer Insel. Man musste von der ganzen Medizin Gebrauch machen können, die Fachärzte waren ja weit weg. Ich habe jahrelang keinen einzigen Patienten zu einem Internisten geschickt.* Für 57 Jahre, bis zu ihrem 80. Geburtstag, war sie Ärztin in der bergigen und einsamen Region Weißenbach – St. Gallen. Die weiteste Visite war 23 Kilometer von ihrem Haus entfernt. *Ich war mit Leib und Seele Arzt, und die Leute sind mir zugeflogen.* Immer wieder dachte sie an die 360 Polinnen, die sie in Ravensbrück innerhalb von drei Monaten entbunden hatte, und allmählich realisierte sie das, wovon sie im Lager geträumt hatte:

Sie baute den Dachstuhl ihres Hauses aus und eröffnete ein schmuckes Entbindungsheim, in dem Frauen auf Krankenkassenkosten gebären konnten. 580 Säuglinge haben in dem Entbindungsheim zwischen 1960 und 1980 das Licht der Welt erblickt.

Noch bevor sie das Heim gegründet hat, beschloss Reibmayr, die immer Single blieb, ein Kind zu adoptieren. Just in der Zeit kam eine Patientin zu ihr, bei der die Wehen bereits weit fortgeschritten waren. Ein Transport in ein Krankenhaus war daher unmöglich. Die Ärztin brachte sie provisorisch in ihrem Haus unter. Unmittelbar nach der Geburt verließ die Frau das Haus und ließ das Baby zurück. Angeblich wollte sie nur kurz nach ihren größeren Kindern sehen, sie kam aber nie wieder. Reibmayr betrachtete das als eine Fügung des Schicksals und adoptierte nach einiger Zeit den kleinen Buben. *Es war ein wunderbarer Entschluss. Ein eigenes Kind hätte mir nicht mehr ans Herz wachsen können.* Ihre Nichte und eine Hausangestellte ermöglichten Mutter und Sohn ein relativ stressfreies Familienleben.

Reibmayr hat einiges, wofür die Frauenbewegung in den Sechziger- und Siebzigerjahren eintrat, schon viel früher gelebt, und sie hat Frauen als Ärztin und als Kameradin immer geholfen. *Ich bin überzeugt, dass es gut ist, wenn die Frauen einmal an das Ruder kommen. Sie sind viel fleißiger und zielstrebiger als die Männer.* Mit der Frauenbewegung hat Reibmayr dennoch nie sympathisiert. *Meine Begeisterung für die Medizin war immer stärker als alle anderen Anschauungen,* sagte sie ein Jahr vor ihrem Tod. Ilse Reibmayr ist im Oktober 2005 verstorben.

Anmerkung

1 Im Oktober 1944 werden nach der Zerschlagung des Warschauer Aufstandes 12.000 polnische Frauen und Kinder in das KZ Ravensbrück deportiert.

Man kann es nicht verarbeiten, man kann es nur zudecken

Obwohl sie seit fast 60 Jahren in Graz lebt: So richtig heimisch ist Gertrude Scholz in dieser Stadt nie geworden. 1919 in Wien geboren, hat sie die Liebe zu einem Grazer Kommunisten, den sie im britischen Exil kennen gelernt hat, in die steirische Landeshauptstadt geführt. Inzwischen ist es die Liebe zu ihrem Sohn Antony, einem angesehenen Manager und außerdem Vizepräsidenten der Grazer Kultusgemeinde, die sie in der einstigen „Stadt der Volkserhebung" festhält. *Richtig befreundet war ich hier mit niemandem. Ich habe immer geschaut, woher die Familie kommt. Es war schwer, wie ich zurückgekommen bin und gehört habe, was mit meiner Verwandtschaft geschehen ist. Da beginnt man dann zu verdrängen.*

Gertrude Scholz, geborene Neumann, ist im 20. Wiener Gemeindebezirk aufgewachsen. Ihre Eltern waren liberale Juden, wenn auch die meisten Familienmitglieder väterlicherseits Zionisten waren und deshalb kurz nach dem Ende des Ersten Weltkrieges nach Palästina ausgewandert sind.

Der Vater war kaufmännischer Direktor in einer chemischen Fabrik und konnte seiner Familie nicht nur eine kleine Zweitwohnung in Rekawinkel bieten. Er beschäftigte auch ein Dienstmädchen und eine Wäscherin für sie. *Es ist uns sehr gut gegangen.* Dass Gertrude, genannt Trude, und ihre um drei Jahre jüngere Schwester ein Gymnasium besuchten, war selbstverständlich. Im Mai 1937 machte Trude Scholz ihre Matura und im darauffolgenden Herbst begann sie an der Universität Wien Romanistik und Philosophie zu studieren. Sie wollte Mittelschulprofessorin werden. *Das erste Semester war ja noch in Ordnung, aber im zweiten Semester sind schon die Nazis gekommen.* Die Studentin bekam ein Schreiben, in dem ihr das weitere Studium verboten wurde. Zur selben Zeit, es war der März 1938, verlor ihr Vater seinen Job.

Scholz kam bei der Hilfsorganisation Gildemeester[1] unter, die sich vor allem um Juden, die zum Christentum konvertiert sind, kümmert. Sie half den potenziell Verfolgten, die für einen deutschen Pass nötigen Dokumente aufzutreiben. Ihre Arbeitsstelle war vorerst in der Wollzeile und dann im Rothschildpalais in der Prinz-Eugen-Straße im 4. Wiener Gemeindebezirk untergebracht, um näher an der für die Juden lebenswichtigen „Zentralstelle für Jüdische Auswanderung" zu sein. Das berüchtigte, von Adolf Eichmann geleitete Amt für Juden residierte in dem enteigneten Palais, in dem sich früher eine wertvolle Kunstsammlung befand. Jeder, der in dem arisierten Haus arbeitete, wurde Eichmann vorgestellt. *So musste auch ich zu ihm. Er saß hinter einem riesigen Schreibtisch im Ballsaal der Rothschilds. Ungefähr zehn Meter vor dem Schreibtisch war ein Strich auf dem Boden. Wir Juden durften nur bis zu dem Strich gehen, damit er uns nicht riechen musste, weil wir ja alle stinken.*

Ein knappes Jahr nachdem die Schreckensherrschaft der Nazis in Österreich begonnen hatte, im Februar 1939, floh Trude Scholz nach England, ihre Eltern und ihre Schwester gingen nach Palästina. *Ich habe mir geschworen, dass ich nie einen Juden heirate, ich wollte nicht, dass meine Kinder einmal das erleben, was ich erlebt habe.*

Tatsächlich verliebte sich Trude Neumann in London in einen Grazer, der seine Heimat nicht aus „rassischen" Gründen, sondern wegen seiner politischen Einstellung verlassen musste. Im April 1939 lernte sie den Generalsekretär des Londoner „Austrian Centre" Wilhelm („Willy") Scholz kennen. Bis das Paar tatsächlich zueinander fand, sollte es allerdings noch einige Jahre dauern.

Trude Scholz verdiente sich ihren Unterhalt als Hausmädchen in Birmingham. Bald erfuhr sie, dass Willy Scholz (noch) verheiratet war, und brach daher jeden Kontakt zu ihm ab. In ihrem Unglück und in ihrer Einsamkeit traf sie den Deutschen Werner Most und heiratete ihn sechs Wochen später. *Ich war ein Idiot, aber ich war so allein. Das kann man sich ja gar nicht vorstellen, wie das ist, wenn man aus einem schönen Zuhause kommt und in ein fremdes Land geht. Die Leute, bei denen ich gearbeitet habe, waren gut zu mir, aber ich war dort eben ein Dienstbote. Außerdem waren sie so strenge Methodisten, dass ich gar nichts unternehmen durfte.* Die Ehe stand von Anfang an unter keinem guten Stern. Die politische Identität des Mannes liegt für Trude Scholz bis heute im Dunkeln – er dürfte ein Doppelagent gewesen sein. Wie sich später herausstellte, war er bereits zweimal verheiratet. Die Ehe mit der Wiener Jüdin sollte wohl in erster Linie seine Existenz in England formal absichern. Schon bald nach der Eheschließung wurde Trude schwanger und brachte das Kind – gegen den Willen ihres damaligen Mannes – 1941 zur Welt. Das Ende der Ehe war damit besiegelt. Trude Scholz ging mit ihrer Tochter Grete nach London, zu einer Cousine ihrer Mutter. Die passte auf das Kind auf, während Trude als Bedienerin und später als Aufräumerin in einer Gebärklinik für den Unterhalt sorgte. Schließlich ließ sie sich als Dreherin anlernen und arbeitete in einer Fabrik. Der Chef der Firma erkannte aber ihre Fähigkeiten und ihre Ausbildung und engagierte sie als Sekretärin. Für einen anderen Auftraggeber redigierte sie eine wirtschaftliche Enzyklopädie und für den Verkaufsladen des Austrian Centres fertigte sie bunte Drahtblumen an. Ein Großteil ihrer Familie, unter anderem auch ihre 82-jährige Großmutter und ein schwer kriegsinvalider Onkel, wurde von den Nazis in Theresienstadt ermordet. *Ich habe mich immer gefragt, wieso bist du durchgekommen und wieso ist deine ganze Verwandtschaft tot. Man macht sich Vorwürfe. Ich liege in der Nacht oft stundenlang wach und frage mich: „Warum lebst Du und alle anderen sind tot." Je älter man wird, umso ärger wird das. Man kann es nicht verarbeiten, man kann es nur zudecken.*

In London traf Trude Scholz dann auch ihren späteren Mann Willy wieder. Beide waren bereits von ihren Partnern getrennt, 1943 zogen Trude, die damals noch Most hieß, und Willy Scholz zusammen; im Mai 1945 kam der gemeinsame Sohn Antony zur Welt. Ein halbes Jahr später flog Willy Scholz nach Österreich zurück, weil er bei der ersten Nationalratswahl nach dem Krieg für die Kommunistische Partei kandidieren und diese mit aufbauen sollte.[2] *Ich habe diese Kommunistische Partei gehasst – vom ersten bis zum letzten Tag.* Willy Scholz wurde Chefredakteur der steirischen kommunistischen Tageszeitung „Wahrheit", die ab 28. Oktober 1945 erschien. Trude Scholz wollte ihrem Mann mit den beiden Kindern ehebaldigst folgen, aber Werner Most, von dem sie inzwischen geschieden war, machte ihr einen Strich durch die Rechnung. Er wollte seine Tochter nicht mitziehen lassen und griff zu kriminellen Mitteln, um sie in Großbritannien zu behalten: Er entführte seine Tochter und setzte seine Ex-Frau wegen ihrer Liaison mit einem Kommunisten unter Druck. Trude Scholz, die alles erdenklich Mögliche unternahm, um das Kind zurück in ihre Obhut zu bekommen, musste es schließlich ihrem geschiedenen Mann und dessen neuer Frau überlassen. Sie traf ihre Tochter Grete erst 1979, nach mehr als 30 Jahren, wieder. Bekannte vermittelten: Einem Telefongespräch zwischen London und Graz folgte der erste Besuch Gretes bei ihrer Mutter in Graz unmittelbar nach den Weihnachtsfeiertagen. Trude Scholz, seit einigen Monaten Witwe, war damals 60 und ihre Tochter 38 Jahre alt. Längst war Grete verheiratet und hatte selbst Kinder. *Sie hat sich sehr gefreut, dass sie eine junge Mutter hatte.* Beide Frauen hatten schwierige Zeiten hinter sich und einander viel zu erzählen.

Für Trude Scholz war vor allem der Anfang in Graz schwer. Von ihren Schwiegereltern wurde sie nicht gerade mit offenen Armen aufgenommen. Mit einer jüdischen Schwiegertochter hatte man in der Steiermark auch 1945 keine Freude. Sie musste um eine eigene Wohnung kämpfen. *Mein Sohn Tony war ja Engländer, und nachdem ich wochenlang keine Wohnung gefunden hatte, bin ich mit ihm zum höchsten britischen Besatzungssoldaten, dem Major Martin, im Rathaus gegangen. Ich habe ihm den Tony auf den Schreibtisch gesetzt und gesagt: „Den lass ich jetzt da, bis ich eine Wohnung hab." Eine Woche später hatte ich eine Wohnung.*

Trude Scholz bekam bald einen Job als Sekretärin in dem Kleiderhaus „Modenmüller“; zwei Jahre war sie in der Ärzteverrechnung der Gebietskrankenkasse tätig und von 1958 bis 1981 war sie schließlich Beamtin im Magistrat Graz. Sie brachte es bis zum „Oberrechnungsrat“, die oberste Sprosse in der Karriereleiter, die man mit Matura, aber ohne Studium erklimmen konnte. Je einmal im Jahr flog sie zu ihren Eltern nach Palästina und nach Spanien, um ihre Schwester, die dort lebte, zu besuchen. *Ich hätte gerne studiert, aber das wollte mein Mann nicht, so habe ich eben gerne gearbeitet.* Willy Scholz wollte keine Rollenumkehr. Er hatte Angst, er könnte „Herr Doktor“ genannt werden, wenn seine Frau promoviert.

Nach dem Tod ihres Mannes im Jahre 1979 fand sie noch einen Lebensgefährten, mit dem sie bis zu dessen Tod – zwölf Jahre – zusammenblieb. Der Mann war acht Jahre jünger als sie. *Früher hat man gern und oft geheiratet, aber ich hätte nie ein drittes Mal geheiratet.*

Trude Scholz begrub ihren Lebensgefährten im Grab ihres Ehemannes Willy. Heute lebt sie allein, voll Sorge um ihren Sohn, der sich in den letzten Jahren verstärkt mit dem Judentum und seinen eigenen Wurzeln auseinander setzt.

Anmerkungen

1 Frank van Gheel Gildemeester war ein holländischer Philantrop mit exzellenten Kontakten zum Hitlerregime. Er diente als Galionsfigur für die Organisation, die mittellosen Österreichern, die nach den „Nürnberger Gesetzen“ als Juden galten, finanziell und logistisch die Ausreise ermöglichte.

2 Willy Scholz (1906–1979) trat 1934 der illegalen kommunistischen Bewegung bei. 1938 flüchtete er als Gewerkschafter nach England und wurde Generalsekretär im „Austrian Centre“, der Anlaufstelle für alle österreichischen EmigrantInnen. 1956, nach dem Ungarnaufstand, trat er aus der Partei aus. Vom Januar 1946 bis zum Juni 1953 war er Chefredakteur der „Wahrheit“.

Man muss die Menschen lieben

Eleonore Schönborn, geborene Doblhoff, wurde 1920 als jüngstes von vier Geschwistern in Brünn geboren. Ihre Mutter war die Tochter eines Zuckerfabrikanten und Landwirtes in Mähren. Ihr Vater war vor dem Ersten Weltkrieg österreichischer Staatsbeamter bei der Seebehörde in Triest und wurde nach dem Ersten Weltkrieg nicht mehr in den Staatsdienst aufgenommen, konnte aber als Prokurist in die Zuckerfabrik seines Schwiegervaters einsteigen. *Die Umstellung von der Monarchie zur tschechoslowakischen Republik war für meine Eltern sicher schwierig. Auf der einen Seite wurde eine gewisse Ehrfurcht aus dieser Zeit übernommen. Andererseits war mein Vater sehr international eingestellt und sagte schon damals, dass wir europäische Bürger werden müssen.*

Schönborn ist in einem behüteten Elternhaus aufgewachsen. Es war ein ausgebautes Forsthaus und, wie es damals am Land selbstverständlich war, zählten ein Kutscher, eine Köchin und diverse Diener zum Personal. *Das war nichts Besonderes, das war eigentlich damals ganz selbstverständlich, die Leute waren ein Teil der Familie.*

Zum Haus, das in der Nähe der Zuckerfabrik lag, gehörten ein großer Garten, ein Tennisplatz und im Hof Stallungen für die Pferde, da man meistens noch mit der Kutsche in die Stadt fuhr. *Wir waren ein großer Familienverband, die Tanten und Onkeln haben alle rund um die Fabrik gelebt, und wir haben daher eine sehr schöne Kinderzeit gehabt mit vielen Cousins und Cousinen. Unsere österreichischen Verwandten sind auch immer wieder zu uns gekommen, es war also viel Leben in der Großfamilie.* Schönborn bezeichnet ihre Erziehung als *liebevoll, streng und ziemlich diszipliniert,* was ihr im späteren Leben oft geholfen habe.

Sie ist zweisprachig aufgewachsen: *Die Gegend, in der wir gelebt haben, war rein tschechisch, wir waren in unserem Ort die einzigen Deutschsprachigen, aber das Personal und alle rundherum sprachen Tschechisch. Mein Bruder ist in die tschechische Schule gegangen, aber meine Schwestern und ich sind von Hauslehrern und Hauslehrerinnen zu Hause unterrichtet worden, weil es in der Nähe keine deutsche Schule gegeben hat. Das war eine schöne, geruhsame Zeit, bis auf den Schatten, den die Krankheit meines Vaters geworfen hat.*

Schönborns Vater starb bereits 1931, er war damals 44 Jahre alt, an Multipler Sklerose. Nach dem Tod ihres Vaters besuchte sie zwei Jahre lang die örtliche tschechische Schule und absolvierte dann die dritte und vierte Klasse Gymnasium in Brünn. Obwohl noch ein Kind, hat Schönborn die politische Unsicherheit der Zeit sehr wohl gespürt.

Besonders gut kann sie sich an ein Erlebnis 1934 in Brünn erinnern: *Ich habe in der Nähe vom Bahnhof gewohnt, und da ist eine ganze Reihe prominenter österreichischer Sozialisten angekommen. Am Bahnhof drängte sich eine Menschenmenge, um sie zu empfangen. Was das bedeutet hat, war mir mit 14 Jahren natürlich nicht klar. Ich habe nur von den Erwachsenen gehört, dass in Österreich ein Bürgerkrieg ist und dass geschossen wurde.*

Damals war es noch üblich, dass die Kinder mit ihren diversen Erziehern und Erzieherinnen ein eigenes Leben führten, außer bei den Mahlzeiten, wo man ab einem gewissen Alter „dabei“ sein durfte. Den Gesprächen der Erwachsenen hörten die Kinder zu, und höchst selten konnte man auch etwas fragen. So war es den Eltern auch nicht aufgefallen, dass die Kinder doch von ihrer tschechischen Umgebung beeinflusst wurden. Als Präsident Tomas G. Masaryk[1] einmal durch das Städtchen fuhr, war es selbstverständlich, dass die Doblhoff-Kinder gemeinsam mit anderen Kindern ihm mit Fähnchen zugewinkt haben, was angeblich Großeltern und Eltern etwas erstaunt habe. Rückblickend meint Schönborn, dass dieses Zusammentreffen deutscher, tschechischer und jüdischer Kultur die Lebendigkeit der Städte Brünn und Prag ausgemacht habe und auch sie davon geprägt sei.

Und dann kann ich mich noch gut erinnern, wie die Tante aus Graz, die Schwester meines Stiefvaters, mit ihren Kindern im Juli 1934 bei uns war und zu der Zeit Dollfuß ermordet wurde.

Die Nazis waren Schönborn damals noch kein Begriff, sie merkte nur, dass die Deutschsprachigen ab 1933 immer dreister wurden und die Tschechen immer mehr provoziert haben. Dass die Unterstützung für die Provokationen aus dem eben gegründeten Dritten Reich kam, wusste sie damals noch nicht. Zu dieser Zeit ging sie in Brünn in die Schule, und es kam zu Zusammenstößen zwischen deutschen und tschechischen Studenten. *Mein Bruder und ich hielten uns eher auf der tschechischen Seite, da wir mit „Heil!" schreienden Jugendlichen nichts zu tun haben wollten.*

1935 kam sie schließlich in das Internat des Sacre Cœur in Graz. Da sie – ebenso wie ihre Eltern – immer einen österreichischen Pass hatte und nie tschechoslowakische Staatsbürgerin geworden ist, war das kein Problem. *Nach dem Tod meines Vaters war meine Mutter verunsichert, wohin jetzt mit diesem Kind. Meine Schwestern waren ja schon erwachsen, und mein Bruder war vorgesehen für die Zuckerfabrik. Daher bin ich nach Graz gekommen: Da war meine Tante und deren Tochter, die genauso alt war wie ich. Wir gingen in dieselbe Klasse.* Eine Klasse, in der die Familien der meisten Schülerinnen Besitzungen auf dem Lande hatten und ihre Kinder *selbstverständlich* in ein Internat schickten. Die Übersiedlung nach Graz war für Schönborn ein leichter Schock, schließlich war sie in einer international orientierten, pazifistischen Familie aufgewachsen und lebte nun plötzlich in *einer Umgebung, die sehr vaterländisch war.*

Aus Loyalität zu ihrer Cousine, einer begeisterten Starhemberg-Anhängerin[2], ging sie zur Heimwehr und fand es sehr lustig, jeden Sonntag in Uniform Propagandamärsche zu unternehmen. In der Auseinandersetzung mit der nationalsozialistischen Jugend wurde sie zur glühenden Österreicherin. *Es galt, dieses Österreich zu retten.*

Den Einmarsch der Nationalsozialisten im März 1938 hat Schönborn dramatisch erlebt.

Bereits im Juli 1938 wurde die Schule gesperrt. *Die Klosterfrauen mussten in ein Nebengebäude ziehen, die ganze Schule wurde geräumt. Unsere Professorinnen sind teils entlassen und teils in den Staatsdienst übernommen worden. Wir waren so enttäuscht über die, die doch mit den Wölfen geheult haben, wir haben erst später erfahren, dass sie es meist aus reinen Existenzgründen taten, weil sie eben ihre Familien erhalten mussten und es sich nicht leisten konnten, suspendiert zu werden. Wir haben nicht die Hand gehoben und haben nicht mitgesungen, mit jugendlichem Elan macht man Gott sei Dank noch solche Sachen. Gut bekommen ist uns das freilich nicht: Im nächsten Jahr, 1939, wollte man uns wegen politischer Unzuverlässigkeit nicht maturieren lassen. Wir mussten um die Prüfung kämpfen. Eines muss man sagen: Die politischen Ereignisse dieser Zeit griffen besonders stark auch in das persönliche Leben ein.*

Schönborn wollte Kunstgeschichte und Archäologie studieren, aber dazu ist es dann nie gekommen.

Sie absolvierte das „Landjahr", eine Alternative zum obligaten „Arbeitsdienst", bei einer Tante in Bayern. Es war ihr völlig unverständlich, wie diese aus Mähren stammende Tante und ihre Familie sich auf den Krieg freuen und mit den Massen mitjohlen konnten: *Das ist über meinen Horizont gegangen, wie Menschen, die den Ersten Weltkrieg erlebt haben, bei dieser Kriegseuphorie mitmachen konnten.*

Die Männer vom Hof der Tante wurden schon in den ersten Kriegstagen eingezogen, und Schönborn lernte in kürzester Zeit Traktorfahren. Bald gab es in der Familie die ersten Gefallenen zu beklagen; als Erntehilfe wurden polnische Kriegsgefangene auf den Hof geschickt. Einmal führte Schönborn mit ihrem Traktor zwei Anhänger voll mit Rüben in die Zuckerfabrik nach Regensburg, wobei sie einer der polnischen Kriegsgefangenen begleitete. Als es zu regnen begann, setzten sich beide unter Bäume und hüllten sich in seinen Militärmantel. Schönborn wurde daraufhin angezeigt, und es bedurfte einiger Interventionen der Tante, dass diese „Schandtat" nicht geahndet wurde.

Nach dem Landjahr ging Schönborn gemeinsam mit ihrer Schwester auf einen Hof zu Verwandten im Böhmerwald, um diesen Hof als Gutssekretärin zu führen. Von dort aus fuhr sie gelegentlich nach Prag, um die Eltern zu besuchen und sich von der Einsamkeit im Böhmerwald zu erholen. So lernte sie ihren Mann Hugo Schönborn kennen, der auf Heimaturlaub von der Front in Prag war. Hugo Schönborn war Landwirt, dem Herzen und Talent nach aber hauptsächlich Maler. Die beiden trafen einander auf einer Cocktailparty, und einen Tag später, nach einem Spaziergang durch das nächtliche Prag, machte er ihr einen Heiratsantrag. *Er ist mir aufgefallen, weil er auf der Party der Einzige war, der nicht von Feld, Jagd und Krieg gesprochen hat, sondern von moderner Malerei.* Einige Monate später heiratete das Paar. Er musste gleich nach der Hochzeit nach Russland, und sie ging alleine ins Schloss, um die große Land- und Forstwirtschaft zu führen. Im Jänner 1943 wurde der erste Sohn geboren. Hugo Schönborn wurde als einer der letzten deutschen Soldaten verwundet aus Stalingrad ausgeflogen; er weigerte sich, deutscher Offizier zu werden, und diente als einfacher Soldat, bis es ihm gelang, im Herbst 1944 zu den Engländern zu wechseln. In dieser Zeit erwartete seine Frau wieder ein Kind, Sohn Christoph wurde im Jänner 1945 im Schloss unter eher mittelalterlichen Bedingungen geboren.

Es war eine harte Zeit: Dutzende Verwandte aus Schlesien flüchteten auf das Schönborn'sche Schloss: Das kann sich niemand vorstellen. Es war ein eiskalter Winter, und die Trecks sind von Schlesien gekommen, wobei auf jedem Wagen mindestens ein bis zwei Familien waren, und die Pferde waren zum Großteil krank, die kamen ja schon 100 Kilometer aus dem Osten her.

Dennoch war für Schönborn die persönliche Welt bis zum Mai 1945 weitgehend in Ordnung. Dann erst kam für ihre Familie der

Zusammenbruch. *Am 10. oder 12. Mai 1945 ist ein uns völlig unbekannter Kommissar gekommen und hat gesagt, der Hof sei jetzt beschlagnahmt, und es käme ein tschechischer Zwangsverwalter her. So war es dann auch. Es kam ein junger Tscheche, der den Hof verwalten sollte und keine Ahnung hatte. Wir sind im Schloss gesessen und haben gezittert, weil wir von den Lebensmitteln vollkommen abgeschnitten waren. Ich konnte für meine zwei Buben gerade einen Liter Milch von den eigenen Kühen erbetteln. Dann haben wir weiße Armbinden bekommen, auf denen in Kurrentschrift „Deutsche, Deutsche, Deutsche" draufgestanden ist. Das heißt, wir waren gekennzeichnet wie seinerzeit die Juden. Inzwischen haben auch schon die so genannten wilden Ausweisungen begonnen. Der allgemeine Hass, der da in den Wochen nach Kriegsende ausgebrochen war, war für uns unverständlich.*

Noch im Juni 1945 verstarb Schönborns Mutter 54-jährig in einem Lager der Tschechen in Prag; sie wurde in einem Massengrab begraben. Den Stiefvater ereilte drei Monate später das gleiche Schicksal. *Hass habe ich nie verspürt, ich bin zu sehr mit diesem Volk aufgewachsen.* Am 10. Juli 1945 sollte die Familie Schönborn, die noch auf dem Schloss lebte, ausgewiesen werden. Eleonore Schönborn berief sich vehement auf ihre österreichische Staatsbürgerschaft, weil sie keinesfalls nach Deutschland wollte. Gemeinsam mit ihren beiden kleinen Kindern gelang ihr mit Hilfe ihrer Schwester die Flucht nach Prag, wo sie unter dem Schutz der österreichischen Botschaft stand. Diese schickte sie als „Kurier" gemeinsam mit dem bekannten Gynäkologen Hermann Knaus nach Österreich. Auf diese Weise erreichten sie und ihre Kinder unbeschadet Breitenaich bei Horn in Niederösterreich, wo sie einige Monate bei einer Verwandten auf einem Schloss verbringen konnten. Im November allerdings beschlagnahmten die Russen das Schloss, und Schönborn lebte mit sieben weiteren Personen in zwei Zimmern bei einem Bauern. *Also, wenn ich an diese Zeit denke, dann frage ich mich, wie man das alles überstanden hat.* Es gab ein Plumpsklo über dem Misthaufen, und die Windeln vom kleinen Christoph schwemmte Schönborn im Dorfbrunnen. Manchmal musste sie dafür das Eis aufschlagen. *Es war ein Millionenschicksal, deshalb erzähle ich es nicht so gerne.*

Ihr Mann hatte sich ja noch während des Krieges auf die britische Seite schlagen können und war nun mit den Engländern in Hamburg stationiert. Man wollte einander im Familienhaus in Graz treffen. Das Haus war inzwischen allerdings voll mit Bombenflüchtlingen, Schönborns Schwestern, Schwager und Nichten lebten dort auf engstem Raum in einer Mansarde unter dem Dach. Schönborn fuhr mit ihren zwei Kindern in einem Zug ohne Fenster von Wien nach Graz. *Das werde ich nie vergessen: diesen zerbombten Bahnhof in Graz, da waren wirklich nur mehr Trümmer und man ist über Geleise gestiegen.* Für einige Wochen kamen die Kinder in ein Kinderheim der Stadt Graz, und Schönborn wurde von Freunden in Kärnten aufgenommen. Endlich, im Mai 1946, kam ihr Mann von Hamburg – stolz mit einem Auto angefahren.

Die endlich vereinigte junge Familie zog in eine primitive Zweizimmerwohnung in Graz-Gösting – hier wurde auch Tochter Barbara geboren – und war sehr glücklich. Der künstlerisch aktive Ehemann sorgte für einen anregenden Freundeskreis. *Es war eine sehr schöne Zeit.* Bald aber zogen wieder Wolken am Horizont auf: Schönborn erwartete das dritte Kind, die Tochter Barbara und ihr Mann erkrankten an offener Tuberkulose. Das hieß, er musste sich wegen der Ansteckungsgefahr sofort von der Familie trennen: Er ging für fünf Jahre in eine Schweizer Heilanstalt, und Eleonore Schönborn blieb mit den Kindern in Graz.

Sie folgte den Einladungen reicher Freunde nach Lugano, nach Kitzbühel und an den Attersee und dachte währenddessen darüber nach, wie sie ihre Zukunft beruflich gestalten könnte. *Irgendwie hat es in mir gebrodelt, es musste etwas geschehen. Es geht nicht, dass man immer auf Kosten von anderen lebt.*

1950 aber war die Arbeitslosigkeit in Österreich besonders hoch, also zog Schönborn in das Bundesland, das noch die meisten

Zukunftschancen bot: In Vorarlberg boomte die Textilindustrie. Rasch bekam sie den Job einer Chefsekretärin in einer Baumwollspinnerei und Weberei in Bludenz; fünf Jahre später war sie in derselben Firma Leiterin der Werbeabteilung. Mit ihren Kindern konnte sie eine kleine Wohnung in Schruns beziehen. Ihr Mann, der inzwischen aus der Heilanstalt entlassen worden ist, hatte Schwierigkeiten, von der Sanatoriums-Situation in ein normales Leben zurückzufinden. Bald konnte er jedoch sein Talent als Farbberater in der Textilfirma in Bludenz unter Beweis stellen. Diese Tätigkeit hat ihn dann auch in Wien bei diversen Firmen empfohlen.

1954 wird Sohn Michael geboren. Schönborn arbeitete bis drei Tage vor der Geburt, und bald danach ging es in der Firma mit vollem Einsatz weiter. *Das war für die Kinder sicher nicht leicht. Später einmal habe ich mit den Kindern alles besprochen und aufgearbeitet.*

Hugo Schönborn war ein Künstler und konnte sich sehr schwer in einen geregelten Betrieb einbringen, daher verließ er seine Kunden in Vorarlberg und ging nach Wien. Aus diversen Gründen wurde die Ehe der Schönborns 1958 geschieden. *Ich habe sehr darunter gelitten, hauptsächlich wegen der Kinder – „es bleibt immer eine Wunde", sagte eines von ihnen in einem Interview.* Nach der Scheidung hatte Schönborn verstärkt den Wunsch, den Kindern einen festen Halt, ein Zuhause, zu bieten. Mit Hilfe von Freunden und mit großer Sparsamkeit gelang es, 1960 in Schruns, im Montafon, das ersehnte Haus zu bauen, das bis heute Zentrum der Familie ist. Es blieb Bezugspunkt für die Kinder, obwohl sie relativ früh von zu Hause weggegangen sind.

Der älteste Sohn war zuerst in der Autobranche tätig und wurde dann Fotograf. Der zweite Sohn trat in den Dominikanerorden ein. Die Tochter studierte Englisch und arbeitete bis zur Heirat als Mannequin. Sie war dann erfolgreich als Fotografin und Gartengestalterin. Der jüngste Sohn ist heute ein bekannter Schauspieler. Dass sie einen Einfluss auf ihren Sohn Christoph, der heute Kardinal und Erzbischof von Wien ist, habe, bestreitet sie: *Ich habe meine Kinder alle gleich erzogen und versucht, allen ihre Freiheit soweit wie möglich zu lassen. Heute bin ich froh, dass alle vier ihren Lebensweg gut gestalten, wenn ich etwas dazu beitragen konnte, bin ich dankbar.*

In Schruns, das ihre *echte Heimat* geworden ist, übernahm Schönborn eine Reihe von ehrenamtlichen Aktivitäten: Sie war zehn Jahre lang Gemeindevertreterin, 15 Jahre lang Pfarrgemeinderätin und 21 Jahre im Vorstand des Museumsvereines, in dem sie heute noch aktiv ist.

Mit der Frauenbewegung hat die emanzipierte Frau nicht viel zu schaffen. *Wir sind als Mann und Frau geschaffen, jeder hat seine Struktur. Ich bin dagegen, dass man gegeneinander ist, man muss miteinander sein.* Für ein Anliegen allerdings würde sie auch heute noch auf die Barrikaden gehen: *dass wir gleich bezahlt werden wie die Männer. Ich habe 25 Jahre als leitende Angestellte gearbeitet, und ich weiß genau, dass ich um einiges weniger bezahlt bekommen habe als meine männlichen Kollegen, nur weil ich eine Frau bin. Ja bitte, wo sind wir denn! Ich weiß, dass ich genau so viel gearbeitet habe wie die Männer, weil die haben ja aufgepasst, was ich mache. Jeden falschen Beistrich haben sie bemerkt.*

Dennoch: Eine Maxime gilt für Schönborn bis heute: Man muss die Menschen lieben. *Ich schau die Menschen an, deshalb bin ich in der Stadt so müde, weil ich die Menschen anschaue, weil ich gleich fantasiere, welches Leben der hinter sich haben könnte. Die Menschen lieben und total bereit sein, wenn eine Gelegenheit kommt. Das ist eigentlich meine Lebensweisheit gewesen.*

Anmerkungen

1 Tomas Garrigue Masarýk betrieb zusammen mit Eduard Beneš die Errichtung des tschechoslowakischen Nationalstaates und wurde dessen erster Präsident (1918–1935).

2 Siehe den Beitrag über Hertha Heger, S. 101 ff.

Wenn ich heute zurückdenke, kann ich nicht glauben, wie ich das eigentlich zu Wege gebracht habe

Dolores Vieser bewohnt ein geräumiges Haus mit Garten am Stadtrand von Klagenfurt. Sie ist 98, verwitwet, gebrechlich, aber nicht einsam. Die Schwiegertochter und vier Enkel sorgen für sie. Während des Interviews ist der älteste Enkel, ein junger Mann um die 20, nachdrücklich um sie bemüht. Sie sitzt im Rollstuhl, denkt jedoch klar und formuliert oft prägnant. Die Eloquenz kommt nicht von ungefähr: Wenn man Konversationslexika aus den Dreißigerjahren des vergangenen Jahrhunderts zur Hand nimmt, kann man den Namen „Vieser" darin finden. Er steht dort in der schnörkeligen Frakturschrift jener Zeit, nur das „è", das es in der deutschen Fraktur nicht gibt, ist in einer anderen Schrifttype eingefügt. Dadurch wirkt der Name in der Schreibung noch fremdartiger, als er gesprochen klingt, nämlich wie „Wieser", aber mit dem Ton auf der letzten Silbe. Es ist ein künstlicher Name aus einer Phantasiesprache, ein Pseudonym, das sie auf Empfehlung ihres Verlegers angenommen hat.[1] Denn Dolores Vieser, eigentlich Wilhelmine Maria Aichbichler, geborene Wieser, war vor dem Zweiten Weltkrieg eine bekannte Schriftstellerin. Ihr Erstlingsroman, „Das Singerlein – Die Geschichte einer jungen Seele", erschien 1928 und war zugleich ihr größter Erfolg. Das Werk der begabten Autodidaktin mit rudimentärer Schulbildung (*Ich hab die zwei Klassen Bürgerschule)* wurde in 13 Sprachen übersetzt, von Hermann Bahr und Nobelpreisträgerin Sigrid Undset gelobt und 1930 mit dem Adalbert-Stifter-Preis ausgezeichnet. Es handelt von einem Waisenkind, das sich in ein Kloster zurückzieht. Eine christliche Thematik, mit christlichen Helden, die eigentlich eher Märtyrer sind, durchzieht Dolores Viesers Gesamtwerk.

Sie war selbst mit 16 Jahren Vollwaise geworden. Geboren wurde sie im kärntnerischen Hüttenberg, das heute, da der Eisenabbau nach mehr als zweitausend Jahren 1978 eingestellt wurde, ein vorwiegend museales Dorf ist: Schaubergwerk, Bergbaumuseum, Freilichtmuseum, Heinrich-Harrer-Museum, ein Lingkor (tibetischer Pilgerpfad), der eindrucksvoll an einer Felswand hinaufführt. Als Wilhelmine Wieser hier 1904 zur Welt kam, *war das so ein altväterischer Bergwerksort,* aber durchaus aktiv und immerhin das zweitgrößte Eisenerzvorkommen Österreichs. Der Vater, gelernter Uhrmacher, besaß eine Gold- und Silberwarenhandlung und eine Glashandlung. Er sei *sehr lieb und tüchtig* gewesen, erinnert sich Dolores Vieser, und ihre Mutter *eigentlich viel zu gescheit für Hüttenberg.* Die Mutter war für sie überhaupt *in ihrer Art und Weise eigentlich eine Heilige. Sie hat ihr ganzes Unglück getragen und hat uns Kindern so viel mitgegeben. Sie war belesen und sie war von einer Anmut und von einer Liebenswürdigkeit, die man heute vielleicht nicht mehr findet unter den Jungen.* Beide Eltern und besonders der Großvater *waren extreme Monarchisten* und *sehr patriotisch.* Der Juni des Jahres 1914 brachte für die kaisertreue Familie eine zweifache Katastrophe. Der Vater, der sich, offenbar berufsbedingt, eine *galoppierende Schwindsucht* zugezogen hatte, starb an einer Lungenentzündung. Die Beerdigung fand an jenem Tag statt, an dem in Sarajevo der Thronfolger ermordet wurde.

Damit begann für die Mutter, die jetzt mit drei Kindern (Wilhelmine hatte einen um vier Jahre älteren und einen um zwei Jahre jüngeren Bruder) allein dastand, der Weg ins Elend. *Dann ist alles Gold und Silber eingezogen worden, und das Geschäft ist ganz heruntergekommen.* Es war niemand zu finden, der es weiterführen hätte können. Dolores Vieser hat aus diesen Kriegstagen vor allem den Hunger in Erinnerung: *Dieser große Hunger war noch viel ärger als im Zweiten Weltkrieg.* Die prekären Lebensverhältnisse waren wohl auch der Grund, dass sie erst mit zwölf Jahren in die

Hauptschule nach Feldkirchen gehen konnte, die sie mit vierzehn wieder verließ. *Ich hätte so gern studiert, aber es war nicht möglich, denn es war damals zu teuer.* Sie musste sich um Milch und Mehl anstellen gehen, die Mutter war dazu kaum in der Lage. Sie litt unter schweren Depressionen und hatte sich zudem bei der Betreuung des Vaters mit Tbc angesteckt. Dieses *langsame Vergehen meiner Mutter* wurde neben dem Hunger das zweite einschneidende Jugenderlebnis für Dolores Vieser.

Nach der Schule nahm sie eine Stelle als *Hilfskontoristin* in Klagenfurt an, *natürlich mit furchtbar winzigem Gehalt.* Ein wenig war sie Mädchen für alles. *Ich habe verschiedene Dinge zu tun gehabt, Rechnungen zu schreiben, aber auch die Bibliothek aufzuräumen.* Immerhin: *Ich war eigentlich die Einzige, die was verdient hat.* Als die Mutter starb, hatte sie nur die Tochter bei sich und einen Kater, *einen sehr geliebten,* der zum Protagonisten einer merkwürdigen Szene wurde. *Der ist am Vormittag, wie ich allein bei der Mutter war, in das Zimmer gekommen, hat sich auf den Stuhl gesetzt und hat die Mutter angestarrt. Und auf einmal hat er einen Schrei ausgestoßen, einen ganz abnormalen, ist runtergesprungen und über die Stiege hinuntergelaufen und ist nie mehr wieder gekommen. Und eine halbe Stunde später ist die Mutter gestorben.* Das Tier, meint Dolores Vieser, hätte wohl etwas gesehen, was ihr verborgen blieb. Intuition, Verständnis von rational nicht Begreifbarem, hat sie immer fasziniert. Im „Singerlein" heißt es: „Seine Seele erfasst, was sein Verstand nicht erdenken kann."[2] Auch ihre Begabung zum Schreiben sieht sie als etwas Unerklärliches: *Es ist so eigenartig gewesen, es ist mir dann später alles so zugeflogen.*

Mit dem Schreiben fing Dolores Vieser an, nachdem sie die Stelle als Hilfskontoristin aufgegeben hatte. Sie war inzwischen ebenfalls lungenkrank geworden, und der Arzt sagte, *ich muss mir eine Stelle suchen in einem anderen Klima und wo ich gutes Essen krieg.* Sie fuhr nach Tirol, zunächst nach Innsbruck, und suchte nach einem Arbeitsplatz. Erfolglos, *denn jeder hat mir angekannt, dass ich nicht sehr leistungsfähig war.* Schließlich fand sie in Hall in einem konfessionellen Heim, in dem Exerzitien, Kurse und Seminare abgehalten wurden, eine Stelle als Köchin. *Und auf einmal ist mir der Rappel gekommen: Ich muss schreiben. Ich hab eigentlich gar nicht gewusst, warum, es war ohne Absicht. Und da habe ich das Singerlein angefangen zu schreiben, und wie ich es halb fertig gehabt habe, da ist die Frau von Wörndle, die das Haus geleitet hat, gekommen und hat zu mir gesagt: „Dolores, Du bist wirklich unmöglich. Du hast doch gar keine Schulbildung und gar nichts, und Du bildest Dir ein, Du schreibst, und es ist viel besser. Du tust das, was Du wirklich kannst, also Kochen, als das, was Du nicht kannst.“* Diese Frau von Wörndle war die Enkelin des Malers Josef von Führich und Witwe eines Chefredakteurs und hatte wohl *eine ganz andere Vorstellung von Schriftstellerei,* meint Dolores Vieser heute. *Und da hat sie mich auf den rechten Weg zurückbringen wollen.* Damals war das Urteil der Chefredakteurswitwe für die junge Autorin freilich niederschmetternd. *Ich war sehr traurig und habe mein Manuskript zusammengeräumt und in einen Ofen gesteckt, und dann habe ich Feuer gemacht und es angezündet. Und dann bin ich am Bett gesessen und habe geweint.* Es war die Sekretärin des Hauses, die das Manuskript im letzten Augenblick rettete. Sie kam herein und fragte Dolores Vieser, warum sie nicht schrieb wie sonst immer, wenn sie frei hatte. *Und da habe ich gesagt: „Jetzt habe ich endlich mit dieser Spinnerei aufgehört und das angeheizt.“* Die Sekretärin stürzte mit den Worten *„Meine Güte, bist Du aber dumm!“* zum Ofen, holte das bis auf ein kleines Loch noch unversehrte Manuskript heraus und machte sich erbötig, es abzutippen. Dolores Vieser schickte den halb fertigen Roman an einen Münchner Verlag. Ein paar Tage später war sie gerade damit beschäftigt, das Hofpflaster aufzukehren, als ein Auto vor der Tür hielt und zwei Herren sich nach der Schriftstellerin erkundigten. *Und ich habe nachgedacht, es war das Haus zwar voll, aber Schriftstellerin war keine dabei. Und da antwortete ich, ich wüsste nicht, dass wir* *eine im Haus haben. Er hat gesagt, das muss doch sein, wir haben vor zwei Tagen ein außerordentlich begabtes Manuskript bekommen. Also mir sind die Knie weich geworden.* Dolores Vieser bekannte sich, *mit dem Besen in der Hand,* als Autorin, erhielt *gleich einen Vertrag und zum Glück einen guten.* Frau von Wörndle *(die ist natürlich aus allen Wolken gefallen)* bekam von den beiden Herren Geld, um eine neue Köchin einzustellen, und Dolores Vieser erhielt den Auftrag, das Manuskript bis Ende September fertigzustellen, damit es noch rechtzeitig für das Weihnachtsgeschäft auf den Markt kam. Startauflage waren 10.000 Exemplare. *Und das sind dann gleich 50.000 geworden noch vor Weihnachten.* Sogar ein Filmprojekt wurde begonnen, das sich aber in Nichts auflöste, als der Direktor der Filmgesellschaft mit dem Geld durchging.

Der Verlagsdirektor lud sie in seine Villa in München ein, wo sie einen Winter verbrachte. Mit dem Schreiben allerdings war es für eine Weile vorbei: *Mir ist nichts anderes eingefallen.* Aber der Verlag machte Druck auf die lukrative Autorin, *und da bin ich nach Kärnten gegangen und hab den „Gurnitzer" angefangen.* Sie wohnte in einem Haus auf dem Klagenfurter Hausberg Kreuzbergl und heiratete den Landwirt Otto Aichbichler, der aus einer wohlhabenden Bauernfamilie stammte. *Die haben ein sehr schönes Gut gehabt.* Das Gut lag in Bruckendorf bei Hochosterwitz, sie selbst blieb jedoch noch eine Weile in Klagenfurt, um ihr zweites Buch fertig zu schreiben. „Der Gurnitzer – Ein Heldenleben aus der Türkenzeit" erschien 1931. Weitere Bücher folgten im Abstand von vier bis fünf Jahren: „Der Märtyrer und Lilotte" (1935), das heute nicht zu ihren Lieblingshervorbringungen zählt *(also das mag ich nicht),* und dann „Hemma von Gurk".

Auf Hemma stieß Dolores Vieser durch einen Zufall. Die adelige Klostergründerin aus dem 11. Jahrhundert ist in Kärnten immer eine populäre Gestalt gewesen, über die viele Legenden existieren, aber kaum ein historisches Dokument, das nicht gefälscht worden wäre. Nachdem sie bereits 1287 selig gesprochen worden war, zog sich ihre Heiligsprechung in die Länge. Zwei erfolglose Versuche wurden im 15. und im 18. Jahrhundert unternommen, kanonisiert wurde Hemma schließlich erst 1938. Im Zuge dieses Heiligsprechungsverfahrens tauchte bei Dolores Vieser *ein Pater aus Rom, ein Historiker,* auf, der sie um Hilfe bat, *denn er hat gehört, dass ich in der Kärntner Geschichte gut Bescheid weiß.* Dolores Vieser musste bedauernd eingestehen, dass sie über Hemma so gut wie nichts wusste. Der Geistliche ging unverrichteter Dinge weg, kam jedoch nach einigen Wochen wieder und zeigte ihr Hemmas Stammbaum, wie er ihn aus alten Quellen rekonstruiert hatte. *Das hat mich so beeindruckt, wie er diese ganzen Geschlechter erklärt hat, das hat mich dann nicht mehr losgelassen.* Obwohl sie ursprünglich nicht die Absicht gehabt hatte, über Hemma zu schreiben, entstand nun doch ein Roman, wobei sie sich trotz umfangreicher historischer Recherchen stark auf eigene Intuition und volkstümliche Traditionen stützte. *Jetzt haben sie gefunden, die Hemma hätte nur einen Sohn gehabt, weil vom zweiten keine Urkunden da sind. Ich bin aber überzeugt, dass sie zwei Söhne gehabt hat. Es wurde ja immer erzählt, dass sie zwei Söhne gehabt hat.* Und sie verweist auf einen renommierten Historiker, der ihr gesagt habe, dass die mündliche Tradition oft der Wahrheit näher sei. *Urkunden können gefälscht werden und sind auch gefälscht worden, aber das Volk bewahrt treu.*

Der Hemma-Roman erschien noch im Jahr der Heiligsprechung. Damals herrschten in Österreich bereits die Nationalsozialisten, und denen war die Art, wie Dolores Vieser die Geschichte aus ihrer katholisch-konservativen Perspektive darstellte, nicht genehm. Der Kulturreferent erklärte, sie sei *ganz verfehlt eingestellt, denn ich stelle die Hemma hin, als ob sie etwas für Kärnten getan hätte. Der Erste, der aber jemals etwas für Kärnten getan hätte, sei der Führer gewesen. Ich habe ja die Hemma so genau studiert und gewusst, was sie alles getan hat. Kirchen gebaut, Spitäler gebaut. Das erste Spital auf deutschem Boden hat sie gebaut. Da bin ich halt sehr ernüchtert gewesen.*

Der Politik des Nationalsozialismus hat Dolores Vieser auch sonst nichts abgewinnen können. *Dann haben wir eine Zuschrift bekommen, dass wir keine Kärntnerlieder singen dürfen, denn die verweichlichen das markige Deutschtum.* Den Umgang der Nazis mit der jüdischen Bevölkerung erlebte sie selbst mit, als sie eines Tages in Klagenfurt auf den Hauptplatz kam. Sie erinnert sich an *eine Völkerwanderung und ein Geschrei. Da waren zwei jüdische Geschäfte, und da haben sie gerade ein Pianino aus dem ersten Stock herausgeworfen.* Ihr Schwager Gerd, damals in der Maturaklasse, war aufgefordert worden, bei dem Pogrom mitzumachen. *Um drei, halb vier ist er gekommen, totenbleich und ganz fertig, und hat gesagt: „Also was wir heute erlebt haben. Wir mussten den Juden die Möbel beim Fenster hinauswerfen." Er hat das aber nicht getan, sondern hat andere Sachen angeschraubt und hergerichtet und so. Und da hat er gesagt, eine Jüdin sei am Sofa gesessen und habe gesagt: „Aber Kinder, was tuts denn Ihr, was haben wir Euch denn getan?" Und ihn hat das so erschüttert, dass er ganz fertig war.*

Dass Dolores Vieser mit der Begründung, ihre Arbeiten seien *nicht tragbar,* die Aufnahme in die Reichsschrifttumskammer verweigert wurde, hat sie trotz ihrer Distanz zur herrschenden Ideologie *sehr gekränkt.* Immerhin kam das einem De-facto-Veröffentlichungsverbot gleich, von dem man damals nicht wissen konnte, dass es nur wenige Jahre dauern würde. *Man hat allgemein gerechnet, der Krieg wird mit Sieg enden, und dann kommt das tausendjährige Reich.* Der Hemma-Roman wurde zwar 1940 noch einmal neu aufgelegt, aber dann waren auch die bisherigen Publikationen geächtet. *Meine Bücher sind in den Buchhandlungen in Kisten verpackt und versiegelt und in den Keller gelegt worden, die waren überhaupt nicht im Handel.* Vielleicht hätte ihr ein Beitritt zur Partei auch den Weg in die Reichsschrifttumskammer geebnet, und tatsächlich standen eines Tages vor ihrer Tür *zwei Damen wie die Christkinderln* mit der Botschaft: *„Stellen Sie sich vor, man überlegt, Sie in die Partei aufzunehmen."* Dolores Vieser lehnte ab. Sie schrieb auch bis auf weiteres nichts, widmete sich ihren Kindern und später auch dem Gut ihres Mannes, der dort auch eine Mühle führte. Seine drei Brüder waren alle eingerückt. *Ich hab gearbeitet, also wirklich unglaublich, ich kann mir das heute gar nicht mehr vorstellen.* Dolores Vieser erkrankte an einer Nierenentzündung. *Also der Krieg war für mich eine einzige Plage.* Am Gut war auch eine große Anzahl von Kriegsgefangenen zwangsverpflichtet, *mehr, als wir gebraucht haben, Franzosen und Russen, Sibirer,* die zu beaufsichtigen und zu koordinieren waren. Zu ihnen hatte Dolores Vieser ein gutes Verhältnis – *die Leute haben mich so gern gehabt* –, abgesehen von einer Gruppe russischer Kommunisten: *Mit denen war natürlich nichts anzufangen.* Als die Gefangenen nach Kriegsschluss auf einem Lkw abtransportiert wurden, wollte Dolores Vieser sich verabschieden – und erlebte eine Enttäuschung. *Ich bin hinaus und wollte ihnen nachwinken, und da haben diese Leute auf dem Lastwagen die Fäuste geballt und haben geschrien und geflucht. Ich war ganz weg und habe mir gedacht: „So kann man sich täuschen." Am nächsten Tag freilich kam eine Gruppe von Ukrainerinnen zu mir in die Küche und entschuldigte sich: „Frau, Frau, nicht böse sein, nicht böse sein, haben müssen so tun, sonst es uns schlecht geht."*

Nach dem Krieg schrieb Dolores Vieser wieder. Bis 1976 entstanden mehrere Werke, darunter der historische Roman „Aelia – Eine Frau aus Rom (1952)". Auch weitere Preise folgten: der Handel-Mazzetti-Preis (1955), der Kulturpreis des Landes Kärnten (1975). Aber der vorherrschende literarische Geschmack hatte sich geändert. Die Nachkriegszeit war die Ära der Wiener Gruppe und der Gruppe 47, der experimentellen Lyrik und der angloamerikanisch geprägten Short Story. *In der Nazi-Zeit bin ich ganz untergegangen, und wie der Krieg vorüber war, da ist die moderne Literatur entstanden – da war ich schon eine altmodische Person.* Ihr eigenes Urteil über die neuere Literatur ist zwiespältig. *Die Bachmann ist sicher eine große Schriftstellerin, und die Christine*

Lavant. Mit der Jelinek könnte ich nicht gar so viel anfangen. Es ist nicht nur die Form, es ist vor allem der Inhalt, der sie irritiert. *Es hat mich irgendwie ernüchtert, dass man das Düstere oder Dunkle so hervorhebt. Es sind viele Dinge, die eher bedrücken als erlösen in der modernen Literatur. Es gibt wenig, was den Menschen hilft, etwas erklärt, oder bewegt.* Gerade das war die Leitlinie ihrer eigenen literarischen Tätigkeit. Wenngleich sie deren Absichtslosigkeit unterstreicht – *ich habe einfach geschrieben, weil ich schreiben musste* –, stand für sie doch auch der Aspekt von Literatur als Lebenshilfe im Hintergrund: *Ich habe manchmal gedacht beim Schreiben, ich möchte anderen Menschen helfen, dass sie zur Klarheit kommen oder dass ihnen irgendwie das Herz aufgeht, das steinerne.*

Der Rückzug in den kreativen Elfenbeinturm war nicht Dolores Viesers Sache. Er wäre auch nicht möglich gewesen. Von der Familie kam wenig Unterstützung. Der Schwiegervater war von Anfang an dagegen gewesen, dass sein Sohn eine Autorin ehelichte. *Natürlich wäre es gescheiter gewesen, er hätte eine Bäuerin geheiratet,* gibt ihm Dolores Vieser recht. Bei ihrem Mann mochte künstlerischer Neid eine Rolle gespielt haben. Er betätigte sich als Maler, war aber weniger erfolgreich als seine Frau, obwohl eines seiner Bilder von der Republik Österreich angekauft wurde. *Der war eifersüchtig und hat das immer hintertrieben.* Und dann waren da noch die Kinder. Vier hat sie aufgezogen, drei eigene und ein Mädchen, das im gemeinsamen Haushalt aufwuchs. *Wie oft habe ich geschrieben und die Kinder sind bei den Füßen herumgekrochen: „Mutti dies, Mutti das.“* Zwischendurch gab es auch einen Schicksalsschlag, als sie ihren ältesten Sohn verlor, der während der Maturareise beim Skifahren von einer Lawine verschüttet wurde. Wie der Gutshof, die Familie und das Schreiben zu vereinen waren, ist ihr retrospektiv ein Rätsel. *Wenn ich heute zurückdenke, kann ich nicht glauben, wie ich das eigentlich zu Wege gebracht habe. Der große Haushalt, dann elf Bücher und dann vier Kinder aufgezogen.* Ob es Frauen in der Gegenwart leichter haben, sich zu verwirklichen? Nicht wirklich, findet sie. *Sie sind furchtbar angestrengt und kommen nicht zu sich selber.* Obwohl: *Mehr Entwicklungsmöglichkeiten haben sie heute natürlich schon.* Was sie betrifft, so ist sie mit ihrem Leben zufrieden, stellt auch nicht viele Ansprüche: *Man muss froh sein, wenn man halbwegs anständig weiße Haare kriegt.*

Einige Monate nach dem Interview, das im März 2002 stattfand, ist Dolores Vieser in Klagenfurt gestorben. Für die christliche Thematik, die die Autorin zeitlebens beschäftigt, für die christliche Weltordnung, die sie geprägt hat, ist das Todesdatum geradezu symbolhaft: der 24. Dezember. Dass ihre späteren Arbeiten nicht mehr an den Erfolg der früheren anknüpfen konnten, hat sie in den letzten Jahrzehnten ihres Lebens mit Gelassenheit ertragen. Zu den tragischen Persönlichkeiten, die ihren eigenen Nachruhm überlebt haben, gehört sie dennoch nicht. In den neueren Nachschlagewerken aus den Siebziger- und Achtzigerjahren ist ihr Name zwar nicht mehr zu finden; in den allerneuesten, deren Artikel man aus dem Internet abrufen kann, taucht er wieder auf. Seit 1999 sind auch einige Werke, darunter „Das Singerlein" und „Hemma von Gurk", neu aufgelegt worden.

Anmerkungen

1 Ein weiteres Pseudonym ist „Maria Valdez".

2 S. 341.

Ich habe immer das Bodenständige und das Kleinere geliebt

Auf die Frage, wann sie geboren sei, antwortet Maria Walch gewissenhaft mit dem genauen Datum (19. 11. 1924) und fügt gleich hinzu: *Und 1952 habe ich hierher geheiratet.* Das sagt viel aus über diese arbeitsame Frau, die auch mit rund 80 Jahren noch in ihrer Frühstückspension mithilft: Sie entstammt einer bäuerlich-konservativen Umgebung, in der Sorgfalt und Gewissenhaftigkeit wichtige Werte sind und in der das Leben von den drei großen Ereignissen Geburt, Hochzeit, Tod bestimmt wird. Und sie ist nicht von hier. Hier, das ist Lech am Arlberg, einer der mondänsten Wintersportorte der Welt, in dem sich alter Adel und neuer Jetset ein Stelldichein geben. Der Fremdenverkehr hat lange Tradition. 1906 wurde im benachbarten Zürs der erste Skikurs für Einheimische abgehalten, 1925 die Skischule gegründet, 1955 zählte man schon 700.000 Nächtigungen. Heute sind es rund eine Million. Die Zahl der Menschen, die hier einen Zweitwohnsitz haben, liegt nur knapp unter jener der eingesessenen Lecher, die aber ihrerseits zu einem großen Teil von auswärts kommen. Insofern ist Maria Walch eine typische Lecherin. Sie betreibt einen Beherbergungsbetrieb. Sie war mit einem Skilehrer verheiratet. Und sie ist zugewandert.

Geboren wurde sie zwar nur 50 Kilometer weit weg, aber doch in einer anderen Welt: in Egg im Bregenzerwald, einer sanften Mittelgebirgslandschaft, wo die Berge kaum mehr als 1000 Meter erreichen. Ihre Eltern hatten wie die meisten anderen in dieser Region eine Landwirtschaft. *Damals gehörten wir zum Mittelstand,* meint sie und bedauert, dass der Beruf des Bauern vor allem auch in den Augen der Landbevölkerung selbst viel an Stellenwert eingebüßt hat. Heute, findet sie, sei es wieder etwas besser geworden, *aber eine Zeit lang wurde man völlig ausgelacht.*

Maria Walch ist das dritte von vier Kindern. Der Vater war *ein ganz bodenständiger Bauer,* ein *Bauer mit Leib und Seele,* der seiner Tochter das vermittelt hat, was ihr heute noch am Herzen liegt, nämlich, *dass die Heimat erhalten bleibt und dass man auf die Wälder schaut.* Die Mutter war *früh schon leidend* und starb mit 60 Jahren an Magenkrebs. Beide Eltern waren streng katholisch und christlich-sozial orientiert: *Wir sind daheim auch sehr konservativ erzogen worden und waren immer schwarz.* Maria Walch besuchte die achtklassige Volksschule. Als sie damit fertig war, kam der „Anschluss". Die katholisch-christlich-soziale Prägung der Familie erwies sich als immunisierend gegen etwaige Versuchungen des Nationalsozialismus. Als Hitler einmarschierte, weinte die Mutter. *Da habe ich gesagt: „Mama, warum weinst du?" Da hat sie geantwortet: „Wir haben kein Österreich mehr."* Ihre Schwester wurde sogar vorübergehend verhaftet, weil sie bei einer Parteiveranstaltung, zu der ein fanatischer Nazi die Dorfbewohner zusammentrieb *(wenn man nicht kam, hätte er die Leute angezeigt),* den Nationalsozialismus mit dem Kommunismus verglich. Nur die Tatsache, dass sie noch nicht 18 war, bewahrte sie vor einer längeren Freiheitsstrafe.

Der Krieg riss die Familie auseinander. Der ältere Bruder musste einrücken, später auch der jüngere, obwohl der erst 17 Jahre alt und von Geburt an schwächlich war. Maria Walch absolvierte ihr „Pflichtjahr" in Bregenz bei einem Oberregierungsrat und dessen Frau, einem kinderlosen und wohlhabenden Ehepaar. *Ich habe da viel gelernt und viel gesehen, aber ich habe immer gedacht: Ich will nur nach Hause.* Sie blieb drei Jahre bei dem Ehepaar. Wirtschaftliche Not hat die Familie während des Krieges nicht gelitten, der landwirtschaftliche Betrieb bedeutete ein gewisses Maß an Autarkie. Im Übrigen gab es in Vorarlberg kaum Kriegshandlungen.

Am 29. April 1945 betrat die Erste Französische Armee österreichischen Boden. Die Franzosen bemühten sich, eine behutsame Besatzungsmacht zu sein. Sie stellten Schilder mit dem Text „Ici l'Autriche, pays ami" („Hier ist Österreich, ein befreundetes Land") auf, um ihre Soldaten von Übergriffen und rüdem Auftreten abzuhalten. Ganz friedlich verlief der Einmarsch trotzdem nicht. Im Bereich der Bregenzer Klause waren noch deutsche Verbände aktiv, die entschlossen waren, bis zur letzten Minute zu kämpfen. Bregenz, bisher von Angriffen verschont, wurde bombardiert, ebenso die Bregenzerwaldbahn. Es gab Tote und Verletzte unter der Zivilbevölkerung, die längst kriegsmüde war und eine Einstellung der Kämpfe verlangte: „Unaufgefordert werden an den Häusern weiße Fahnen gehisst und dazwischen auch schon einige seit längerem vorbereitete rotweißrote Fahnen entrollt."[1]

An diese weißen Fahnen kann sich Maria Walch noch erinnern: *Wir sind dann zurück ins Dorf, wo die Zufahrtsstraße war, und haben schon eine weiße Fahne hergerichtet gehabt, und einer von uns hat die weiße Fahne getragen. Vorne war schon ein Musikzug, und es hat lange gedauert, bis die da waren.* Als „die" dann endlich ankamen, muss es für die bodenständigen Bregenzerwälder einen Kulturschock bedeutet haben: Die französischen Truppen bestanden zum überwiegenden Teil aus Marokkanern, die oft statt eines Helmes einen Turban trugen und insgesamt einen sehr exotischen Anblick geboten haben müssen. In das Elternhaus von Maria Walch haben sie sich nicht einquartiert, sie fragten nur, ob sie ihre Reittiere unterstellen dürften. *Das waren keine Rösser, was waren es für Dinger, sie waren, also wie Rösser*, erinnert sich Maria Walch undeutlich. Es dürfte sich um Maultiere gehandelt haben.[2]

Sonst blieb die Familie unbehelligt. Die Besatzer machten offenbar einen Unterschied zwischen den Häusern der „Schwarzen" und der Nazis. *Wie die das gewusst haben, das ist unglaublich.* Im Haus des Bürgermeisters etwa, gleich nebenan, benahmen sie sich weit weniger zurückhaltend. *Da haben sie gar nicht gefragt, sie sind durchgelaufen bis ins Schlafzimmer und haben sich dort breit gemacht.* Schließlich richteten sie ein Bordell ein. *Da sind die Mädchen eingezogen ins ganze Haus, das war nur noch rot beleuch-*

tet. Die ganze Nacht seien die Marokkaner dort ein- und ausgegangen, und am Tag hätten die Mädchen im Dorfbrunnen geplanscht, *dann ist der Vater zur Kommandantur, und da war einer, der sehr gut Französisch konnte, der hat gesagt: „Also das geht nicht." Am nächsten Tag ist ein großes Auto gekommen, und da hat man alle diese Weiber aufgeladen.* Die damals zwanzigjährige Maria Walch wusste zwar nicht wirklich, worum es hier ging – *wir waren so behütete Kinder, dass wir nicht genau gewusst haben, was sich da abspielt* –, spricht aber noch heute mit einem Unterton der Entrüstung über *diese furchtbaren Frauen.*

Maria Walch gehört jener Generation an, welcher der Krieg die Jugend gestohlen hat. *Man kommt nie zum Tanz, man kommt nie zu einer Unterhaltung.* Geheiratet hat sie relativ spät, mit 28. Sie lernte ihren Mann kennen, als sie für 14 Tage über Ostern zum Aushelfen nach Lech kam. Er wollte, wie er ihr später erzählte, aus Gründen der Blutauffrischung keine Frau aus Lech heiraten. Seine Eltern hießen beide Walch und waren mehr oder weniger weitläufig miteinander verwandt. Der Name Walch ist in Lech ziemlich häufig, das Telefonbuch listet an die fünfzig Personen auf. Es könnte sein – und das wäre eine Erklärung für die Verbreitung des Namens –, dass „Walch" mit „Walser" zusammenhängt. Die alemannischen Walser sind zwischen dem 13. und 15. Jahrhundert aus dem oberen Wallis in Vorarlberg eingewandert und außer im Großen und Kleinen Walsertal auch in Lech am Arlberg sesshaft geworden. Ein Verwandter von Maria Walchs Schwager, den sie den „Philosophen" nennt, bestärkte sie und ihren späteren Mann in ihren Heiratsabsichten. *Es ist erwiesen,* erklärte er, *dass die Wälderer und die Walser eine gute Mischung ergeben. Ihr werdet gesunde Kinder haben und nicht die dümmsten.*

Hochzeit gefeiert wurde im Oktober 1952, und zwar eine Doppelhochzeit, weil auch Maria Walchs Schwester am gleichen Tag heiratete. Kinder bekam sie ebenso viele, wie es in Maria Walchs Ursprungsfamilie gegeben hatte, nämlich vier, allesamt männlich (ein Mädchen war bald nach der Geburt gestorben) und – da hatte der „Philosoph" mit seiner Prophezeiung recht – nicht die dümmsten. Der Älteste, 1953 geboren, begann in Graz ein Maschinenbaustudium, das er seiner Frau zuliebe aufgab, die mit den beiden Kindern allein nicht zurechtkam. *Da bin ich heute noch nicht glücklich darüber*, meint Maria Walch. Ein anderer Sohn wurde Arzt, einer hat einen HAK-Abschluss, einer führt die Landwirtschaft weiter. Dabei war der Besuch einer höheren Schule keine einfache Angelegenheit für Bewohner eines entlegenen Bergdorfs in rund 1500 Metern Höhe, das heute noch gelegentlich von der Außenwelt abgeschnitten ist, sobald die Flexenstraße durch heftige Schneefälle unpassierbar ist. Der älteste Sohn kam nach Feldkirch ins Internat. Das kostete damals, Anfang der Sechzigerjahre, 600 Schilling jährlich. Ab dem zweiten Jahr war er vom Schulgeld befreit. Finanziert wurde die Ausbildung der Kinder aus dem Fremdenverkehr, der neben der Skilehrertätigkeit des Mannes und der Landwirtschaft zur dritten Einnahmequelle wurde. Die Landwirtschaft mit sieben Kühen betrieb Maria Walchs Mann nebenberuflich. *Um halb sechs auf und in den Stall.* Anschließend waren die Skikurse, bis vier oder fünf Uhr nachmittags. *Dann kam er heim essen, umziehen und ging in den Stall*, skizziert sie den anstrengenden Arbeitstag ihres Mannes. Währenddessen kümmerte sie sich um die Pension, backte selbst einmal in der Woche das Brot, *12 Laibe meistens, es kommt darauf an, wie viele fremde Leute man gehabt hat. Und es war gutes Brot. Es ist nicht hart geworden.*

Die Pension fing klein an. Es war die Zeit, als viele Vermieter in der Hochsaison eine starke Einschränkung ihres Lebensraumes in Kauf nahmen, um für die Gäste Platz zu machen. *Da habe ich gesagt, ich habe es satt, ich schlafe nicht zu Weihnachten halb im Keller oder in der Küche.* Daraufhin wurden zwei Zimmer für die Gäste gebaut. Natürlich war damals, in den Fünfzigerjahren, noch keine Rede von Zimmern mit Bad. Da gab es einen Waschtisch, auf dem ein Becken stand, und in der Früh kam die Magd und brachte eine Kanne mit heißem Wasser. Maria Walchs Mann fuhr unterdessen auf einem Moped mit Anhänger um Milch. Erst viel später wurden Fließwasser und Zentralheizung installiert, das erste Auto wurde gegen Mitte der Sechzigerjahre angeschafft. Maria Walch sorgte mit alemannischem Sinn für Sparsamkeit dafür, dass die Familie nicht in Schulden stürzte. *Ich habe immer gesagt: „Ein Auto kommt nur dann ins Haus, wenn es bar bezahlt ist."* Es war ein VW-Käfer. Der Marke ist man treu geblieben, auch wenn die Modelle mit der Zeit größer wurden: ein Variant, später ein Passat.

Größer ist inzwischen auch die Pension. Es werden fünf Zimmer vermietet und in der Hauptsaison auch die Stube. Noch größer möchte es Maria Walch gar nicht haben: *Ich habe immer das Bodenständige und das Kleinere geliebt.* Der Tendenz, immer größere Häuser zu bauen, um immer mehr Gäste unterbringen zu können, steht sie skeptisch gegenüber. Diese Entwicklung habe dem Charakter der Menschen geschadet: *Sie sind nicht mit dem Reichtum innerlich gewachsen. Das habe ich oft gedacht: „Die sind nicht mitgewachsen."*

Die Pension bleibt Familienbetrieb. Die Schwiegertochter hat die Höhere Lehranstalt für Frauenberufe in Hohenems absolviert und macht die Buchhaltung. *Ist auch ein ledig Kind, was mich am Anfang ein bisschen gestört hat, aber heute nicht mehr*, kann Maria Walch ihre katholische Prägung nicht verbergen, die sogar gegenüber Gästen gelegentlich durchschlägt. Eines Tages erschien ein französisches Paar und wollte für 14 Tage ein Zimmer mieten. *Und ich sag: „Sind Sie verheiratet?" Dann waren sie ganz erschrocken und haben gesagt: „Nein, aber wir wollen heiraten."* Maria Walch blieb unbeugsam. *Dann sag ich: „Ja, dann suchen Sie sich lieber ein anderes Zimmer, es sind ja noch viele frei."* Als die beiden dann zwei Wochen in einem nahegelegenen Haus wohnten, während ihr Zimmer leer stand, kamen Glaube und Geschäftssinn einander ins Gehege. *Nachher habe ich mir gedacht, hätte ich sie doch hineingenommen, wir hätten es so notwendig gebraucht.* Sie fragte den Pfarrer. *Und der alte Pfarrer hat gesagt: „Man sollte es vermeiden, wenn man kann. Aber sonst kann man das einfach nicht ändern."* Sie hat dennoch bei schriftlichen Anfragen immer schon vorgefühlt, wie es sich mit der Rechtmäßigkeit der Beziehung zwischen den beiden prospektiven Gästen verhielt – und gegebenenfalls lieber abgesagt, als ihrer christlichen Überzeugung untreu zu werden.

Dieses konservative Christentum hat neben einem rigiden freilich auch einen sehr versöhnlichen Aspekt: *Ich bete noch heute jeden Tag für meinen Mann und dann für Oma und Opa und für meine Eltern und für Freunde und Feinde und Verwandte. Und dann für die Wohltäter. Jeden Tag.*

Anmerkungen

1 Hugo Portisch, Österreich II, Wien 1985, S. 226.

2 „So marschierten turbanbedeckte Marokkaner mit ihren Maultieren in ein leicht erstauntes Bregenz ein", Portisch, S. 227.

Wirklich engagiert habe ich mich permanent gegen den Antisemitismus

Das Interview mit Erika Weinzierl findet in einem kleinen Büro statt, das der emeritierten Professorin am Institut für Zeitgeschichte zur Verfügung steht. Der Raum im ehemaligen, jetzt zum Teil von der Universität Wien genutzten Allgemeinen Krankenhaus ist geeignet, klaustrophobe Gefühle entstehen zu lassen: beengt, überheizt, angefüllt mit Büchern. Bücher waren schon in der Kindheit die große Leidenschaft von Erika Weinzierl. *Meine Eltern haben, da sie Lehrer waren, bewusst verhindert, dass ich unter sechs Jahren zu lesen lernen begonnen hab, aber in dem Augenblick, wo ich es konnte, hab ich eigentlich nur mehr gelesen.*

Sie war 1925 als einzige Tochter in die Familie des Lehrerehepaares Fischer geboren worden. Die Mutter, halbe Italienerin und *sehr temperamentvoll,* war Tochter eines hohen Offiziers und hatte wohl daher auch eine gewisse militärische Strenge. Sie sei *eine äußerst tüchtige Lehrerin* für Deutsch und Geschichte und später Schuldirektorin gewesen, die *ihren Beruf intensivst betrieben* habe und entsprechend *gefürchtet* gewesen sei, meint Erika Weinzierl. *Ich glaube, sie war auch eine ganz gute Lehrerin, aber sie war sehr streng.* Sie entstammte einer kinderreichen Familie, *das waren ursprünglich zehn Kinder, davon sind drei gestorben, sieben haben überlebt, da waren der Älteste und der Jüngste ein Bub und fünf dazwischen Mädchen.* Die Mutter wäre als Kind lieber einer dieser Buben gewesen, denn die waren in ihrer Familie privilegiert. *Für die Buben musste immer alles geschehen, und die mussten studieren, und die mussten was werden, meine Mutter wäre auch gerne so ein Sohn gewesen und hat sich daher glühend einen Sohn gewünscht.* Auf die Geburt einer Tochter reagierte sie vor allem geschockt. *Ich habe das erst in diesem Herbst gefunden, sie hat ein Babytagebuch geführt mit einer unglaublichen Ehrlichkeit, wo sie auch meine*

Geburt im Detail beschreibt, und da habe ich dann gelesen, wie die Hebamme gesagt hat: „So ein herziges Mäderl." Da ist sie fassungslos vor Schreck gewesen und hat das Kind gar nicht sehen wollen, und ich wurde eine Viertelstunde weggelegt. Ich – ein Mädchen, das gibt es doch gar nicht. Erst nach dieser Atempause söhnte sie sich mit den Tatsachen aus *und hat gefunden, das ist doch ein ganz liebes Mäderl.* Als dann der erste von den beiden Söhnen Erika Weinzierls zur Welt kam, war das für sie wie die späte *Erfüllung ihrer Wünsche.*

Zum Vater hatte Erika Weinzierl das bessere Verhältnis. Er sei ihr *Lebensmensch* gewesen, *unendlich liebenswürdig,* wenn auch *vielleicht nicht sehr willensstark.* Er war ein *Sozialdemokrat, und man hat ihm eine große Karriere im Schuldienst vorhergesagt. Die war aber am 12. Februar 1934 zu Ende.* Weder im Ständestaat noch unter dem Nationalsozialismus hatte er Aufstiegschancen, und nach 1945 war es zu spät: *Dann ist er nur mehr Schulinspektor geworden, denn er ist mit 59 Jahren gestorben.* Die Ehe war nie besonders gut gewesen und wurde, als die Tochter zwölf Jahre alt war, geschieden. Von da an lebte sie bei der Mutter, der Vater kam regelmäßig zu Besuch. *Im Winter hat er mir immer ein kleines Sackerl Maroni mitgebracht und im Sommer ein Packerl Mannerschnitten.*

Zur Volksschule ging Erika Fischer im sechsten Wiener Gemeindebezirk, Mariahilf. Sie lernte leicht, *ohne mich zu sehr anzustrengen.* Aber als ihr der *Katechet* einmal prophezeite, sie würde Klosterschwester werden, weil sie in Religion so gut war, antwortete sie *ganz spontan: „Nein, das sicher nicht."* Die Fischers waren keine praktizierenden Katholiken.

Die Ereignisse des Februar 1934 erlebte die noch nicht ganz Neunjährige bereits *sehr bewusst.* Sie legten auch in gewisser Weise den Grundstein für ihre späteren politischen Überzeugungen. *Das war ein strahlend blauer, eiskalter Tag, und da bin ich das erste Mal hinuntergeschickt worden in das Geschäft vis-à-vis, um was einzukaufen, und da waren die aufgeregten Hausfrauen, die Petroleum und Zucker und so weiter gekauft haben. Da bin ich in der Millergasse gestanden in der Mitte und habe den Himmel gesehen, und die Luft hat gedröhnt von den Artillerieschüssen, mit denen sie die Gemeindebauten beschossen haben. Und mein Vater ist schneeweiß im Bett gelegen. Es war klar für ihn, was das bedeutet. Das habe ich also auch erfasst, das ist ein tiefer Einschnitt. Seit damals ist in mir, noch nicht so klar definiert, dieses „Nie wieder". So etwas darf nie wieder in Österreich passieren.*

Nach der Volksschule besuchte Erika Fischer das einzige humanistische Mädchengymnasium Wiens in der Rahlgasse und gab sich der Lust des Lesens hin, wobei die verfügbare Literaturauswahl auch zeitbedingt war. *Ich war zum Beispiel jahrelang mit meiner Mutter am Millstättersee bei einem Architekten, er war eigentlich auch ein Nationalsozialist, noch vor 1938, aber er hat die gesamte Weltkriegsbibliothek gehabt. Ich habe alle Kriegsbücher verschlungen, die es gegeben hat.* Später las sie allerdings auch Urkunden des Benediktinerklosters Millstatt, die dann zur Grundlage ihrer Dissertation werden sollten.

Inzwischen wurde das Klima zunehmend nationalsozialistischer und antisemitischer. *Die Mittelschule war richtig politisch versaut,* schon vor dem „Anschluss". Von den 26 Schülerinnen in der Klasse waren 13 Jüdinnen. *Ich bin im Februar 1938, an das kann ich mich sehr gut erinnern, auf meinen ersten Kinderball gegangen. Der hat mir sehr gut gefallen, war sehr schön. Am nächsten Tag komme ich in die Schule, da kommt die Gerda Wurz auf mich zugestürzt, das war die Obernazi, und die hat mich angepfaucht, wie ich dazu komme, als einzige Arierin zu einem Judenball zu gehen. Ich hab darauf gesagt – das weiß ich auch noch ganz genau: „Erstens hab ich das nicht gewusst, und zweitens hat mir das sehr gut gefallen."*

An die Zeit des Einmarsches von Adolf Hitler erinnert sich Erika Weinzierl mit der Präzision der Historikerin. *Da bin ich schon im Bett gelegen. Das war abends um halb acht, der 11. März, das war ein Freitag, und da ist mein Vater – ein sehr, sehr großer Mann, 1 Meter 86 groß – so schmal am Fuße meines Bettes gestanden und hat gesagt: „Ja, Erika, jetzt kommt der Hitler, das ist der Krieg." Und in der Schule waren dann die Jüdinnen weg, und dann ist die neue Direktorin gekommen.*

Erika Weinzierl schwärmt von der „alten" Direktorin. Es war die Frau des Malers Carry Hauser, Gertrud Herzog-Hauser*, die erste Frau, die sich in Gräzistik* (Anm.: Altgriechisch) *habilitiert hat, eine Wissenschaftlerin, eine hochintelligente Frau. Und die ist dann sofort mit dem 13. März weg gewesen. Die sind aber emigriert und haben überlebt.* Die neue Direktorin hingegen war *eine verrückte Nazistin,* die zwei aus einer aufgelassenen Klosterschule neu hinzukommende Schülerinnen, *so genannte Mischlinge,* nach und nach *weggeekelt* hat. *Aber das waren meine zwei besten Freundinnen, und die sind eigentlich ganz wesentlich für mein Leben geworden.* Eine davon war die spätere Frau des bekannten Judaisten Kurt Schubert. Das Hinausekeln begann damit, dass die beiden in der letzten Bank sitzen mussten und auch nicht auf den Schulskikurs mit durften. *Da hat die eine, die Litzi, bitterlich geweint.* Erika Fischer nützte die Früchte ihrer Belesenheit und wandte sich mit einem Thomas-Mann-Zitat an sie. *Da bin ich spontan aufgestanden und habe genau die Frage aus dem Zauberberg gestellt: „Brauchst du einen Bleistift?" Das war der Beginn einer großen, langen Freundschaft.*[1] Erika Fischer ging mit den beiden Freundinnen mittags in das nahe gelegene Selbstbedienungslokal WÖK essen, besuchte sie auch zu Hause, wurde prompt von der Mitschülerin Gerda, der *Obernazi*, denunziert und erhielt von der Direktorin *eine riesige Kopfwäsche.* Sie ließ sich nicht beirren. *Wir haben das nicht aufgegeben. Wir sind ein bisschen vorsichtiger geworden.* Viel später, bei einem Maturatreffen, hat Erika Weinzierl das Thema angesprochen, worauf eine der Klassenkameradinnen, eine *Ehemalige,* meinte: *Ja, wenn Du Dich so unglücklich gefühlt hast, warum kommst Du dann überhaupt? Da habe ich gesagt: „Da hast*

Du ganz recht, ich werde nicht mehr kommen." Seither hat sie die Maturatreffen nicht mehr frequentiert und auch keine Einladungen mehr bekommen. *Es ist mir auch nicht Leid.*

Die Schulzeit endete kriegsbedingt früher als vorgesehen. Schon im Februar 1943 maturierte Erika Fischer und wurde dann gleich als Bauernmagd zum Arbeitsdienst ins Waldviertel eingezogen. Sie traf dort auf eine Lagerführerin, die zwar *eine überzeugte Nationalsozialistin* war, sich aber gern stundenlang mit ihr über Literatur und Kunst unterhielt. *Der Jammer war, sie hat mit mir bis zwei oder drei Uhr in der Nacht diskutiert, ich musste aber um sechs raus, sie nicht.* Vom Waldviertel ging Erika Weinzierl nach Wien, zur Straßenbahn, als Schaffnerin. *Ich bin den Fünfer gefahren, das war die Arbeiterlinie rund um den Ring, da habe ich die Wiener von ihrer nettesten Seite kennen gelernt. In der Früh, wenn es kalt war im Winter, haben sie mir von ihrem Kaffee aus der Thermosflasche zu trinken gegeben, und wenn dann die Blumenzeit gekommen ist, haben sie mir aus den Schrebergärten Blumen gebracht.* Ihre Beliebtheit mag sie auch dem Umstand verdankt haben, dass sie es mit dem Inkasso nicht so genau genommen hat. Ihr war die Sicherheit der Fahrgäste wichtiger. Die Straßenbahnen hatten noch offene Plattformen, und zu den Stoßzeiten hingen die Passagiere auf den Trittbrettern. *Ich habe immer nur geschaut, dass ja nichts passiert und bin immer als Letzte unten gestanden, so mit beiden Armen an den Stangen, dass nur ja keiner rausfällt.*

Noch während des Krieges begann Erika Fischer zu studieren, und zwar Medizin. *Weil das der Wunsch meines Vaters war, der wäre so gerne Psychiater geworden.* Das Studium dauerte nicht lange. Im Sommer mussten die Medizinstudentinnen in einem Lazarett arbeiten und von dort wurde Erika Fischer ins Arsenal abkommandiert, wo sie in den letzten Kriegstagen, *völlig unfähig, eine Maschinenarbeiterin* war.

Ihre politische Sozialisation erfuhr sie im Rahmen der Katholischen Hochschulgemeinde, die damals in der Gründungsphase war. Zu den Gründern gehörten Studenten, die ungefähr ihre Altersgenossen waren: Kurt Schubert, der spätere Doyen der österreichischen Judaistik, oder der Biochemiker Hans Tuppy, zwischen 1987 und 1989 Wissenschaftsminister. *Das war eine Gruppe, da war, glaube ich wirklich, kein einziger Nazi dabei.* Die Hochschulgemeinde sei *sehr aktiv* gewesen, und Erika Fischer habe sogar einmal *Botschaften von der O5 in die Kasernen gebracht. Ich habe nach dem April 1945 sogar eine Armbinde gehabt und einen Ausweis.*[2] Sie wurde auch eine Bewunderin des Kunstmäzens Monsignore Otto Mauer[3], von dessen Predigten sie allerdings zunächst *nur einen Bruchteil verstanden* hat. *Aber ich habe ihn immer bewundert, wirklich befreundet sind wir erst viel später geworden.*

Ein anderer Freund aus der Hochschulgemeinde war es, der sie schließlich dazu brachte, von Medizin zu Philosophie zu wechseln. Die philosophische Fakultät eröffnete 1945 früher als die medizinische, nämlich schon am 15. Mai, und Erika Fischer inskribierte probeweise ein paar Vorlesungen. Sie blieb dabei und beendete ihr Geschichtsstudium in der Rekordzeit von sechs Semestern. *Da musste man mir die zwei Medizinsemester anrechnen, damit ich promovieren konnte.*

Die Dissertation über das Benediktinerkloster in Millstatt wurde später gedruckt, und noch vor einigen Jahren staunte Erika Weinzierl, als sie das Werk in einem Salzburger Souvenirgeschäft für hundert Schilling zum Verkauf angeboten fand. *Ich habe 6000 Schilling dafür gekriegt, das war auch sensationell, aber mittlerweile dürften sie die hundertste Auflage haben. Ich habe nie wieder einen Groschen bekommen. Aber man hat mir gesagt, dass das damals sehr viel Geld war und dass das sozusagen pauschal abgegolten war.*

Die Weihnachtszeit 1948 brachte im Leben Erika Weinzierls einen zweifachen Höhepunkt: Am 23. Dezember promovierte sie, am 26. heiratete sie den Physikstudenten Peter Weinzierl *in der eiskalten Ruprechtskirche. Otto Mauer hat uns getraut. Es soll eine fan-*

tastisch moderne, aufregende Hochzeitspredigt gewesen sein, ich habe nicht ein Wort mitgekriegt vor Aufregung. Sie hatte damals bereits ihre erste Anstellung im „Haus-, Hof- und Staatsarchiv". Zunächst auf einem Dienstposten für Maturanten, ein Akademikerposten wurde erst später frei. Sie blieb dort 16 Jahre, bis 1964, und wurde dort auch pragmatisiert. Der Vorteil dieser Anstellung war, dass sie in dem Institut mit dem komplizierten mariatheresianischen Namen nicht nur wissenschaftlich arbeiten konnte, sondern durch eine Dienstordnung der Kaiserin Maria Theresia, die immer noch in Kraft war, sogar dazu angehalten war. *Das heißt, an den Nachmittagen konnten wir wissenschaftlich arbeiten.* So habe sie sich anhand der Bestände vom Mittelalter bis ins 20. Jahrhundert hinaufgearbeitet, und dort sei sie dann geblieben: *Auf diese Weise bin ich Zeitgeschichtlerin geworden.*

1950 und 1954 kamen ihre beiden Söhne Michael und Ulrich zur Welt, *jeder an einem Sonntag, gegen jede statistische Wahrscheinlichkeit. Und ich habe diesen Volksaberglauben auch geglaubt, dass Sonntagskinder ganz besondere Glückskinder sind. Das glaube ich nicht mehr. Michael ist 2002 gestorben.* Die Koordination von Familie und Beruf fiel ihr leicht, weil sie die Möglichkeit hatte, mittags nach Hause zu gehen. Außerdem hatte sie seit der Geburt des ersten Kindes Haushaltshilfen, wobei sie besonders darauf achtete, dass sie ein gutes Verhältnis zu den Kindern hatten. *Ich habe gesagt: „Es ist mir gleich, ob da irgendwo Staub ist und das Essen muss auch nicht so toll sein, Hauptsache, Sie sind gut zu den Kindern."* Familienleben und Berufstätigkeit waren für sie kein Widerspruch, sondern bedingten einander gegenseitig. *Ich habe mir immer gesagt: „Ich könnte nicht wissenschaftlich arbeiten ohne meine Familie, und ich könnte kein glückliches Familienleben leben ohne Beruf."*

Im Jahr 1961 habilitierte sich Erika Weinzierl mit einer Arbeit über die österreichischen Konkordate von 1855 und 1933. Über die Habilitation hinaus – *das ist das Einzige, was man ohne Protektion durch eigene Leistung noch erreichen kann* – hatte sie keine weiteren beruflichen Ambitionen. Vorläufig hatte sie einen vierstündigen Lehrauftrag an der Kunstakademie. *Um den habe ich mich sehr gerissen, aber da war ich dann eigentlich traurig. Die Künstler haben sich für Geschichte nicht interessiert.* Im Übrigen wollte sie im Archiv bleiben. Als dann eine Berufung an die Universität Salzburg kam, folgte sie ihr dennoch und blieb dort von 1964 bis 1979. In dieser Zeit erschien ihr wichtigstes Buch: „Zu wenig Gerechte. Österreicher und Judenverfolgung 1938–1945“ (1969). Dann erreichte sie die Berufung nach Wien, wo sie bis zu ihrer Emeritierung 1995 einen Lehrstuhl für Zeitgeschichte innehatte.

In Salzburg war sie die erste Frau im Professorenkollegium. Schwierigkeiten, sich in der akademischen Männergesellschaft zu behaupten, hatte sie dennoch nie. *Ich glaube, man sollte nicht übertrieben ehrgeizig sein,* interpretiert sie ihren Erfolg. Hilfreich mag aber damals in Salzburg auch die Fähigkeit gewesen sein, Männer in einer ihrer ureigensten Domänen zu schlagen. Eines Tages versuchten zwei deutsche Psychologen, sie und einen Historikerkollegen unter den Tisch zu trinken. *Da sind wir in einer Bar gelandet am Salzachufer, so um drei Uhr früh, und da ist dem Obertrinker der Kopf auf den Tisch gefallen, mir aber nicht. Von dem Augenblick an war ich hoch angesehen.*

Die Frauenbewegung hat Erika Weinzierl *mit Sympathie verfolgt,* war aber nicht aktiv. *Also, ich war keine Feministin, ich war einfach da.* Das Thema interessierte sie dennoch auch wissenschaftlich. Im „Jahr der Frau“ 1975 schrieb sie das Buch „Emanzipation? Österreichische Frauen im 20. Jahrhundert“. Im letzten Jahr ihrer Tätigkeit an der Universität Wien war sie die erste gewählte Frauenbeauftragte. Von der so genannten positiven Diskriminierung hielt sie nicht viel. *Vor den Wahlen habe ich gesagt: „Ja, ich kandidiere, wenn Sie es wollen, aber ich sage Ihnen gleich, ich werde mich für die Anliegen der Frauen einsetzen. Aber wenn es um die Qualifikation geht und es ist ein besser qualifizierter Mann und eine schlechter qualifizierte Frau, dann werde ich für den besser qualifizierten Mann sein. Und das sollen Sie wissen, bevor Sie mich wählen." Sie haben mich einstimmig gewählt.*

Politisch hat Erika Weinzierl im Laufe der Zeit eine Wandlung durchgemacht. Das Engagement in der Hochschulgemeinde hatte fast zwangsläufig zu einer Nähe zur ÖVP geführt. *Im Jahre 1945 haben wir noch die Freie Österreichische Studentenschaft (FÖST) gegründet, diese ÖVP-nahe Studentengruppe. Dann sind die Kinder gekommen, da habe ich mich nicht sehr engagiert. Später habe ich mich im katholischen Bereich engagiert, in der Katholischen Aktion und dem Katholischen Akademikerverband.* Erst als sie schon in Salzburg war, brachte sie ein ehemaliger Studienkollege 1964 dazu, der ÖVP beizutreten. *Da habe ich gesagt: „Ja, bin beigetreten, war aber politisch überhaupt nicht tätig." Ich war Mitglied bis zum Jahr 1995.* Die Waldheim-Affäre ließ zwar schon erste Zweifel aufkommen, der Bruch erfolgte aber, als *Schüssel den ersten Versuch gemacht hat, die Koalition zu sprengen, um mit Haider zu gehen.* Sie erklärte ihren Austritt und schickte zwei Kopien der Erklärung an Ex-Kanzler Klaus und Ex-Vizekanzler Busek. Seither hat sie sich der SPÖ angenähert. *Ich gehöre heute keiner Partei an, habe mich aber in den letzten Wahlkämpfen sehr für die SPÖ engagiert, alles wegen Haider.*

Denn das politische Engagement von Erika Weinzierl war im Grunde nie das für irgendeine Partei, sondern gegen Nationalsozialismus und Antisemitismus. Das ist gewissermaßen die Konstante in ihrem politischen Denken. *Wirklich engagiert habe ich mich früher permanent gegen den Antisemitismus, und das ist bis zum heutigen Tag ein Reizthema.* Dafür hat sie jahrelang anonyme Briefe und anonyme Anrufe bekommen. Die Anrufe gibt es immer noch. *Vorgestern hat eine offenbar betrunkene Frau mich als Sau beschimpft.*

In der Öffentlichkeit hat ihr Einsatz mit den Jahren zunehmende Anerkennung gefunden. Zu ihrer Tätigkeit an der

Universität kamen weitere Funktionen: als Leiterin des Ludwig-Boltzmann-Instituts für Geschichte und Gesellschaft, als Ehrenvorsitzende der österreichischen Gesellschaft für Zeitgeschichte und als Ehrenpräsidentin der Aktion gegen den Antisemitismus. Sie hat acht Bücher geschrieben, dreißig herausgegeben oder mit herausgegeben. Sie ist mit mehr als einem Dutzend Preise ausgezeichnet worden, von der päpstlichen Medaille „Bene merenti" 1952 bis zum Großen Silbernen Ehrenzeichen der Republik im Jahr 2000. Im Privatleben dagegen musste sie Schicksalsschläge hinnehmen. 1996 starb nach fast fünfzigjähriger Ehe ihr Mann, einige Monate vor dem Interview ihr ältester Sohn Michael. Den Verlust hat sie noch nicht überwunden. *Momentan bin ich vor allem immer noch sehr depressiv. Halt gibt mir meine Arbeit.*

Die Arbeit, die sie zum Zeitpunkt des Interviews beschäftigt, ist die Biografie von Irene Harand, *die eigentlich eine unbekannte Widerstandskämpferin war.* In der Gestalt dieser Frau verkörpert sich noch einmal das Lebensthema von Erika Weinzierl: der Kampf gegen Antisemitismus abseits des traditionellen Links-Rechts-Schemas. Harand (geboren 1900) kam aus dem christlich-sozialen Lager, war der festen Überzeugung, dass christliches Denken und Rassismus einander ausschlossen, und befürwortete in diesem Sinne auch den Ständestaat. Zusammen mit dem Anwalt und Politiker Moriz Zalman gründete sie bereits 1933 die „Weltbewegung gegen Rassenhass und Menschennot". 1935 schrieb sie das Buch „Sein Kampf – Antwort an Hitler", das sie im Eigenverlag herausbrachte. 1938 emigrierte Harand nach New York, wo sie 1975 starb. (Ihr Mitstreiter Zalman wurde 1940 in Sachsenhausen ermordet.)

Das Buch „Gegen Rassenhass und Menschennot: Irene Harand – Leben und Werk einer ungewöhnlichen Widerstandskämpferin", das Erika Weinzierl zusammen mit den Zeithistorikern Christian Klösch und Kurt Scharr verfasst hat, ist inzwischen erschienen.

Irene Harand, die zwar den Sozialisten die Schuld am Bürgerkrieg gab, aber ihre Bewegung doch stillschweigend für in der Illegalität agierende sozialistische Parteimitglieder öffnete, steht letzten Endes auch für die Überzeugung, die Erika Weinzierl aus dem Bürgerkrieg gewonnen hat, nämlich dass so etwas *nie wieder* geschehen dürfe. Und sie wünscht sich in diesem Sinn – gleichsam als Credo einer sehr politisch, aber nicht parteipolitisch denkenden Frau – die *Rückkehr zu einer wirklichen liberaldemokratischen Republik, die wir heute nicht haben.*

Anmerkungen

1 Es war eine etwas gewagte Frage: Das Bleistift-Angebot ist bei Thomas Mann (homo-)erotisch konnotiert.

2 O5 war der Name einer Widerstandsgruppe. Die Zahl 5 steht für den fünften Buchstaben im Alphabet, das E. Die Zeichen, die heute noch an der Fassade der Stephanskirche zu lesen sind, bedeuten also „OE“ und waren das geheime Kürzel für ein unabhängiges Österreich.

3 Otto Mauer (1906–1973), Akademiker- und Künstlerseelsorger, war Herausgeber der Kulturzeitschrift „Wort und Wahrheit“ sowie Gründer und Leiter der „Galerie nächst St. Stephan“, die für die Avantgarde der Fünfziger- und Sechzigerjahre von grundlegender Bedeutung wurde.

Bildnachweis

Privatbesitz: S. 47, 65, 76, 99 (G. H. mit Ehemann Josef), 105, 118, 140, 148, 172, 186 (E. L. mit Sohn Peter Michael), 193, 204, 211, 224, 233 (H. R. mit Ehemann Jim und Sohn James) 275.

Foto Heller: S. 147

Foto Votava: S. 150 und S. 276